CHRISTOPH LINDENBERG

VOM GEISTIGEN URSPRUNG
DER GEGENWART

CHRISTOPH LINDENBERG

Vom geistigen Ursprung der Gegenwart

Studien zur Bewußtseinsgeschichte Mitteleuropas

VERLAG FREIES GEISTESLEBEN

CIP-Kurztitelaufnahme der Deutschen Bibliothek

Lindenberg, Christoph:
Vom geistigen Ursprung der Gegenwart: Studien zur Bewußtseinsgeschichte
Mitteleuropas / Christoph Lindenberg. – Stuttgart: Verlag Freies Geistes-
leben, 1984

ISBN 3-7725-0825-1

Einband: Walter Krafft
© 1984 Verlag Freies Geistesleben GmbH, Stuttgart
Gesamtherstellung: Greiserdruck Rastatt

Inhalt

Zur Einführung: Die Geschichte Mitteleuropas –
ein Bild der Ich-Entwicklung   7
Geschichte und Selbsterkenntnis /
Das menschliche «Ich» / Mitteleuropa / Hinweise

Schicksal und Werden Mitteleuropas.
Der Ursprung der Gegenwart im 4. nachchristlichen Jahrhundert   17
Das Ende der antiken Welt im 4. und 5. Jahrhundert / Die
Wanderungen der germanischen Stämme / Die geistige Dimen-
sion des 4. Jahrhunderts / Die Gestaltung Mitteleuropas im
frühen Mittelalter / Hohes Mittelalter – Höhepunkt der Isolie-
rung / Frühe Neuzeit: Todeserfahrung und faustisches Streben /
Zur Signatur der Gegenwart

Die Anthroposophie in der Geistesgeschichte
der Menschheit. Das Erwachen der Bewußtseinsseele   42
Ausgangspunkt / Weltgeschichtlicher Hintergrund / Die Suche
nach einer menschlichen Weisheit 400 Jahre vor Christus /
Augustinus / Dionysios Areopagita – Johannes Scotus Eriugena –
Nikolaus von Kues / Alchemie / Goethe-Zeit / Rudolf Steiner –
philosophische Grundlegung / Rudolf Steiner – die Jahrhundert-
wende / Rudolf Steiner – nach der Jahrhundertwende

Geistbewußtsein im Abendland. Die geistesgeschichtliche
Bedeutung des 8. ökumenischen Konzils zu Konstantinopel   64
Die Gestalt des heutigen Bewußtseins / die Selbsterfassung des
Menschengeistes / Geschichte und Gegenwart / Die Auswirkun-
gen der Konzil-Entscheidung bei Thomas von Aquino /
Geschichtliche Entwicklungen als Bild der Verengung des Geist-
bewußtseins

Tendenzen der Neuzeit.
Zur Geschichtlichen Symptomatologie Rudolf Steiners   89
Die Schwierigkeiten der Bewußtseinsseelen-Entwicklung / Die
naturwissenschaftliche Denkweise als Symptom / Das Vakuum
und das Böse

Die Anwesenheit der Zukunft und die Gegenwart des Geistes 106

Der Wandel der Intuitionsfähigkeit / Die Krisis des 19. Jahrhunderts / Eine pathologische Entwicklung / Der Durchbruch zum Geistselbst

Das Konzert der europäischen Völker und der
Weltkriegsausbruch 1914   125

Italien, Spanien, Frankreich, England / Deutschlands Entwicklung und Aufgabe / Julikrise 1914 und Kriegsausbruch

Der innere Aspekt unserer Zeit.
Ein Weg zur Erfahrung Michaels   157

Die 33jährige Umlaufszeit geschichtlicher Ereignisse   168

Deutschland 1945 bis 1984   179

1945 – Die Zweiteilung der Welt / Jakob Kaiser: Die Frage nach der Aufgabe der Mitte / Kalter Krieg – Der Westen gründet einen Staat / Adenauers Politik der konsequenten West-Ost-Orientierung / Unruhe und Wende zu neuen Fragen und Hoffnungen / Krisenmanagement nach veralteten Rezepten / Rückblick und Ausblick

Aufgang und Untergang der Kulturen.
Zur geistigen Lage der Menschen in der Gegenwart   204

Die zwei Kulturen / Die Durchdringung von außen und innen / Schalenbildung / Selbstwerdung / Keime einer neuen Kultur

Anmerkungen   224

Zur Einführung:
Die Geschichte Mitteleuropas –
ein Bild der Ich-Entwicklung

Geschichte und Selbsterkenntnis

Der zünftige Historiker erforscht die Geschichte genau und im Detail. Er will wissen, wie es gewesen ist, und seine wissenschaftliche Energie gilt der exakten Rekonstruktion der Vergangenheiten. Viele Laien, von antiquarischem Interesse bewegt, schauen sich gerne die bunten Auslagen an, in denen Fachhistoriker oder kenntnisreiche Popularisatoren die Forschungsergebnisse ausstellen. Dabei interessiert sich mancher eher für die erhabenen Kulturen der Frühzeit, für Griechenland, Ägypten oder Stonehenge, ein anderer für die Gruselkabinette der jüngsten Vergangenheit. – Die in diesem Buche vereinigten Studien gehen von einer anderen Fragestellung aus. Hier wird nach dem Weiterwirken der Geschichte *in uns* gefragt: Wie lebt Vergangenes in uns? Wie wirken bestimmte geschichtlich erkennbare Impulse auch heute in uns? An welchem Orte der geschichtlichen Entwicklung befinden wir uns, und wie ist die Struktur unseres heutigen Bewußtseins durch Entscheidungen, Ereignisse und Tendenzen unserer Vergangenheit mit-geprägt, mit-bestimmt? Werden wir manchmal durch Vergangenheiten in uns behindert? Kurz: es geht hier um die noch *gegenwärtige Vergangenheit*.

Jeder Mensch, der auf seinen eigenen Lebensweg zurückschaut, weiß, daß sein heutiges Dasein nicht aus dem Nichts entsprungen ist. Niemand ist eine tabula rasa. Elternhaus, frühkindliche Erfahrungen, Bildungsweg, Schicksalsschläge wirken verborgen weiter, oft unerkannt. Ebenso kann man in der Rückschau erkennen, daß man diesen Lebensweg mit bestimmten Intentionen, Wünschen und

Hoffnungen angetreten hat. In uns leben und wirken bestimmte Impulse, Haltungen, ein Streben, das auch unser Wesen ausmacht und das sich mit dem verbindet, was uns von außen begegnet. In der Selbsterkenntnis zeigt sich, wenn man nur genügend forscht und sinnt, das Gesetz, nach dem wir angetreten sind.

Insofern der einzelne Glied eines Volkes, Bürger eines Zeitalters ist, nimmt er aber zugleich an der Entwicklung eines Volkes teil, atmet er den Geist der Zeit. Man neigt dazu, wenn man um Selbsterkenntnis bemüht ist, diese tiefen und zeitbedingten Grundkonfigurationen unserer Existenz zu übersehen, weil sie sich nicht so plastisch darstellen. Aber man muß nur einmal bedenken, was es für ein Kind bedeutet, wenn die erste historische Erinnerung sich an die Mondlandung anknüpft, die es inmitten erregter Erwachsener auf dem Bildschirm verfolgt hat! In den Schulen werden heute unendlich viele Vorstellungen als Selbstverständlichkeit aufgenommen, die noch vor hundert Jahren unbekannt waren: Alles das wirkt auf das Bild ein, das wir uns von dem machen, was wir selbst, was Menschheit, Erde und Kosmos sind, und verleiht unserem Fühlen eine Grundstimmung, eröffnet und verschließt unserem Wollen bestimmte Richtungen. Wer sich selbst verstehen will, muß sich also als Bürger seines Zeitalters kennenlernen; er muß sehen, welche Suggestionen der negative Zeitgeist ausübt; er muß erkennen, welche Forderungen der positive Zeitgeist an ihn richtet.

Hier kann Geschichte helfen – freilich nicht das rein faktenorientierte Datenwissen, sondern Geschichte im Sinne einer Erkenntnis der schicksalsmächtigen Impulse, die in der Gegenwart leben. Diese Impulse offenbaren sich im geschichtlichen Werden – mal deutlich, mal weniger deutlich – in charakteristischen Erscheinungen, in «Symptomen». Diese machen die Impulse anschaulich, und sie ermöglichen es so, die tieferliegenden, in uns verborgenen Impulse klarer zu fassen, deutlicher zu sehen. – Dabei gilt es aber zu beachten: Der Mensch sieht nur das in der Außenwelt, was er auch in seinem Inneren erlebt! Das eigene Innere muß immer der Schlüssel zum Geschichtsverstehen sein. Aus diesem Grunde wird in den hier vorgelegten Studien Geschichte nie abstrakt, das heißt: nie ohne ständigen Rückbezug auf unsere eigenen inneren Erfahrungen behandelt. Das scheinbar Konkrete, das im Detail ausmalt, wie irgend etwas irgendwo und irgendwann einmal gewesen ist, ist das eigentlich Abstrakte, nämlich das, was von uns losgelöst («abstrahiert») ist. Die abstrakten Fakten aber «gehen uns gar nichts an»; sie berühren uns nicht. Hier interessiert Geschichte als Bild dessen, was in uns gegenwärtig lebt.

Das menschliche «Ich»

An einem schönen Nachmittag im September des Jahres 1948 lag ich – 18 Jahre alt – auf meinem Bett und beschloß herauszufinden, wie es denn um mein «Ich», von dem ich so manches hatte sagen hören, stehe. Ich machte die Augen zu und ging in mich. In mir fand ich so allerlei, Vorstellungen meiner Person, Wünsche und Erinnerungen, aber ein «Ich» konnte ich nicht finden. Ich notierte das in meinem Tagebuch und fügte hinzu: ich «weiß» nun gar nicht, ob ich ein «Ich» bin, ob ich ein «Ich» habe. So ist es in der Tat: Wer das «Ich» zu sehen oder vorzufinden hofft, wird ent-täuscht; er findet nichts vor. Mich hat das ziemlich geplagt. Was mir hätte weiterhelfen können, hatte ein anderer 18jähriger, vielleicht an einem nicht weniger schönen Septembertag des Jahres 1879, niedergeschrieben, Rudolf Steiner: «Das reine Ich *ist* weder, noch ist es irgend etwas im strengsten Sinne des Wortes. Sein ganzes ergreifbares Wesen ist gegeben durch sein Tätigsein, wir können nicht wissen, was es ist, sondern nur was es tut . . . In allen Fällen aber ist es immer tätig, sein ganzes Wesen besteht also in seiner Tätigkeit, was zum Ausdrucke gebracht werden kann in dem Satze: Das Ich ist tätig. Alles was nicht tätig wäre wie das Ich, wäre kein Ich.»[1]

Es ist einigermaßen leicht, die beobachtungsleitende Tätigkeit des «Ich» im forschenden Sehen, im kritischen Lesen, bei der Kontrolle der Handlungen zu gewahren. Jedesmal bemerkt man, daß das Ich sich fortwährend durch eigene Tätigkeit hervorbringen muß. Ebenso deutlich kann man bemerken, daß die Ich-Tätigkeit nachlassen kann, daß wir uns äußeren Eindrücken überlassen, daß unsere Aufmerksamkeit durch äußere Anlässe mitgerissen wird. Nur wenn das «Ich» unser Tun lenkt, sind wir wirklich wach. Wenn äußere Eindrücke, innere Vorstellungen oder Assoziationen uns lenken, beginnen wir zu träumen. Das «Ich» kann sich tätig nach allen Seiten wenden, es kann beobachten, Fragen stellen, es kann die Handlungen lenken, die Gefühle wach verfolgen und sich fragen, warum ein bestimmtes Gefühl auftritt. Aber das «Ich» muß sich immer seinen Tätigkeitsbereich erobern, muß ihn tätig festhalten, es hat nie einen ruhenden Besitz, in und auf dem es sich ausruhen und untätig niederlassen könnte.

Aber das «Ich», das in sich selbst der Erinnerung fähig ist, kann zweierlei bemerken. Wenn das «Ich» die Handlungen leitet, so tut es dies durch Gedanken, die es hervorbringt. Diese Gedanken ermöglichen es dem «Ich», die Handlungen planvoll zu vollziehen, so, daß es die Handlungen in einen Zusammenhang hineinstellt. Wer bewußt mit einem Löffel Mehl aus einer Tüte nimmt, wird die Ladung des Löffels erstens nach dem Bedarf bemessen, er wird sich zweitens hüten, den Löffel zu voll zu machen, damit er kein Mehl verschütte, was nachher nur überflüssige Arbeit bereitet, er wird seine Bewegung so langsam durchführen, daß das Mehl nicht verschleudert wird, und er wird den Löffel waagrecht halten. Jede Handlung kann so durch vielfache Gedanken geleitet werden. Das die Handlung führende «Ich» leitet sich selbst durch Einsicht, Vorsicht, Rücksicht. Es ist also nicht blind, es faßt vielmehr durch sehende Gedanken die Welt. Das «Ich» wird die Handlungen um so sicherer leiten können, je treffender und umfassender die Gedanken sind, die es in sich aufbringen kann. Schließlich wird das «Ich» bemerken, daß es nur dann autonom ist, wenn es nicht auf Einfälle angewiesen ist, wenn es vielmehr in der Lage ist, die jeweils notwendigen Gedanken selber bewußt und kontrolliert zu produzieren. Das «Ich» schafft sich dann eine von ihm selbst geordnete Gedankenorganisation.

Zum anderen findet sich das «Ich» in einer Leibesorganisation.

Bevor der Mensch sich seiner selbst bewußt ist, wird diese bereits so organisiert, daß die Leibesorganisation dem «Ich» dienen kann: im Gehen-, Sprechen- und Denkenlernen wird frühkindlich vorbereitet, was später bewußtes Handeln, bewußte Kommunikation und organisiertes Denken wird. Ebenso ist die menschliche Sinnesorganisation so entwickelt, daß sie von der beobachtungsleitenden, fragenden Ich-Tätigkeit durchdrungen werden kann.

In ähnlicher Weise bildet das «Ich» sein Gedächtnis, es erwirbt Gewohnheiten und Fähigkeiten. In den ersten drei Lebensjahren wird diese Bildung einer universell orientierten Ich-Gestalt, durch die sich der Mensch aufrichtet und später frei handeln kann, durch die er die universelle Sprache und das weltoffene Denken erwirbt, dem Einzelnen als Vorgabe und Vorentwurf seiner Bestimmung geschenkt. Später entfaltet sich das Kind lernend und weltverinnerlichend im Strome einer Allgemeinentwicklung. Der Wille, ein Eigener zu werden, kommt erst mit Adoleszenz und Pubertät zum Durchbruch. Die ruhige Entfaltung weicht zeitweilig dem Tumult. Durch Zweifel und Zwiespälte, in Konflikten, die Welt anklagend und besseres fordernd, sucht das «Ich» seine Orientierung; es beginnt, einen eigenen Lebensplan zu entwerfen; es wird von innerlich erlebten Idealen bewegt und erschüttert und sucht sich seine Ziele. Hier liegt eine erste kritische Schwelle: Kann das «Ich» die eigene Welt der Ziele, Wünsche und Ideale voll und kräftig ausbilden oder werden die Anforderungen, Einflüsse und Verlockungen der Welt so stark, daß die innere Orientierung, die Ausbildung des Eigenen kaum zum Tragen kommt? Die zweite Schwierigkeit entsteht dort, wo der junge Mensch – oft von Wünschen bewegt und von Idealen beflügelt – an die Realisierung seiner Pläne geht. Kann er die notwendigen Fähigkeiten ausbilden, kann er die erforderlichen Kenntnisse erwerben, ohne daß seine Ideale verlorengehen, ohne daß er sein Ziel aufgibt, um sich den Sachzwängen und den herrschenden Meinungen zu unterwerfen? Hier beginnt das Drama der eigentlichen Selbstwerdung: Findet das «Ich» die Kraft in sich, sich eine eigene Welt zu bilden? Findet es den Mut, nach Fehlschlägen und Verfehlungen sich neu aufzuraffen, ohne Aufgabe seiner Ideale und Ziele neu zu lernen? Ständig drohen die Gefahren der Anpassung, der Faulheit und der Selbstvergessenheit; auch dann, wenn man den äußeren Beruf ergriffen und sich ein Stück Welt erobert hat, bleiben Widerstände und Rückschläge nicht aus. Die Freiheit des «Ich» zur eigenen Tätigkeit, zur Selbstbestimmung ist immer ein zweischneidiges Schwert, weil nichts von allein – automatisch – weitergeht; weil die Ideen immer neu gefaßt und die Praxis ständig neu erobert werden muß.

Mitteleuropa

Mitteleuropa ist kein festumrissenes Gebiet. Anders als Italien, das durch Alpen und Mittelmeer natürliche Grenzen hat, als Frankreich, das in Paris ein festes Zentrum und durch Alpen, Mittelmeer, Pyrenäen und Atlantik einigermaßen deutliche Grenzen hat, und auch anders als Großbritannien, das die Vorzüge einer Insel genießt, ist Mitteleuropa ein Gebiet, das nicht definiert werden kann und das auch kein natürliches Zentrum hat. Im Laufe der Geschichte sind die Grenzen dessen, was zunächst den Kern Mitteleuropas ausmachte, das Deutsche Reich, immer verschoben worden – besonders von West nach Ost, von Ost nach West. Darin zeigt sich, daß sich Mitteleuropa seine eigene Bestimmung zwischen Ost und West selber aus eigener Tätigkeit schaffen muß.

Als ein erstes erwachendes Tätigwerden dessen, was in Mitteleuropa entstehen wollte, und zugleich als Vorwegnahme künftiger Aufgaben erscheint das Auftreten der deutschen Stämme in der Geschichte des frühen Mittelalters. Unter der Führung der Sachsen übernahmen sie den Schutz gegen die Ungarn und schufen so einen Raum, in welchem sich eine Kultur begründen konnte. Nur kurze Zeit darauf verpflichteten sich die eben erst in die Geschichte eingetretenen Stämme einer universalen Aufgabe: Otto I. übernahm das Kaisertum, so wie er bereits zu Beginn seiner Herrschaft die Idee der Erneuerung des Frankenreiches übernommen hatte. Damit war den Kaisern die Aufgabe gestellt, Schirmherr und Erneuerer der Kirche, Führer der Christenheit zu sein. – Der steile Anstieg, die frühe Höhe, der Dienst am universellen Kaisertum erschöpften nach drei Jahrhunderten die Kräfte, die im äußeren Dienst der Universalmonarchie standen.

Das Bemerkenswerte an dieser Entwicklung ist, daß die aus dem fast geschichtslosen Norddeutschland tätig werdenden Sachsen, später die Salier, nicht aufbrachen, um ein Reich zu erobern oder eine dynastische Herrschaft zu begründen. Man stellte sich vielmehr in den Dienst einer universellen Idee; der dynastische Gedanke wurde zugunsten des Wahlkaisertums zurückgedrängt, im Reiche existierten die verschiedensten Nationen und Stämme, die nach eigenem Recht lebten und sich selbst verwalteten.

Mit Walter von der Vogelweide begann jene Dichtung, in der der Dichter ganz persönlich spricht. Walter dichtete aus eigenem Erleben, aber sein eigenes Erleben war nicht nur Lust und Leid des Subjekts, ihn bewegte das Schicksal des Reiches, des Rittertums, in ihm lebten der Kreuzzugsgedanke und das Ideal der Selbsterziehung. Sein Zeitgenosse Wolfram von Eschenbach faßte die von Chrestien de Troyes übernommene Parzival-Dichtung so, daß die Bilder Chrestiens zur Darstellung einer persönlichen Entwicklung werden. Damit sind die *Ich-Motive* in der Dichtung angeschlagen worden. In der deutschen Mystik wird das Ich-Streben im Bereich Religion sichtbar: der Glaube wollte innerste, persönliche Erfahrung werden; die Mystiker strebten danach, das eigene Ich im Gottes-Ich zu erleben.

In den folgenden Jahrhunderten kann man das innerliche und individuelle Streben, ein Verhältnis des Ich zu den Dingen der Welt und zu Inhalten des Glaubens zu gewinnen, weiter verfolgen: bei Dürer und Kepler, bei Luther und Jakob Böhme. Aber dieses Streben schlug sich nicht in äußerer sozialer Gestaltung nieder. Obgleich das Rosenkreuzertum vor dem Dreißigjährigen Krieg zur Bildung einer geistigen Gemeinschaft aufrief, siegten Zwiespalt und Hader und rissen Mitteleuropa in eine Katastrophe. Die religiösen und politischen Gegensätze, mit denen der Dreißigjährige Krieg begann, wurden im Laufe des Krieges zu bloßen Machtkämpfen, und die Mitte Europas wurde zum Schlachtfeld eines europäischen Krieges. Die Zerstörungen waren furchtbar, und es dauerte länger als ein Jahrhundert, ehe sich im Zeichen der deutschen Dichtung und der idealistischen Philosophie wieder ein inneres Deutschland konstituierte. Dieses *innere Mitteleuropa* war wieder universal und kosmopolitisch orientiert. Shakespeare wurde hier ebenso aufgenommen, wie man die Französische Revolution mit-durchlebte und durchlitt. In dieser Kulturnation erwachte das Bewußtsein des «Ich» und damit zugleich das Bewußtsein für die Aufgabe Mitteleuropas. Diese Aufgabe wurde verschieden formuliert, am schönsten vielleicht von Friedrich Schiller, der vom deutschen Geist sagte: «Er ist erwählt von dem Weltgeist, während des Zeitkampfes an dem ewgen Bau der Menschenbildung zu arbeiten, zu bewahren, was die Zeit bringt. Alles, was Schätzbares bei anderen Zeiten und Völkern aufkam, mit der Zeit entstand und schwand, hat er aufbewahrt, es ist ihm unverloren, die Schätze von Jahrhunderten.»[2] Hier haben wir einen der Augenblicke, wo der mitteleuropäische Geist seinen Lebensplan entwirft, wo er seine Ziele faßt.

Das 19. Jahrhundert stellt dann die entscheidende Frage nach der Realisierung, nach dem Ergreifen der eigenen Identität. Die Aufgabe war ungemein schwierig: rein aus dem Inneren heraus zu einer Organisation des mitteleuropäischen Wesens zu kommen. Nach Osten hin gab es keine festen Grenzen. Besonders im Südosten, im Reich der Habsburger erstreckten sich die deutschen Siedlungen bis nach Siebenbürgen. Deutsche lebten im Gebiet der heutigen Tschechoslowakei und im Baltikum, auch in Preußen waren deutsche und polnische Siedlungsgebiete nicht scharf getrennt. 1848 gab es mit Frankfurt, Wien und Berlin mindestens drei Zentren des Handelns. Aber es ging nicht nur um die Grenzen und Zentren eines mitteleuropäischen Reiches, es ging mindestens ebenso um die Frage der inneren Ordnung: um die freiheitliche Verfassung. Schließlich war manchen anderen europäischen Mächten, namentlich Rußland, die Idee eines freiheitlich organisierten Mitteleuropa unsympathisch. Druck wurde ausgeübt, und der Zar förderte die Reaktion im

Habsburgerreich. Die Revolution, die Bildung eines umfassenden Mitteleuropa scheiterte.

Die weitere Entwicklung, die Fehlentwicklungen und Katastrophen sind bekannt. Heute ist Mitteleuropa ein geographischer Begriff. Österreich ist zu einer kleinen Alpenrepublik geworden. Dort, wo einmal Deutschland war, bestehen heute zwei Staaten, der eine nach Westen orientiert, der andere vom Osten gesteuert. Diese Abhängigkeiten wirken sich nicht nur in der Politik und in der Handhabung der Wirtschaft aus, sondern auch im Sprechen, Fühlen und Denken der Menschen. Sogar das, was einmal deutsches Land und deutsche Landschaft war, ist tiefgreifend verändert und zum Ausdruck eines anderen Geistes geworden. Dennoch bestehen Aufgabe und Idee einer mitteleuropäischen Kultur fort. Offensichtlich wird diese Idee nicht mehr aus den Kräften eines Volkstums getragen. Was sich heute zeigt, sind die individuellen Ansätze, Initiativen kleiner Gruppen, die nach dem Scheitern des Volkstums die Aufgaben einer *Ich-Kultur* neu ergreifen wollen.

Hinweise

Die Studien dieses Buches[3] umkreisen die inneren Probleme der Ich-Kultur. Sie stellen die Frage, warum sie bisher gescheitert ist, welche inneren Feinde ihr entgegenstehen, aus welchen Impulsen sie neu belebt werden kann. Das erste Grundproblem des «Ich» ist die Individuation: das Selbständigwerden. Im Laufe der Geschichte muß es sich von den bestimmenden Gewalten und Traditionen lösen. Durch diese Loslösung wird die selbständige Persönlichkeit geboren. Die Persönlichkeit ist der irdische Ausdruck des «Ich». So wichtig die Kultur der Persönlichkeit ist, so besteht doch immer die Möglichkeit, daß die Person sich in einseitiger Weise nur als Macht- oder Rechtsperson konstituiert und allein aus Schlauheit oder Instinkt handelt. Von dieser Problematik handelt der Aufsatz «Schicksal und Werden Mitteleuropas». In welcher Art die menschliche Individualität in sich selbst den Geist und den Weg zum Geistigen in der Welt finden kann, wie sie also aus sich selbst heraus die Verbindung zur Welt entfalten kann, ist das Thema der Studie über «Die Anthroposophie in der Geistesgeschichte der Menschheit». Solcher Bemühung, im Menschen selbst den Geist zu suchen und zu finden, stehen aber lange eingeübte Denkgewohnheiten und Tabus entgegen. Den Ursprung dieser agnostizistischen Haltung und ihrer Entwicklung versucht der Aufsatz «Geistbewußtsein im Abendland» zu skizzieren.

In der Gegenwart ist das «Ich» darauf angewiesen, durch eigene Tätigkeit den Inhalt der Weltgedanken in sich intuitiv aufzunehmen, wenn es nicht als willkürlich handelnde und autistische Persönlichkeit aggressiv und zerstörend wirken will. Mit dieser Frage befassen sich die Aufsätze über «Die Anwesenheit der Zukunft und die Gegenwart des Geistes» und «Das Konzert der europäischen Völker und der Weltkriegsausbruch 1914». In welchem Sinn in der Gegenwart die geistige Welt selber im Menschen wirken kann, wie ein geistiges Wesen dem Menschen helfen kann, ist das Thema der Arbeit «Der innere Aspekt des Michael-Zeitalters».

Der Aufsatz über «Aufgang und Untergang der Kulturen» geht auf den Gegensatz zwischen technisch-wissenschaftlicher und seelisch-innerlicher Kultur in unserer Zeit ein. Das «Ich», das sich experimentierend oder sonst mathematisch-physikalisch forschend nach außen wendet, schafft eine technische Kultur. Neben dieser Kultur steht unvermittelt das, was den Inhalt der seelischen und im engeren Sinne geistigen Kultur ausmacht. Als Spaltung seiner eigenen Existenz und als Herausforderung zur Überwindung der Spaltung muß der Mensch diesen Gegensatz der zwei Kulturen empfinden. Die Frage, wie das Innere und das Äußere zusammenzuführen sind, ist die Frage nach der Herstellung der eigenen Identität durch das «Ich». Diese Frage ist für Mitteleuropa eine praktische Lebensfrage. Auch die übrigen Studien dieses Bandes greifen die Frage auf, wie die Kultur Mitteleuropas in der Gegenwart zu gestalten ist, wo wir heute stehen und wohin wir streben können.

Schicksal und Werden Mitteleuropas

Der Ursprung der Gegenwart im 4. nachchristlichen Jahrhundert

Das Studium der Geschichte gewinnt seine Berechtigung aus der Tatsache, daß das Vergangene nur scheinbar vergangen und im Fluß der Geschichte entschwunden ist. In Wirklichkeit ist das Vergangene in eine andere Form der Anwesenheit eingetreten. Geschichte lebt weiter, sie lebt und wirkt in den Entwicklungs-Ergebnissen der geschichtlichen Epochen. So ist zum Beispiel die heute für viele Menschen entfaltete selbstverständliche Fähigkeit, den Verstand zu gebrauchen, das Entwicklungs-Ergebnis einer Epoche, die mit den griechischen Sophisten begann und in der Scholastik ihren Höhepunkt fand. Geschichte lebt und wirkt aber auch in Impulsen und Tendenzen weiter, die in einer lange zurückliegenden Zeit ihren Ursprung haben. Rudolf Steiner hat noch in den letzten Wochen seines Lebens auf derartige Zusammenhänge hingewiesen. So schildert er im März 1925 «Die geschichtlichen Erschütterungen beim Heraufkommen der Bewußtseinsseele». Diese Betrachtung beginnt mit den folgenden Sätzen: «Der Untergang des römischen Reiches im Zusammenhang mit dem Auftreten von Völkern, die vom Osten herankommen – der sogenannten Völkerwanderung –, ist eine geschichtliche Erscheinung, auf die der Blick des forschenden Menschen immer wieder sich richten muß. Denn die Gegenwart enthält noch vieles von Nachwirkungen dieser erschütternden Geschehnisse.»[4]

Für das landläufige heutige Geschichtsverständnis, das vorzugsweise nur kurze Zeiträume betrachtet und Aktualität eigentlich nur in der allerjüngsten Geschichte erblicken kann, ist es befremdlich, den Ursprung unserer Gegenwart etwa im 4. nachchristlichen Jahrhundert zu suchen und über das neuzeitliche Geistesleben von Rudolf Steiner zu hören: «Man wird es nur im richtigen Sinne deuten, wenn man es herleitet aus seiner Entstehung von dem 4. nachchristlichen Jahrhundert her.»[5] Man wird sich aber mit dem Gedanken einer so weitgespannten Betrachtung vertraut machen können, wenn man sich sagt: die genaue Mikroanalyse gegenwärtiger Ereignisse führt zu einer Beschreibung der heutigen Verhältnisse und zu einer genauen Anschauung. Tiefe gewinnt diese Anschauung jedoch erst dann, wenn man sie im Lichte jener großen Impulse sieht, die das menschliche Seelen- und Geistesleben gewiß nicht erst seit unserem Jahrhundert, sondern schon seit langer Zeit ergriffen haben. Diese Impulse sind nicht allein geschichtliche Impulse im engeren Sinne des Wortes «geschichtlich»; es sind vielmehr auch Impulse, in denen sich Werden und Entwicklung des Menschen und der Menschheit ausspricht. Auf diese Weise gewinnt Geschichte ihre anthropologisch-anthroposophische Dimension.

In diesem Sinne soll versucht werden, hier ein Bild des Nach- und Weiterwirkens der erschütternden Ereignisse der sogenannten Völkerwanderungszeit zu skizzieren. Zunächst seien einige wichtige Ereignisse – dadurch daß sie fast nur aufgezählt werden – in die Erinnerung gerufen.

Das Ende der antiken Welt im 4. und 5. Jahrhundert

Im Jahre 305 dankt der Cäsar Augustus Diokletian ab, dessen Herrschaft darauf zielte, das alte Rom wiederherzustellen und die mos maiorum (Vätersitte) zu erneuern. Der Erfolgreichste seiner Nachfolger ist Konstantin I., der zielstrebig die Alleinherrschaft im römischen Reich erringt. Er weiß sich zunächst von Sol-Apollon geschützt, der ihm 310 in einer Vision erschienen war. Vor der Entscheidungsschlacht an der milvischen Brücke (312) erlebt Konstantin jedoch im Traum erneut eine Vision, die ihn weist, das Christogramm auf den Schilden seiner Soldaten anbringen zu lassen: Im Zeichen dieses Kreuzes werde er siegen. Nach dem Sieg über Maxentius wird das Christentum anerkannte und geschützte Religion – freilich noch nicht Staatsreligion. 330 verlagert Konstantin den Schwerpunkt des Reiches nach Byzantion und weiht es als neues Rom: Konstantinopolis. Damit war Rom seiner alten Würde bereits beraubt, bevor germanische Stämme das Reich zerschlugen und die Stadt eroberten, zumal Konstantin auch das legendäre geheime Heiligtum, das Palladium, nach Byzanz brachte[6]. Julian, der Apostat, versuchte seit 361 das alte Kaiserideal und den hellenischen Glauben zu erneuern, doch am 26. Juni 363 traf ihn der tödliche Stahl, als er in vorderster Reihe kämpfte. Mit ihm wurde die Hoffnung auf eine äußere Erneuerung griechischer Weisheit begraben. Theodosius I. (379–395) macht das Christentum, den Glauben der Bischöfe von Rom und Alexandria, zur Staatsreligion. Der Glaubenszwang wird zum Staatsgesetz, die sogenannten Heiden werden verfolgt, Tempel und Synagogen zerstört, die Eleusinen werden geschlossen, das Orakel von Delphi verstummt, 393 finden zum letzten Male die Olympischen Spiele statt. Nur an wenigen Orten – in Athen, Alexandria und Edessa – hält sich noch griechisches Denken und Philosophie, von jenem christlichen Pöbel bedroht, der 390 die Serapeion Bibliothek in Alexandria in Brand setzte und 415 die Philosophin Hypathia ermordete.

In dieser Zeit, als griechische Philosophie ihr Ende fand, wird das Christentum in jene rechtsverbindliche Form gegossen, die auf den ersten beiden Konzilien (Nicäa 325, Konstantinopel 381) die Grundzüge des Glaubens in Dogmen fixierte. Das spielt sich so ab, daß die Kaiser Konstantin und Theodosius, denen an einem reichseinheitlichen Glauben lag, die Konzilien beriefen und darauf achteten, daß die Bischöfe zu einem Ergebnis kamen. Konstantin verkündete 325 das von den Bischöfen beschlossene Glaubensbekenntnis (das Symbolum) als Reichsgesetz. In dem dogmatisch gefaßten Glauben wirkten sowohl Elemente der ursprünglichen christlichen Verkündigung als auch griechisches Denken, das geholfen hatte, den Glauben gedanklich zu fassen, doch das ursprüngliche Feuer und Leben blieben im rechtlich gefaßten Dogma kaum erhalten.

Schließlich kam im 6. Jahrhundert der Augenblick, da man in den Resten des römischen Reiches das, was noch von griechischer Weisheit und lebendigen Gedanken fortlebte und an wenigen Orten gepflegt wurde, überhaupt nicht mehr dulden wollte, weil man ganz und gar den Sinn verloren hatte für das, was noch in griechischer Kosmologie, Astronomie, für das, was noch in Naturkunde und Medizin lebte. So schloß bereits 489 Zeno, der Isaurer, die Philosophenschule in Edessa und vertrieb die dort bis dahin wirkenden Philosophen. Im Jahre 529 verbot der Kaiser Justinian die Schule von Athen und vertrieb die dortigen Philosophen. Diese wanderten in den Orient aus. Im 7. Jahrhundert gerieten die im Orient – u. a. in Gondischapur – entstandenen Akademien in den Machtbereich des Islam. Damit war das, was vom griechischen Denken geblieben war, namentlich für das westliche Europa zunächst unerreichbar in den Machtbereich der Araber entschwunden.[7]

Während also im Vordergrund der allgemeinen Aufmerksamkeit der Untergang Roms, die Eroberung der Weltstadt durch die Westgoten (410) stand, vollzog sich im Hintergrund der Geschichte die Vernichtung der antiken Kultur Griechenlands, die Vertreibung der Seele der Mittelmeerkultur. Mysterien und Orakel verstummten, die freie Philosophie wurde an anderen Orten weitergeführt. Was in Byzanz erhalten blieb, waren Bibliotheken und Archive, aus denen die Gelehrsamkeit keine lebendig fortwirkenden Impulse gewinnen konnte. Byzanz wahrte zwar Formen und äußeren Glanz, aber es siechte in tausendjährigem Todeskampf langsam dahin.

Die Wanderungen der germanischen Stämme

Mit den Germanen, die im 4. Jahrhundert in den Mittelmeerraum einzudringen begannen, traten Stämme in die Welt der niedergehenden Antike ein, die bis dahin mit dem Weisheitsgut des Orients und der Philosophie der Antike in keinerlei wirkliche Berührung gekommen waren. Die Feinheiten und Formen der Gedankenkunst waren ihnen fremd. Sie lebten im unmittelbaren Anschauen der Naturvorgänge, sie erspürten oder schauten die elementarische Naturgeistigkeit, die sich in heiligen Wäldern, im Raunen der großen Ahnen, in den kosmischen Strömen, die sie an den Steinsetzungen erlebten, kundtaten. Doch für das Erleben der germanischen Stämme verdämmerte diese Natur-Geistwelt schon seit Jahrhunderten, und sie lebten so, daß sie in den Seelen ahnten: diese alte Götterwelt geht zugrunde, und das Zugrundegehen war ihnen prophetisch im Mythos der Götterdämmerung verkündet worden. Der Mythos der Götterdämmerung hat einen irdischen Abglanz in der Nibelungensage. Diese Sage bewahrt die in alte Zeiten zurückreichende Kunde von dem großen altgermanischen Eingeweihten, dem Drachentöter Sieg oder Siegfried in sich. Die Gestalt des Sieg, der als Eingeweihter in verschiedenen Gestalten das Werden der germanischen Stämme begleitete, ragt als Siegfried bis in die Völkerwanderungszeit hinein. Die Nibelungensagen blicken auf den tragischen Tod des Siegfried als auf das Erlöschen der alten hellsichtigen Heldenkraft, die den Drachen überwinden konnte. An die Stelle des Siegfried tritt als Recke der finstere Hagen. Hagen ist der Vertreter eines ganz anderen Menschenschlags, er betont die irdische Persönlichkeit, er ist, wie so mancher Fürst dieser bewegten Zeit, ein Macht- und Gewaltmensch, wie er unter anderen in der Gestalt des Frankenkönigs Chlodwig zutage tritt. Hagen will auch von den alten Goldschätzen nichts mehr wissen, und so versenkt er den Hort der Nibelungen im Rhein.

Als also die germanischen Stämme in das römische Reich eindringen, zeigen sie sich in ihren repräsentativen Vertretern als Menschen, die einerseits als Herren, als Persönlichkeiten erscheinen, die andererseits von jungem Leben durchdrungen sind und in keiner Weise von des Gedankens oder der Kultur Blässe angekränkelt sind. Die Verbindung mit der Naturgeistigkeit bleibt noch eine Zeitlang erhalten; die aus dem Sieg über den Drachen errungene eingeweihte Geistesschau jedoch ist ermordet, die Götterdämmerung wird zur Heldendämmerung.

Die Germanen haben im Mittelmeerraum den Niedergang des römischen Reiches weiter beschleunigt. Im Jahre 378 dringen die Westgoten über den Balkan in das römische Reich ein und schlagen das römische Heer. Zu Anfang des 5. Jahrhunderts erscheinen sie in Italien, und im Jahre 410 erstürmen sie Rom. Den Westgoten folgen andere Stämme; die Ostgoten, die Vandalen, die Sueben, die Langobarden, die Burgunder und die Franken dringen nach Süden vor, die Angeln und Sachsen besetzen den südöstlichen Teil der britischen Insel. Diese Eroberungen bewirken über kurz oder lang den Untergang der antiken Stadtkultur, Handel und Gewerbe kommen zum Erliegen, das zuerst noch vorhandene Geld und Gold fließt im Austausch für wichtige Waren in den Orient ab und verschwindet ganz aus dem westlichen Europa. Man kehrt zur Naturalwirtschaft zurück; das hat zur Folge, daß fast jedes literarische und philosophische Leben, daß rhetorische und künstlerische Schulung vollends verkümmern. Die Germanen verbinden sich teilweise mit den Landbevölkerungen Italiens, Spaniens und Galliens oder leben als adlige Herrengeschlechter fort. Später begegnen uns diese germanischen Gestalten in manchen Großen des Mittelalters: *Bernhard von Clairvaux* ist der Sproß eines burgundischen Adelsgeschlechts, *Thomas von Aquino* ein Nachkomme normannischen und langobardischen Adels. Insgesamt bewirkten diese Germanen, die die alte, dekadent gewordene römische Herrenschicht ablösten, eine Verjüngung der Lebenskraft. Sie brachten aber keinerlei Weisheit oder Kultur in höherem Sinne mit. Das römische und griechische Wesen war ihnen fremd, es wurde zunächst nicht assimiliert. Das Christentum wurde vielfach in ganz äußerlicher Weise aufgenommen. Chlodwig beispielsweise akzeptierte den neuen Glauben, weil der in der Schlacht angerufene Christengott sich mächtiger als der Gott seiner Feinde und seiner eigenen Väter erwies. Später deuteten Germanen in diesem Sinne den Christus als einen mächtigen Herzog, der, von seinen zwölf Recken umgeben, wie ein rechter Germanenfürst erschien. Damit zeigten die germanischen Stämme, daß sie geneigt waren, auch das Christentum im Sinne ihrer eigenen Persönlichkeitserfahrung aufzufassen. In dieser Auffassung kann der *Keim* zu einer nicht nur persönlichen, sondern innerlichen und ichhaft erfahrenen Christus-Erkenntnis liegen; es besteht aber auch immer die Gefahr, daß Jesus nur als Mensch gedeutet wird und schließlich –

wie in der liberalen Theologie des 19. Jahrhunderts – zum guten Mann aus Nazareth und bloßen Moralisten gemacht wird.

Die geistige Dimension des 4. Jahrhunderts

Es ist deutlich zu erkennen, daß im 4. Jahrhundert im Norden wie im Süden eine alte Form der Geistverbundenheit zu Ende geht. Der in der Sage überlieferte Tod Siegfrieds ist ein Bild, in welchem das Ende des nordischen Einweihungswesens erblickt werden kann. Die Germanen sprachen jedoch auch von der Götterdämmerung, und das ist mehr: In diesem Mythos lebt die Ahnung davon, daß ein altes Göttergeschlecht sein Wirken beendet, daß in den göttlichen Welten selbst sich Entscheidendes ereignet. Im Süden liegen die Verhältnisse etwas anders, wenngleich auch dort die Kunde vernommen wurde, daß der große Pan tot sei.

Die griechische Philosophie und Kunst wurzeln in einer mythischen Welt, in der Götterhandeln und Menschentun noch unmittelbar verbunden waren. Der Krieg um Troja war ein Krieg der Götter, die Taten des Herakles und des Perseus geschehen im Zusammenhang des Götterwollens, und auch die Fahrten des Odysseus werden von einer Göttin geleitet. Die göttergewirkten Taten dieser Heroen lassen in symptomatischer Weise das Entstehen der Intelligenz erkennen, etwa wenn Perseus sich des Spiegels (der Reflexion) bedient, um die Meduse zu enthaupten, wenn Herakles den Stall des Augias reinigt, wenn Odysseus durch seine List den einäugigen Polyphem überwindet und blendet, oder wenn er, an den Mastbaum des eigenen Willens gefesselt, dem Sang der Sirenen widersteht, weil dieser Gesang nicht die mit Wachs verstopften Ohren seiner rudernden Gefährten erreicht. Aus der Kraft dieser Mythen lebt die griechische Philosophie: in den Dialogen Platons ist das klar zu sehen. Man kann also den Ursprung des griechischen Denkens bei den Göttern suchen. Das wußte auch der letzte der großen griechischen Philosophen, *Aristoteles*, für den das menschliche Denken ein

Erfassen der formenden – vom göttlichen Schöpfergeist (nous poietikos) gewirkten – Weltgedanken war. Für den Griechen waren diese Gedanken unmittelbar in der bewegten, sich gestaltenden und sich bewegenden Naturwelt erlebbar. Im Laufe der Zeit freilich entschwand dieses Erleben immer mehr, und gedankliche Konstruktionen traten an seine Stelle.

Man kann das Ersterben des von den Göttern gegebenen Denkens als einen Schritt auf dem Wege zur Freiheit begreifen. Das Römertum nahm die griechische Gedankenwelt noch teilweise als lebendige Tradition auf, selber aber stellte es mit dem römischen Recht bereits etwas ganz anderes in die Welt. Im römischen Recht – das zunächst nur für römische Bürger galt – betonte es die Rechte der einzelnen Persönlichkeit. So hatte jeder Römer, der zum Tode verurteilt wurde, das Recht, an die Volksversammlung (später an den Cäsar) zu appellieren und seine Sache vorzutragen (ius provocandi). Auch wurde dem einzelnen Römer durch das Testament die Möglichkeit zugestanden, seinen persönlichen Willen über den Tod hinaus geltend zu machen. Aber erst im 4. Jahrhundert begegnen wir einer Gestalt, die das persönlich gelebte Leben, die eigene Biographie zur Gedankenquelle werden läßt: *Augustinus*. Augustinus durchlebt in strebendem Suchen verschiedene Weltanschauungen, er erfährt in seinem Leben persönlich ihre Wahrheiten und Probleme und findet schließlich – von der Stimme eines Kindes gerufen – die Wahrheit des Evangeliums. Damit scheint das menschliche Leben selber zur entscheidenden Instanz der Wahrheitsfindung zu werden. Doch Augustinus zögert, sich nur auf sich und seine innere Stimme zu verlassen, und so sagt er schließlich – im Widerspruch zu seiner Biographie: Ich würde die Wahrheit des Evangeliums nicht annehmen, wenn die römische Kirche nicht für die Wahrheit der Schrift bürgte. Hier zeigt sich, daß die Antike in ihrer letzten großen Gestalt bis an den Punkt kommt, wo sie Individualität und Biographie als Ort der Wahrheit entdeckt, daß sie dann aber nicht in der Lage ist, aus diesem Quell wirklich zu schöpfen und Neues zu gebären.

Diese Symptome werden durchsichtig, wenn man an dieser Stelle einen von Rudolf Steiner im März 1923 beschriebenen rein geistigen

Tatbestand in Betracht zieht. In den Vorträgen vom 16. bis 18. März führt Rudolf Steiner aus, daß in alten Zeiten bis hin zum 4. nachchristlichen Jahrhundert den Menschen die Gedanken durch geistige Wesen vermittelt wurden, die in der christlichen Lehre Exusiai genannt werden und die als «Geister der Form» bezeichnet werden können. Diese Geister der Form wirkten so, daß sie Gedanken zugleich mit der Sinneswahrnehmung von außen an den Menschen heranbrachten, und im Ergreifen und Erleben der Sinneswahrnehmung konnten die Menschen früherer Zeiten die Weltgedanken erfassen. Die tönende, farbige, bewegte Welt sprach in jener Zeit eindrucksvoller zu den Menschen als heute. «Der Mensch hing an der kosmischen Gedankenwelt, sie senkte sich in ihn hinein. Daß es so sein konnte, ergab sich aus dem Wirken der Geister der Form.» – «Nun kam in der Entwickelung der Menschheit eben jenes 4. nachchristliche Jahrhundert heran. Und das brachte für diese übersinnliche Welt das außerordentlich bedeutsame Ereignis, daß die Exusiai – die Kräfte, die Wesenheiten der Form – ihre Gedankenkräfte abgaben an die Archai, an die Urkräfte oder Urbeginne.»[8] Die Archai werden auch «Geister der Persönlichkeit» genannt. Die Geister der Persönlichkeit wirken nun nicht mehr von außen in den Menschen hinein, sie geben dem Menschen vielmehr Gelegenheit, aus dem Urgrunde der eigenen Persönlichkeit Gedanken zu bilden und aus sich selbst heraus moralische Impulse zu entwickeln. Damit ist der Mensch auf sich selbst zurückgewiesen und in seinem Denken von der äußeren Impulsierung seiner Gedanken abgeschlossen. Es sei hier – gleichsam in Klammern – bemerkt, daß nicht alle Geister der Form diese Entwicklung mitgemacht haben und daß man deshalb auch heute noch beobachten kann, daß Menschen von Vorstellungen und Gedanken wie von einer äußeren Gewalt ergriffen werden. Freiheit aber ist nur dort möglich, wo der Mensch Gedanken aus sich heraus schafft, während er gegenüber der äußeren Einwirkung gedankenbildender Mächte isoliert ist.

Die Isolierung der Menschen tritt im 4. Jahrhundert in verschiedener Weise auf: zunächst geistig-innerlich im Ermatten gedanklicher Kraft, dann beginnt geschichtlich-äußerlich im 4. Jahrhundert die Bekämpfung und Vernichtung der griechischen Philosophie und ihrer Schulen und Bibliotheken, begleitet von der Zerstörung der antiken Kultur, ihrer Tempel. Die Orakel verstummen, die Mysterien werden geschlossen. Die alte Geistwelt verdämmerte. Für die Germanen ist der Tod des Siegfried auch Ausdruck der Götterdämmerung. Gegen Beginn des 7. Jahrhunderts ist die Isolierung dann namentlich für Italien, für das Frankenreich und für den germanischen Bereich eine vollendete Tatsache geworden: Kultur und Handel lagen darnieder, die Städte waren entvölkert, in primitiver Weise fristeten die Menschen ihr Leben, eines neuen Anfangs harrend.

Die Gestaltung Mitteleuropas im frühen Mittelalter

Einen ersten Versuch zur Neugestaltung West- und Mitteleuropas in dieser Abgeschlossenheit unternahm *Karl der Große*. Wie sein Biograph Einhard berichtete, knüpfte Karl von sich aus an die germanische Lebensart an; er pflegte das germanische Sagengut und liebte die germanische Sprache. Eine wesentliche Hilfe zur geistigen Erneuerung kam aus dem Westen, aus Irland und England. Dort hatte sich in aller Einfachheit der äußeren Lebensbedingungen geistiges Leben erhalten. Karl förderte die Erneuerung geistiger Kultur, indem er englische und irische Mönche mit wichtigen Aufgaben betraute und *Alkuin* zum Abt des zentralen Klosters St. Martin in Tours machte. Zugleich bahnen sich Kontakte mit dem Osten, mit Byzanz und sogar mit dem Kalifen Harun al Raschid an. Wenngleich das Reich Karls bald nach seinem Tod vom Zerfall bedroht war, so entwickelten sich doch in der Stille einige der in der Zeit Karls gesetzten geistigen Keime weiter.

In dieser Situation der Herrschaftslosigkeit nach dem Tode Karls war Mittel- und Westeuropa für geistige Strömungen aus West und Ost empfänglich. Rudolf Steiner beschreibt in einem Vortrag vom 1. Oktober 1922, daß gerade die Offenheit für die aus dem Westen und Osten wirkenden geistigen Strömungen den Papst *Nikolaus I.*

(858–867) mit Sorge erfüllte. Seine Abwehr der östlichen Geistigkeit kann geschichtlich klar gefaßt werden. Der überragende Repräsentant der östlichen Geistigkeit war *Photios,* der Patriarch von Konstantinopel. Man kann vermuten, daß er der gebildetste Mann seiner Zeit war. Von seinen zahlreichen Schriften wird die «Mystagogie des Heiligen Geistes» am meisten genannt. Photios lebte aber auch mit weit ausgreifenden Absichten. Er organisierte die christlich-byzantinische Mission und entsandte Missionare nach Bulgarien, Rußland und zu den Chasaren. Indem Nikolaus Photios absetzte, diesen Einflüssen wehrte und unter anderen die Schüler des Photios, die bekannten Slawenapostel Kyrill und Method für Rom gewann, drängte er den Einfluß der östlichen Geistigkeit zurück. Ebenso aber bekämpfte er auch die Einflüsse aus dem Westen. Ich vermute, daß diese westliche Strömung unter anderem in der im Westen lebendigen Auffassung des Königtums gesehen werden kann. Faßte man doch dort den König keineswegs allein als irdischen Machthaber auf, sondern als ein Organ göttlicher Mächte. Das kommt auch in der Idee des Königsheils zum Ausdruck und wird in späterer Zeit durch die Form der Königsweihe und in den Herrschaftsinsignien erkennbar. Namentlich die Krone kann als ein Symbol geistiger Verbindung mit dem Kosmos gedeutet werden, denn die deutsche Kaiserkrone ist unter anderem mit zwölf besonderen Steinen und jenem einen Stein, der den Namen «der Weise» trägt, geschmückt. – Papst Nikolaus wies jedenfalls auch die Macht des Königs (Karls des Kahlen) zurück. Hier ist freilich einzuräumen, daß die geschichtliche Überlieferung den geistigen Hintergrund dieser Auseinandersetzung nicht erkennen läßt, sondern vielmehr von anderen Anlässen des Konflikts berichtet.

Entscheidend ist jedoch, daß der Papst Nikolaus die Mitte Europas gegen die Einflüsse aus Ost und West abzuschirmen trachtete. Er hielt eine weitere Isolierung für notwendig, weil nur in dieser Isolierung die europäische Mitte eine selbständige Entwicklung nehmen konnte. So wurde die europäische Mitte dazu bestimmt, in der Einsamkeit das menschliche Ich in besonderer Weise auszubilden. Wäre die europäische Mitte allzufrüh den Einwirkungen aus

Ost und West ausgesetzt worden, so hätte sie nicht jene Selbständigkeit entfalten können, die Kennzeichen des «Ich» ist. Dieses «Ich» kann in der abgeschlossenen Innerlichkeit aus der eigenen Tätigkeit persönliche Gedanken entwickeln und so von sich aus einen Zusammenhang mit der Welt frei schaffen.

In der Mitte waren seit dem 9. Jahrhundert im wesentlichen zwei Tendenzen wirksam. Die eine wirkt vorzugsweise im Süden durch den römischen Katholizismus, d. h. durch das verrechtlichte Christentum. Diese Verrechtlichung, die im Kirchenrecht ihren Ausdruck hat, hat nicht nur den negativen Aspekt, daß sie den Glauben zur Pflicht macht, vielmehr wird durch Recht und Gehorsam jene Persönlichkeit gebildet, der durch das Recht eine bestimmte Form gegeben wird und Grenzen gesetzt werden. – Die andere Tendenz, die in der Mitte wirkt, ist die germanische Auffassung der Person, die als Herr ihrer selbst auftritt und die uns bereits in Hagen begegnet ist. Es wurde oben bereits gesagt, daß dieser germanischen Haltung eine Christus-Auffassung entspricht, die im Christus-Jesus vor allem die irdische Persönlichkeit sieht und in ihm einen Menschen erblickt, der wie ein germanischer Herzog unter den Seinen lebt und damit in die Nähe persönlicher Erfahrung rückt. In der Heliand-Dichtung hat diese Auffassung einen symptomatischen Niederschlag gefunden. Rudolf Steiner beschreibt das Zusammenwirken dieser beiden Tendenzen in der europäischen Mitte mit folgenden Worten: «Man sieht, wie im Heliand ganz vermenschlicht und ganz in die europäische menschliche Welt, in diese Ichwelt hereingezogen erscheinen diese Erzählungen über die Vorgänge in Palästina. Wir sehen, wie da alles vermenschlicht wird, wie da kein Vermögen vorhanden ist, so wie es Griechenland gemacht hat, mit Weisheitsgut zu durchdringen das Mysterium von Golgatha. Und es entwickelt sich der Drang, ohne Aufblick zum Übersinnlichen auch als schlichte menschliche Vorgänge darzustellen das Wirken des Christus-Jesus in der Welt. Und dahinein wurde geschoben dasjenige, was sich vom romanisch-christlichen Imperium dogmatisch als Konzilbeschlüsse ausbreitet. Wie zwei einander fremde Welten schoben sich diese ineinander: jenes Christentum, welches sozusagen vereuropäisierte die Palästinaerzählung, und jenes Christentum, welches verjuristet-romanisches Griechentum war, abstrakt geworden war. Das ist dasjenige, was nun in den Jahrhunderten fortlebte.»[9]

Man erkennt in dieser Darstellung ein Zweifaches: Einerseits sieht man, wie diese Gestaltung – namentlich Mitteleuropas – bestimmt ist durch den Ausgangspunkt im 4. Jahrhundert. Andererseits kann man hier bereits vorausblicken auf das 19. und 20. Jahrhundert, in welchem die durch diese Kräfte gestaltete Ichhaftigkeit zur vollen Ausbildung gekommen war.

Prophetisch aber lebt in dem so charakterisierten 9. Jahrhundert eine ganz andere Gestalt, in der sich die Zukunftsziele der Ich-Entwicklung offenbaren. Es ist die Gestalt des *Parzival*. Parzival wuchs in äußerer Isolierung auf. Er kam mit den Kultur- und Weisheitsgütern seiner Zeit zunächst nicht in Berührung. Aus dieser Abgeschlossenheit bricht er auf, suchend und fragend. Nur in der Einsamkeit und Abgeschlossenheit konnte das starke und reine Suchen und Fragen entstehen, das den Parzival bewegt. Das Suchen führt ihn schließlich in die Gralsburg, also an jenen Ort, wo, umgeben von meilenweit sich erstreckenden Wäldern, wie in der Tiefe der Nacht das Höchste verborgen ist. Hier versagt Parzivals Fragekraft, da er, seitdem er die Einsamkeit verließ, doch – durch Gurnemanz – erzogen und gebildet worden ist, und diese Bildung hindert ihn, die Frage, die in ihm lebt, über die Lippen zu bringen. Nachdem er so bei seinem ersten Besuch auf der Gralsburg nicht gefragt hat, erwacht er aber im Anblick des toten Ritters im Schoße der Sigune zum Selbstbewußtsein, und damit beginnt die bewußte Suche nach dem heiligen Gral, die nach vielen Irrfahrten schließlich dahin führt, daß er bewußt die Frage stellen kann, die ihn im tiefsten Ich bewegt.

Die Parzival-Prophetie spricht davon, wie sich das Ich aus den eigensten und innersten Kräften – nicht aus angelernter Bildung – miterlebend und mitleidend öffnen kann. Fragend und erlebend wird die Isolierung überwunden, wenn das Ich aus innerster Kraft sich der Welt öffnet.

Dieser Wille, nach Osten und Westen sich zu öffnen, zeigt sich auch prophetisch in der deutschen Geschichte des 10. Jahrhunderts in jenen Kaisergestalten, die nach Ost und West ausgreifen. Man kann hier an Otto II. denken, der sich mit der byzantinischen Prinzessin Theophanu verband, um die Bande mit dem Osten zu knüpfen. Otto II. war es auch, der die deutsche Kaiserkrone in der beschriebenen Form schaffen ließ, um das priesterliche Königtum zu erneuern. Sein Sohn Otto III. versteht sich als apostolischer Kaiser, und nachdem sein Freund Adalbert, der Missionar der Polen, ermordet worden ist, unternimmt er selbst eine Wallfahrt nach Gnesen, um die Missionsaufgabe fortzuführen. Alles dies ist Vorwegnahme – ein früher Versuch, aus der Isolierung der Mitte mit eigener Kraft herauszutreten. Aber noch hatte die Mitte Europas die Einsamkeit nicht genügend lange ertragen, noch war das Ich nicht reif, noch waren die Fragen nicht so kräftig und bewußt, daß sie die Welt ergreifen konnten.

Hohes Mittelalter – Höhepunkt der Isolierung

Gegen die frühzeitige Öffnung der noch nicht ganz gefestigten Persönlichkeit wandten sich im 11. Jahrhundert sowohl das römische wie das germanische Wesen. In Burgund, im Elsaß, in Lothringen und anderen westlichen Teilen des Reiches entsteht mit der cluniazensischen Reform eine mächtige Bewegung, die das geistliche Leben – zunächst der Klöster, dann der Kirche überhaupt – rein erhalten und von allem weltlichen Einfluß abschirmen will. Der Ruf erklingt: Libertas ecclesiae! Freiheit der Kirche, freie Abtwahl und freie Bischofswahl werden gefordert, und später wurde darüber hinaus die Ehelosigkeit der Priester zum Programm. Man erkennt in dieser Tendenz den Willen, das Geistliche vom Weltlichen scharf zu sondern und es dem Einfluß der Herzöge, Grafen und später auch dem Einfluß des weiblichen Wesens zu entziehen.

Zunächst unterstützten die deutschen Kaiser und Könige diese Reformbewegung. Auch ihnen lag daran, daß in den Klöstern reine innerliche Frömmigkeit lebte. Namentlich lag den Kaisern daran, daß auch in Rom geordnete Zustände einkehrten, und schließlich gelang es Heinrich III., dort der Reformpartei zum Siege zu verhelfen. Der erste große Reformpapst war der Bischof *Bruno von Toul* aus dem Geschlecht der Grafen von Egisheim, der als Leo IX. den päpstlichen Thron bestieg. Entscheidend wurde die Tätigkeit seines führenden Beraters, eines Mönches aus Moyenmoutiers (Vogesen), der als Kardinal Humbert von Silva Candida die Politik des römischen Stuhls formulierte. Zunächst erweiterte er den Simoniebegriff. Simonie war nach der Apostelgeschichte bisher nur der Erwerb eines geistlichen Amtes durch Geld (Acta 8 18–24). Humbert definierte neu und erklärte, daß auch die Verfügung über ein geistliches Amt durch Laienhand Simonie sei. Damit wandte er sich im Sinne der cluniazensischen Reform gegen die Eingriffe weltlicher Herren in kirchliche Fragen, namentlich gegen ihre Verfügungsgewalt über die Besetzung wichtiger kirchlicher Ämter, die früher üblich war, weil die weltlichen Herren allzumeist die Begründer und Stifter der Abteien usw. waren. Humbert wandte sich damit aber indirekt auch gegen den deutschen Kaiser und König, der bis dahin als Vogt der Kirche nicht nur Äbte und Bischöfe, sondern sogar Päpste ein- und abgesetzt hatte.

Solches geschah nach dem Selbstverständnis der Kaiser völlig zu Recht, da – wie die Königsweihe bewies – das Amt des Kaisers keineswegs nur ein weltliches Amt war. Im Kaisertum waren nach dieser Auffassung das Zusammenwirken von Geistlichem und Weltlichem, von Priester und König durchaus veranlagt, und man konnte sich hier auf die Gestalt des biblischen Melchisedek berufen, der sacerdos et rex, Priester und König war. Humbert jedoch arbeitete auf die strenge Trennung der beiden Gewalten hin.

Humbert bewirkte schließlich durch seine Lehre, die in dem Buch «adversus simoniacos» (Libri tres adversus simoniacos / Drei Bücher wider die Simonisten) zusammengefaßt ist, die Trennung von geistlicher und weltlicher Gewalt. Merkwürdigerweise war es aber auch derselbe Humbert, der durch Leo mit der Aufgabe betraut wurde, mit dem Osten, mit Byzanz zu verhandeln. Humbert führt schließlich den lange schwelenden Konflikt mit der Ostkirche zum Höhepunkt und Bruch. Am 16. Juli des Jahres 1054 legt er auf dem Altar der Hagia Sophia die Bannbulle nieder, die den Patriarchen von Konstantinopel, Michael Kerularios, und alle, die ihm anhangen, aus der Kirche ausschließt. Damit ist auch die Trennung gegenüber dem Osten vollzogen. Aufs neue sind somit Ich und Seele der Mitte isoliert.

Das hat bedeutsame Folgen für die Weltauffassung. Man erlebt sich selbst in der Innerlichkeit der Klöster und Kirchen. Diese Innerlichkeit ist eine reine, abgeschlossene Welt, einerseits begrenzt durch kirchliche Dogmatik, andererseits in die Form des römischen Kirchenrechts gefaßt. Dieser Innerlichkeit steht Äußeres gegenüber. Da die Innerlichkeit vom Äußeren getrennt ist, ist das Äußere nun im Prinzip fremd, seelisch undurchsichtig. Die äußere Welt der bloß weltlichen Gewalt und Herrschaft erscheint nun als bloßes Machtgebilde. Hier liegt der Ursprung dessen, daß man dann in späterer Zeit die äußere Welt – nicht nur die staatliche Macht – als derbmaterielle Gegenständlichkeit aufgefaßt hat. – Ebenso wird auch das fremd, was als Geistigkeit im Osten nachwirkte. Das außerseelisch Geistige wird als Dämon verketzert, abgewehrt und, symbolisch gesprochen, nach Osten verdrängt. Geistverneinung und Materialismus sind der Preis, um den Selbständigkeit und Innerlichkeit erkauft, errungen wurden.

Die Menschen in Mittel- und Westeuropa empfinden diese Isolierung stark. Besonders nachdem durch den Kampf zwischen Kaiser und Papst (Heinrich IV. und Gregor VII.) die innere Lage allgemeiner erlebt wurde, regten sich starke Impulse, aus der Isolierung auszubrechen. In diesem Sinne kann die elementare Gewalt der Kreuzzugsbewegung verstanden werden. Über zweieinhalb Jahrhunderte zogen Ritter und Pilger immer wieder nach Osten, nicht nur, um das Heilige Land aus der Hand der Ungläubigen zu befreien, sondern auch, um die geistigen Quellen des Glaubens neu zu entdecken und um den Geist des Ostens zu erleben. Aber was sie so erfuhren, war einerseits das, was schon die Frauen am ersten Ostertag erfuhren, als sie das Grab aufsuchten: «Jesus, der Nazarener, den ihr sucht, ist nicht hier, er ist auferweckt!» – Die innere Kraft der Pilger und Kreuzfahrer reichte auch nicht aus, um zum Geist durchzustoßen. Es zeigte sich vielmehr, daß sie ihre Disziplin verloren, je weiter sie nach Osten vordrangen und beispielsweise nach der Eroberung Jerusalems ein schreckliches Blutbad anrichteten. So brachten sie schließlich nur die Erfindungen der arabischen Kultur in den Westen zurück: Kattun und Musselin, Sofa, Divan, Matratze, Gaze, Kaffee, Marzipan, Tarif und Schach.

Ein ganz anders gerichteter Impuls, der auch die Überwindung der Isolierung anstrebt, tritt in der Scholastik zutage. Die Scholastik ist das Bemühen des Denkens, soweit als nur möglich aus eigener Kraft den Inhalt des Glaubens und die teilweise verschüttete und verborgene Überlieferung neu zu ergreifen und neu zu gestalten. Auch die Scholastik beginnt unmittelbar nach dem Kampf zwischen Kaiser und Papst. Ihr erster Vertreter ist *Anselm von Canterbury,* der gegen Ende des 11. Jahrhunderts in seinem Monologion den Inhalt des Glaubens mit der Vernunft zu fassen suchte und im Proslogion den ersten Gottesbeweis vorlegte. Im Verfolg entfaltete die Scholastik ein forschend fragendes Denken, das in den Quaestionen (den systematischen Fragen) alle für die Zeit wichtigen Themen fragend erörtert. So ist die Summe der Theologie des Thomas von Aquino ein Werk, das aus vielen hundert Fragen besteht, und das so, präzise fragend und Fragen beantwortend, Stein für Stein einen Gedankendom aufbaut.

Eine zweite Frage-Kultur ganz anderer Art zeigt sich in der Mystik. Die Seele selbst will zur Frage werden und sich fragend öffnen, um durch solche Offenheit dem Göttlichen Einlaß in die Seele zu schaffen.

Frühe Neuzeit: Todeserfahrung und faustisches Streben

Im 14. und 15. Jahrhundert trat dann nochmals eine tiefgreifende Änderung in der gesamten menschlichen Wesenheit auf. Bis an die Schwelle des 14. Jahrhunderts erlebten sich die Seelen selber als lebendige Seelen, die mit dem Leben der Welt verbunden waren, und auch die Gedanken wurden – wenngleich sie mit innerer Anstrengung hervorgebracht und durchdacht, durchfragt wurden – noch als etwas Lebendiges erfahren, das eine Beziehung zum Leben der Welt hatte. Erst mit *Wilhelm von Ockham* (ca. 1290–1350) setzte sich eine Auffassung durch, die von einem anderen Erleben ausging. Man empfand nur noch, daß der Gedanke ein Produkt der eigenen Tätigkeit war. Man schloß daraus, daß der Gedanke ein subjektives Element sei, das keine wahre Beziehung zum Wesen der Welt habe. Das menschliche Erkennen erschien deshalb wie ein Willkürakt: Es ist ein bloßes Benennen der Dinge. Die Gedanken sind Namen, die der Mensch von sich aus den Dingen beilegt, und durch die Namen kann der Mensch verbal über die Dinge verfügen. Dieser *Nominalismus* ist eines der wichtigen Symptome für die gemeinte tiefgreifende Änderung des Menschenwesens. Die Menschen fielen – wenn man so formulieren darf – aus dem Leben der Welt heraus. Sie erlebten sich völlig isoliert in der Welt stehend.

In solchem Erleben trat der Menschheit in vielfacher Form der Tod vor die Seele. In der Kunst wird nun – wie ein Ausdruck der neuen Erfahrung – in immer neuer Weise der Knochenmann abgebildet. Der Totentanz wird als Holzschnitt, als Dialog, als Drama («Jedermann») dargestellt und deutet damit an, daß sich die Menschheit nunmehr der materiellen Todeserfahrung ausgesetzt weiß, die den physischen Aspekt des Todes vor die Seele stellt. Man blicke auf einen spätgotischen Kruzifixus und vergleiche, wie anders die Romanik den Christus dargestellt hatte.

Erst aus dieser materialistischen Todeserfahrung und der in der einsamen Seele bänglich erlebten Frage, wie es denn nach dem Tode weitergehe, kann der mit dieser Frage verbundene Ablaßhandel und seine Entartung im 15. Jahrhundert verstanden werden. Hier liegt auch der Ansatzpunkt für Luthers Reformation: die berühmten 95 Thesen stellen die Frage nach dem Leben der Seele nach dem Tode, und sie beantworten sie in konsequent nominalistischer Weise, indem sie auf den Glauben und auf das moralische Verhalten vor dem Tode verweisen.

Rudolf Steiner hat diese innere Lage der Menschen der Neuzeit großartig in einem Bilde dargestellt. In der kleinen Kuppel des ersten Goetheanums findet sich eine Darstellung des Knochenmannes, ein Buch unter dem linken Arm, in den Knochenfingern der rechten Hand einen Schreibstift: Sinnbild des toten Bewußtseins! Über diesem Knochenmann erhebt sich in Blau die Gestalt des suchenden Menschen, Faust – sinnend über die Rätsel des «Ich»; ihm kommt ein kindhaftes Wesen entgegen, über ihm ein inspirierender Genius. Faust weiß, daß ihn seine bisherige Bildung nur in Worten kramen läßt. Er weiß sein Denken und Bewußtsein an Totes verhaftet, Bücher, Urväter-Hausrat dreingestopft! Er will aber aus dem engen, hochgewölbten gotischen Zimmer heraus, er will selbst das Leben erfahren: Schau alle Wirkenskraft und Samen! Und er wünscht sich zum Geiste zu erheben. So schlägt er das alte Buch auf und erblickt das Zeichen des Makrokosmos in der Hoffnung, er könne erkennend das Geistige im Menschen zum Geistigen im Weltall führen.

Damit ist das Grundproblem der mitteleuropäischen Kultur genannt. Das Bewußtsein, das sich im Tode isoliert findet, kann dort nur mit Totem bauen; Stein auf Stein setzend will es sich erkraften, um dem einzelnen Ich den Weg zu bahnen, der wieder zum Welten-Ich führt. Goethe hat im «Faust» das menschheitliche Suchen, Fragen und Streben des «Ich» nach dem Erleben von Welt und Geist dargestellt: – wie der *ganze* Mensch Welt und Geist ergreifen will, wie er handelnd die Welt erfassen möchte, wie er sie fühlend zu erleben trachtet, wie er sie denkend, begreifend durchdringen möchte. Im geschichtlichen Prozeß erkennt man, wie handelnd in die Welt eingegriffen wird, wie ein Gutenberg den Druck mit beweglichen Lettern erfindet, wie James Watt die Dampfmaschine neu konstruiert, wie Chemiker Farben, Soda, Seifen herstellen, wie man experimentierend dem Magnetismus und der Elektrizität auf die Spur kommt. Dieses handelnde Gestalten und Erfinden löst tiefgreifende soziale Umwälzungen aus, es revolutioniert Leben, Arbeit, Verkehr, ohne daß diese Umwälzung wirklich geplant, gewollt und in ihren Folgen bedacht wurde. Es entsteht das Fabrikwesen und mit ihm das moderne Proletariat, es entsteht der von der Industrie unterstützte Kolonialismus, dem das entdeckende Weltergreifen vorangegangen war. So verändert die Menschheit im gestaltenden Weltergreifen alle Lebensverhältnisse auf der Erde.

Ganz anders geht das Denken vor. Es wendet sich zunächst nicht der Erde zu. Mit Kopernikus und Kepler sinnt es den Bewegungen der Himmelskörper nach, faßt die Bewegungen in mathematischer Beschreibung. Durch Newton wird langsam aus der mathematischen Beschreibung die Himmelsmechanik, die mechanisch-physikalische Erklärung der Himmelsbewegungen. Schrittweise folgt dann das Denken interpretierend den technischen Erfindungen und Experimenten und versucht sie mathematisch zu deuten. In solchem Deuten vergißt aber der suchende Forscher sich selbst. Er bemerkt nicht, wie er selbst in seinem Forschen tätig ist, ja, er versucht, um seine Subjektivität zu unterdrücken, allerlei messende, zählende, kontrollierende Apparate einzuschalten. Sein Sehen ersetzt er durch Fotografie, zwischen sich und die Welt stellt er Fernrohr und Mikroskop, deren Ergebnisse er durch Spektralanalyse und ähnliche Verfahren analysiert. So bildet er merkwürdigerweise wieder eine fast mönchisch-asketische Gesinnung aus, die zwar mit großer Akribie und methodischer Schärfe die Gegenstände umschreibt, sich aber von der Welt isoliert.

Ebenso führt die Industrialisierung, die moderne Technik zu einer neuen Isolierung des Menschen. Äußerlich ist das leicht an den modernen Verkehrsmitteln erkennbar, die den Menschen in abgeschlossenen Apparaten schnell und erlebnisarm durch die Landschaft befördern, ihn aber gegen jede ursprüngliche Erfahrung abschirmen. Man muß aber darüber hinaus feststellen, daß die Technik überhaupt dem Menschen den Anblick des Naturgeschehens entzieht. In Städten, in Wohnsilos, leben die Menschen, von elementarischem Erleben abgeschirmt.

Nur wenige Menschen hatten im 19. Jahrhundert die erforderliche Kraft und die gedankliche Klarheit, um aus dieser in Jahrhunderten anerzogenen und einst geschichtlich notwendigen Isolierung herauszutreten und den Weg ins Freie zu finden. Der Weg ins Freie ist der Weg des Menschen, der sich als ganzer Mensch erlebend den Welterfahrungen aussetzt, der im Innern Fragen an die Welt empfindet und sich der vollen Erfahrung hingibt, um aus dem Miterleben, aus dem Miterleiden der Welt im Inneren eine Antwort und eine neue weiterführende Frage zu finden. Dieser Weg ist in der Parzival-Sage prophetisch beschrieben. Die ersten großen und entscheidenden Schritte auf diesem Weg hat *Goethe* getan. Goethe hat erkannt, daß sich der Mensch selber zum Organ des Welterkennens machen kann. Denn anders als es die vulgäre Vorstellung suggeriert, steht der Mensch der Welt nicht fremd gegenüber. Der Mensch existiert nicht jenseits der Welt in der Isolierung der Subjektivität. Mitten in der Welt steht und lebt der Mensch. Sein Leib ist aus den Weltsubstanzen gebildet, durch die Weltentwicklung gestaltet. Die Sinne des Menschen sind objektive Weltorgane, durch die Evolution im Menschen gebildet: durch die Sinne begegnen wir der Welt. Auch der tätig Handelnde erfährt in seinem Tun den Widerstand der Welt, er begegnet ihren Kräften. Goethe war dieses klar, und so konnte er (in «Sprüche in Prosa») sagen:

«Der Mensch an sich selbst, insofern er sich seiner gesunden Sinne bedient, ist der größte und genaueste physikalische Apparat, den es geben kann, und das ist eben das größte Unheil der neueren Physik, daß man die Experimente gleichsam vom Menschen abgesondert hat, und bloß in dem, was künstliche Instrumente zeigen, die Natur erkennen, ja was sie leisten kann, dadurch beschränken und beweisen will.

Ebenso ist es mit dem Berechnen. Es ist vieles wahr, was sich nicht berechnen läßt, sowie sehr vieles, was sich nicht bis zum entschiedenen Experiment bringen läßt.

Dafür steht ja aber der Mensch so hoch, daß sich das sonst

Undarstellbare in ihm darstellt. Was ist denn eine Saite und alle mechanische Teilung derselben gegen das Ohr des Musikers? Ja man kann sagen, was sind die elementarischen Erscheinungen der Natur selbst gegen den Menschen, der sie alle erst bändigen und modifizieren muß, um sie sich einigermaßen assimilieren zu können?»

Für die Praxis des Erkennens heißt dies, daß Menschen nur die Chance ergreifen müssen, alle menschlichen Erfahrungsmöglichkeiten bewußt und methodisch zu nutzen. Das Erkennen wird dann ein Hineinleben in die Welt. Freilich ist dieses Hineinleben darauf angewiesen, daß es von innerer Wachheit geleitet wird. Diese Wachheit entsteht zunächst durch das fragende Denken, das das Hineinleben begleiten kann. Es erscheint als ein Staunen, als ein Verwundern, das nach dem Woher und Wohin der Erfahrungen fragt und dem Erleben durch dieses Fragen neue Richtungen des Blickens und Hineinlebens gibt. Das Denken selbst gewinnt zuerst eine Behutsamkeit im Umgang mit der Erfahrung, es lernt, schrittweise vorgehend und fragend, eine Erfahrung an die nächste zu reihen und auf diesem Wege die Welt sich selbst aussprechen zu lassen. Dabei gewinnt das Denken an Tiefe. Zugleich bemerkt es in sich alle jene Widerstände: Vorurteil, vorgefaßte Meinung, Vorschnelligkeit, Flüchtigkeit, Starrheit der Gedankenform – und wie die inneren Feinde alle heißen, die ein besonnenes Auffassen ebenso wie eine ruhige und konsequente Gedankenführung behindern.

Der Mensch, der sich der Welt öffnet und danach trachtet, sich in sie hineinzuleben, lernt sich selbst kennen. Goethe hat das im «Faust» ausgesprochen:

«Erhabner Geist, du gabst mir, gabst mir alles,
Warum ich bat. Du hast mir nicht umsonst
Dein Angesicht im Feuer zugewendet.
Gabst mir die herrliche Natur zum Königreich,
Kraft, sie zu fühlen, zu genießen. Nicht
Kalt staunenden Besuch erlaubst du nur,
Vergönnest mir, in ihre tiefe Brust
Wie in den Busen eines Freunds zu schauen.

Du führst die Reihe der Lebendigen
Vor mir vorbei und lehrst mich meine Brüder
Im stillen Busch, in Luft und Wasser kennen.
Und wenn der Sturm im Walde braust und knarrt,
Die Riesenfichte, stürzend, Nachbaräste
Und Nachbarstämme quetschend niederstreift
Und ihrem Fall dumpf-hohl der Hügel donnert,
Dann führst du mich zur sichern Höhle, zeigst
Mich dann mir selbst, und meiner eignen Brust
Geheime, tiefe Wunder öffnen sich.»

Der Weg Goethes, der vollends ins Freie führt, wurde nur von einer verschwindenden Minderheit von Wissenschaftlern und Denkern verfolgt. Das Gros der Wissenschaftler setzt auf den Versuch, Subjektivität und Isolierung durch Experimente zu überwinden und allgemeine Gedanken mathematisch oder formal zu fassen. Der Experimentator aber, der die Theorie, welche seine Untersuchung leitet, vergißt, neigt dazu, nur isolierte Fakten isoliert zu betrachten und immer isoliertere Elemente der Welt mit immer genaueren Instrumenten zu untersuchen, bis sich schließlich die Forschung ganz verselbständigt und der Zusammenhang des Forschens mit dem Menschen verlorengeht. Auch der Mathematiker vergißt den Ursprung des mathematischen Forschens und überläßt sein Geschäft vielfach dem Computer: Was ursprünglich als reine innere Geistestätigkeit, ja als bewußteste innere Aktivität begann und geeignet gewesen wäre, Tiefen des Bewußtseins zu erschließen, wird zum maschinellen Vorgang, der sich dem Bewußtsein entzieht.

Diese Situation kennzeichnet symptomatisch den Zustand des heutigen Selbstbewußtseins in der Mitte Europas und vielleicht auch anderswo. Es ist das Selbstbewußtsein noch nicht zu jener geistigen Stärke erwacht, durch die es sich frei und unbewaffnet in die Welt wagt. – Ein zweites Symptom stellt sich neben das erste. Die in der Abgeschlossenheit vom Geist bestehende Persönlichkeit hat gerade durch die Abgeschlossenheit eine Stärke gewonnen, in der die Kraft noch gegenwärtig ist, die in einem Hagen lebte. Sie erscheint heute in den Machtmenschen, die jede äußere Situation ergreifen und in ihrem eigenen Sinne formen. Ein solcher Machtmensch war *Otto von Bismarck*. Nach einem Verfassungsbruch führte er die Kriege und begründete dadurch das Reich, das dann als ein wesentlicher Machtfaktor in die Weltpolitik eintrat und das seine Kräfte in den Aufbau einer Industriemacht investierte. Später taucht dieser Typus des Machtmenschen in Ludendorff um so unsympathischer und beschränkter wieder auf; er kann heutzutage auch in manchen Großindustriellen oder Managern und in jenen Politikern, die sich als Macher verstehen, wiedererkannt werden.

Durch den Typus «Hagen», zu dem sich immer wieder der Typus «Gunther», der Schwächling, gesellt, ist das öffentliche Leben in Mitteleuropa nachhaltig beeinflußt worden. *Friedrich Nietzsche* hat diese Wirksamkeit nicht zu unrecht als die Exstirpation des deutschen Geistes zu Gunsten des Deutschen Reiches bezeichnet. Der deutsche Geist hat bis heute die Impulse Goethes noch nicht aufgenommen, und auf politischem Felde sind die Ziele der deutschen Revolution von 1848 zwar im Grundgesetz von 1949 erneut proklamiert, in der Verfassungswirklichkeit jedoch von der Oligarchie der Verbände und Parteien jedoch verdrängt worden.

So kann man heute im Hintergrund unserer Situation noch immer das 4. Jahrhundert erkennen. Die alten Formen der Geistverbundenheit sind erloschen, die Menschen auf die eigene Person und auf die biographische Erfahrung verwiesen. Die eigene Person als irdischer Mensch erscheint in der Gestalt des Hagen, des aktiven Geistverneiners. Sie ist im Laufe der Jahrhunderte als Rechtsperson durch das römische Recht konsolidiert worden und wird vom Impuls der germanischen Selbstherrlichkeit getragen.

Mit dem Beginn der Neuzeit erwächst uns in der Gestalt des Faust der neue Impuls, fragend und suchend aus der Enge der Person herauszufinden und das enge gotische Zimmer zu verlassen. Dieser Impuls wird aber vielfach behindert. Das mönchische Mißtrauen gegen Sündhaftigkeit des Menschen und die Furcht vor der Dämonie der Welt bewirken, daß man sich in der eigenen Innerlichkeit isoliert und sich nur durch Experimente und Apparate in die Welt wagt oder die eigene Aktivität auf Mathematik beschränkt. Damit wird aber weder im politischen Bereich noch in der geistigen Entwicklung das heute Notwendige geleistet.

Im Zeitalter der Freiheit ereignet sich Entwicklung nicht von selbst. Die großen Aufgaben, die in Mitteleuropa anstehen, sind seit der Mitte des 19. Jahrhunderts ungelöst. Da aus Freiheit das Notwendige nicht geleistet wurde, kam es in Mitteleuropa – und nicht nur dort – zu den bekannten Katastrophen. In Zukunft werden diese nur zu vermeiden sein, wenn das Selbstbewußtsein die Schritte in die eigene Tiefe wagt und sich der Welterfahrung exponiert und so jene Kultur bildet, die für Ost und West offen und verständlich ist.

Die Anthroposophie
in der Geistesgeschichte der Menschheit

Das Erwachen der Bewußtseinsseele

Ausgangspunkt

Vor fast zehn Jahren fand in Stuttgart eine öffentliche Diskussion über Anthroposophie statt. Der Diskussionsleiter, um habhafte Themen bemüht, fragte: «Was sind denn nun eigentlich die Hauptlehren der Anthroposophie?» Als Teilnehmer der Runde empfand man das Problematische dieser Frage und überlegte sich, wie man deutlich machen könne, daß die Anthroposophie nicht eigentlich eine «Lehre» sei. Da antwortete bereits ein kompetenter Vertreter der anthroposophischen Sache: Anthroposophie sei keine Lehre, sondern ein Erkenntnisweg, eine Methode, die jedermann für sich praktizieren könne und die zu bestimmten Einsichten in das Wesen des Menschen führe. Dieser Hinweis auf einen Weg, der letztlich nur dem etwas sagt, der selber den Weg geht oder doch zumindest auf anderen Wegen unterwegs ist, ist zutreffend, zugleich aber empfand man, daß die Charakterisierung der Anthroposophie als einer Methode in diesem Zusammenhang zu wenig aussagte, daß sie das Substantielle der Anthroposophie nicht genügend verdeutlichte.

Jenseits von bloßer Methode und inhaltlich festgelegter Lehre gibt es eine Interpretation des Wortes Anthroposophie. Sie stammt von Rudolf Steiner und lautet: «Nicht ‹Weisheit vom Menschen› ist die richtige Interpretation des Wortes Anthroposophie, sondern: ‹Bewußtsein seines Menschentums›.» Mit diesen Worten wird darauf hingewiesen, daß Anthroposophie etwas im Menschen Lebendiges, etwas den einzelnen Menschen Durchdringendes ist, und nicht, wie so manches Lexikon versichert, eine «Weisheit vom Menschen» oder gar eine «Weisheit über den Menschen». Im Zusammenhang des Textes wird Rudolf Steiners Auffassung noch deutlicher: «Im Grunde genommen soll ja Anthroposophie nichts anderes sein als jene Sophia, das heißt jener Bewußtseinsinhalt, jenes innerlich Erlebte in der menschlichen Seelenverfassung, die den Menschen zum vollen Menschen macht. Nicht Weisheit vom Menschen ist die richtige Interpretation des Wortes Anthroposophie, sondern ‹Bewußtsein seines Menschentums›; das heißt: hinzielen sollen Willensumwendung, Erkenntniserfahrung, Miterleben des Zeitenschicksals dahin, der Seele eine Bewußtseinsrichtung, eine Sophia zu geben.»[10] Anthroposophie wird so als ein Erwachen des Menschen zu sich selbst, zur Zeitgenossenschaft und zu seinen Aufgaben beschrieben.

Gewiß kann Anthroposophie auch als Idee leben, dies aber nur dann, wenn die Ideen lebendig sind. Lebendig sind aber Ideen allein dann, wenn sie in einem Menschen lebendig, d. h. Biographie geworden sind. Die im Individuum lebendig gewordene Idee befruchtet und durchdringt den Menschen, sie weckt den Geist und ermutigt den Willen. Die Idee ist kein Selbstzweck an sich, ihre Lebendigkeit sollte auch nicht mit der fixen Spritzigkeit wohldressierter Gedanken verwechselt werden, nicht mit der einsamen Erhabenheit eines Gedankendoms. Ja, man kann geradezu sagen, daß anthroposophische Ideen, anthroposophische Erkenntnisse nicht an sich wahr sind: Wo sie verkündet werden, ohne daß persönliches Leben, individuelles Erkennen, tätiger Einsatz sie begründet und wahr macht, werden sie in fataler Weise als Ideologie und schlechte Theorie empfunden. Rudolf Steiner bereitete das große Sorgen. Er schrieb deshalb noch in seinem letzten Lebensjahr: «Es wird doch eben in der Anthroposophischen Gesellschaft viel zu wenig darauf gesehen, daß Anthroposophie nicht graue Theorie, sondern wahres Leben sein soll. Wahres Leben, das ist ihr Wesen; und wird sie zur grauen Theorie *gemacht,* dann ist sie oft gar nicht eine *bessere,* sondern eine *schlechtere* Theorie als andere. Aber sie wird eben erst zur Theorie, wenn man sie dazu macht, wenn man sie tötet.»[11]

In der Tat erwarten die Menschen der Gegenwart nicht in erster Linie Belehrung oder Theorien, wenn sie Anthroposophie suchen. Gescheite Theorien und Lehren, metaphysische Spekulationen sind heute leicht und billig zu haben. Was gesucht wird, ist fruchtbares

Geistesleben, befreiende Erkenntnis, tatkräftiges Zeugnis, Ideen, die in Menschen persönlich geworden sind. Das Leben will durch das Leben belebt und der Geist im Menschen will aus persönlicher Erfahrung Licht gewinnen. Im Leben kann beispielsweise der Reinkarnationsgedanke der Seele helfen, das eigene Schicksal tiefer zu erfassen, Aufgaben zu entdecken, wo man nur Lasten vermutet und aus der Enge des Ich in die Weite der Welt zu finden. Rudolf Steiner hat diesen Aspekt von Idee und Erkenntnis mit folgenden Worten umrissen: «Erkenntnis ist nur die Form, wie durch den Menschen die Möglichkeit gegeben werden soll, daß der wahre Geist aus Weltenweiten in menschlichen Herzen sich sammle, damit er von Menschenherzen aus die menschlichen Gedanken durchleuchten könne.»[12]

Faßt man in diesem Sinne Anthroposophie als Bewußtsein des eigenen Menschentums, so fällt der Blick auf das geistesgeschichtlich Neue der Anthroposophie. Sie erscheint als seelisches Leben, das zu sich selbst und zur Zeitgenossenschaft geistig erwacht. In diesem Erwachen erzeugt sie aus ihrem Erleben und Streben, aus praktischer Erfahrung eine neue Weisheit – eine Weisheit, in der sich die Geistigkeit des Menschen aus menschlicher Substanz entfaltet. Die Geschichte dieser Anthroposophie, die des Menschen eigene Geistigkeit zur Erscheinung bringt, soll im Folgenden in aller Kürze skizziert werden.

Weltgeschichtlicher Hintergrund

Tritt man von dem im Vorangehenden gekennzeichneten Gesichtspunkt an die Geschichte heran, so lenkt Rudolf Steiner unseren Blick immer wieder auf das 4. nachchristliche Jahrhundert, also auf jenes Jahrhundert, das praktisch das Ende des Römischen Reiches markiert: Konstantin verlegt die Reichshauptstadt von Rom nach Byzanz, das den Namen Konstantinopel erhält. Vom Osten und Norden beginnen jene Stämme in den römischen Herrschaftsbereich einzudringen, die von der Kultur des Mittelmeerraumes und seinen Weisheitstraditionen kaum berührt sind. Sie zeigten in ihren typischen Vertretern keine Neigung, sich auf die Stadtkultur der Antike einzulassen. Vorzugsweise siedelten sie auf einzelnen Höfen als freie Herren. Am Beispiel von Trier kann man sehen, wie die Städte nun, da sie nicht mehr Zentrum waren, verfielen. Ebenso brach mit der römischen Herrschaft der Verkehr zusammen: die Reichsstraßen waren nicht mehr sichere Verkehrsadern. Schließlich floß auch das Gold aus dem Westen, der keine besonderen Güter anzubieten hatte, in den Orient. So sank die Mitte und der Westen Europas in wenigen Jahrhunderten fast ganz auf die Stufe der reinen Agrarwirtschaft und des Tauschhandels zurück.

In dieser Zeit fand auch das alte Mysterienwesen sein Ende. Soweit sie noch lebte und wirkte, wurde die Mysterienkultur in ihren Resten ausgerottet und vernichtet[13]. Ebenso ging in Europa die antike Philosophie weitgehend zugrunde. Justinian schloß 529 die Hochschule von Athen, deren letzte Vertreter in den Orient auswichen. So ist die Zeit des 4., 5. und 6. Jahrhunderts auch die Zeit einer großen Weisheitsdämmerung: für alle Gebildeten im Mittelmeerraum erscheint diese Weisheitsdämmerung als Weltuntergang[14]. Weltuntergangsstimmung, die Frage, haben uns die Götter verlassen?, bewegte die Mehrzahl der Menschen der antiken Welt. Anders und doch vergleichbar ahnten auch die germanischen Stämme, daß die Zeit der alten Götter ihr Ende gefunden hatte, wenn sie von der Götterdämmerung sprachen oder wenn sie den Tod des Siegfried, des germanischen Eingeweihten, beklagten.

In Vorträgen am 17. und 18. März 1923 in Dornach[15] hat Rudolf Steiner über die Hintergründe dieser als Symptome anzusprechenden Tatsachen gesprochen. Das Verständnis seiner Ausführungen setzt die Kenntnis seines Buches «Die Geheimwissenschaft im Umriß» voraus, in dem dargestellt wird, daß in den verschiedensten Weltbereichen und Weltprozessen, im Menschen und außerhalb des Menschen geistige Wesenheiten organisierend tätig sind. Rudolf Steiner benutzt zur Benennung dieser Wesenheiten die Bezeichnungen der christlichen Esoterik des Dionysios Areopagita und führt aus, daß bis zum 4. nachchristlichen Jahrhundert die Weltgedanken von den *Exusiai* (das alte Testament nannte sie *Elohim*) verwaltet worden sind. Diese Exusiai, die Geister der Form, vermittelten die Gedanken so, daß sie mit der Sinneswahrnehmung wie von außen an den Menschen als objektiv erscheinende Tatsachen herantraten. Wenn ein Mensch mit seinem Blick die Bewegung eines Tieres verfolgte, wenn er die Gestalt einer Pflanze durch seine Sinne erfaßte, so ergriff er zugleich das gedankliche Wesen dessen, was durch die Physiognomie der Natur zu ihm sprach. Mit dem 4. Jahrhundert endete die rechtmäßige Herrschaft der Exusiai über die Weltgedanken. Nun übernahmen die *Archai,* die auch Geister der Persönlichkeit genannt werden, diese Aufgabe. Das bedeutet für den Menschen, daß er von den von außen gegebenen Weltgedanken abgeschnürt wird. Er muß nun seine Gedanken selber im Inneren seiner Persönlichkeit bilden. Rudolf Steiner fügt dieser Beschreibung hinzu: «Das muß so sein. Denn niemals könnte der Mensch ein freies Wesen werden, wenn er nicht seine Gedankenwelt abrisse vom Kosmos. Er muß sie abreißen, um ein freies Wesen zu werden.»

Die Möglichkeit, daß der Mensch aus sich eigenständige Gedanken bilden, daß er in sich eigene Gedanken finden kann, beruht – so Rudolf Steiner – auf der Tatsache, daß die Menschen seit Beginn der Erdenentwicklung durch viele Erdenleben gegangen sind. In jedem dieser Erdenleben nahmen sie Welterfahrung in sich auf. In den Zeiten zwischen Tod und neuer Geburt wurde diese Erfahrung verarbeitet, geläutert. Mit dem 4. nachchristlichen Jahrhundert war eine große Anzahl von Menschen durch so viele Erdenleben gegangen, hatten viele Menschen soviel Welterfahrung aufgenommen, daß sie aus dem innersten Kern ihrer Persönlichkeit Gedanken über die Welterscheinungen bilden konnten.

Man kann also sagen, mit dem 4. Jahrhundert beginnt die Möglichkeit, daß Menschen aus dem Innersten des eigenen Wesens, aus dem Bewußtsein ihres eigenen Menschentums, aus der Erfahrung der Menschensubstanz sich über die Welt aussprechen können. Hier tritt zum ersten Mal eine ganz neue Weisheit in Erscheinung, eine Weisheit, die zwar nur keimhaft auftritt, die es aber bis dahin in der

Welt noch nie gegeben hatte. – Natürlich gibt es daneben auch noch immer die Möglichkeit, in unzeitgemäßer Weise Gedanken von außen, namentlich durch die Sprache, aus der Tradition aufzunehmen. Gerade bei starken Persönlichkeiten zeigt sich aber, daß sie die alten Gedankenformen nicht einfach aus der Tradition aufnehmen. Sie trachten vielmehr danach, diese Gedanken zu prüfen, sie zu verarbeiten und neu zu fassen, wie es beispielsweise die Denker der Scholastik taten.

Die Suche nach einer menschlichen Weisheit 400 Jahre vor Christus

Auch wenn es überrascht und erstaunt, so muß der Historiker doch berichten, daß bereits im 4. Jahrhundert vor Christus ein Denker auftritt, der bemerkt und problematisiert, daß die Menschen von überlieferten, von außen aufgenommenen Gedanken leben. *Sokrates* schildert in seiner berühmten Verteidigungsrede, daß Staatsmänner, Dichter und Handwerker von einer überkommenen Weisheit beherrscht werden, über deren Grund sie sich keine Rechenschaft zu geben vermögen. Von den Dichtern beispielsweise sagt Sokrates: «Von ihren Gedichten also diejenigen vornehmend, welche sie mir am vorzüglichsten schienen ausgearbeitet zu haben, fragte ich sie aus, was sie wohl damit meinten, auf daß ich auch zugleich etwas lernte von ihnen. Schämen muß ich mich nun freilich, ihr Männer, euch die Wahrheit zu sagen: dennoch soll sie gesagt werden. Um es nämlich geradeheraus zu sagen, fast sprachen alle Anwesenden besser als sie selbst über das, was sie gedichtet hatten. Ich erfuhr also auch von den Dichtern in kurzem dieses, daß sie nicht durch Weisheit dichteten, was sie dichten, sondern durch eine Naturgabe und in der Begeisterung, eben wie die Wahrsager und Orakelsänger.»[16]

Demgegenüber sucht Sokrates nach einer Weisheit (sophia), die vom Menschen selbst erworben und gebildet worden ist. Die Weisheit, die Sokrates selbst sucht, nennt er eine «menschliche Weisheit» (gr. ανδροπινη σοφια, anthropine sophia)[17]. Freilich wähnt sich Sokrates noch nicht im Besitz dieser Weisheit, er weiß nur, daß er nichts weiß. In der Tatsache, daß Sokrates durchaus fähig ist, den Begriff einer menschlichen Weisheit zu bilden und indem er am Ende seines Lebens zugleich einräumt, über diese Weisheit nicht zu verfügen, und indem er das, was er in seinen Dialogen entwickelt, noch nicht in der Form persönlicher, biographischer Erfahrung vorbringt, ist die geistige Situation des 4. vorchristlichen Jahrhunderts gekennzeichnet. Erst 800 Jahre nach Sokrates findet man eine Denkhaltung, die ganz auf menschlich innerliche, persönlich biographische Erfahrung als Quelle der Wahrheit verweist.

Augustinus

Es ist symptomatisch, daß der Kirchenvater Augustinus (354–430) in einem autobiographischen Bericht, den *Confessiones,* Rechenschaft über seinen inneren Weg zu seiner Glaubensüberzeugung gegeben hat. Er schildert darin seinen Werdegang. Der glänzend begabte Jüngling war zunächst Lehrer der Rhetorik und wurde mit der Philosophie Ciceros bekannt, dann verband er sich durch neun Jahre dem Manichäismus, darauf führte ihn der Neuplatonismus zu einer geistigen, philosophischen Weltauffassung, bis er schließlich jene Kinderstimmen vernahm, die ihm sagten: Nimm und lies! Diese Stimmen führten ihn nach langen, genau beschriebenen inneren Kämpfen und Erfahrungen dazu, die Schrift des Apostels zu ergreifen und sich zum Christentum zu bekehren. Nachdem Augustinus seinen Weg beschrieben hat, versucht er im 10. und letzten Buch der Confessiones die Summe zu ziehen, indem er allgemein über die Kraft spricht, aus der er seine Autobiographie schreiben konnte: das Gedächtnis. Er schildert, wie im Gedächtnis sein eigenes Leben, sein Tun bewahrt ist, wie dort in den mächtigen Hallen des Gedächtnisses auch die Welt, so wie er sie erfahren hat, bewahrt ist. Im Gedächtnis leben und wirken aber auch die geistig und unbildhaft erfahrenen Gesetze und Tatsachen weiter, im Gedächtnis wirkt das Denken, das alles Geistige sammelt. Jenseits aller bildlichen und geistigen Erinnerung sucht Augustinus im Innersten des Gedächtnisses den Grund alles Erinnerns: Gott. Gott ist im Gedächtnis; jenseits der konkreten Erinnerungen, jenseits der erinnerten Empfindungen von Freude und Trauer, jenseits der geistigen Ideen lebt Gott im Gedächtnis: «Und was frage ich hier nach einem Ort, wo Du wohnst, als wäre da Raum und Ort! Genug, ich weiß, Du bist darin, denn ich bewahre Dich im Geiste, seit dem Tage, da ich Dich kennenlernte, und ich finde Dich dort, wenn ich Deiner eingedenk bin.»[18]

An Augustinus kann man erkennen, daß sich nun Menschen auf der Suche nach Wahrheit von der Außenwelt und auch von den der Außenwelt entnommenen Gedanken abwenden, um durch das Gedächtnis, das das Organ der menschlichen Identität ist, das Höchste und Tiefste zu finden. Das Menschen-Innere wird zum Erkenntnisorgan.

Dionysios Areopagita – Johannes Scotus Eriugena –
Nikolaus von Kues

In ganz anderer Weise als bei Augustinus tritt uns die Erfahrung von der Fragwürdigkeit der überlieferten und an der Sinneswelt gebildeten Gedanken einerseits und die Wendung zu einem ganz neuen Denken bei Dionysios Areopagita um die Wende vom 5. zum 6. Jahrhundert, bei Johannes Scotus Eriugena im 9. Jahrhundert und bei Nikolaus von Kues im 15. Jahrhundert entgegen. Sie alle fragen nach dem Wesen Gottes. Nun liegt es jedem an der Sinneswahrnehmung orientierten Denken nahe, Gott von den Erscheinungen der Welt her zu denken, ihn als Erste Ursache, als Unbewegten Beweger, als Baumeister der Welt vorzustellen und zu definieren. Alle diese Denkweisen versichern sich des Daseins Gottes, indem sie ihn in eine Definition einzufangen trachten. Es ist das sachbezogene

Denken des Verstandes, das alles definiert und das glaubt, alle Wesen in der Definition dingfest machen zu können. Als eine neue Erfahrung tritt diesem Verstandesdenken das innere Bewußtsein des Unendlichen entgegen. Schon in der Mathematik und Geometrie bemerkt das menschliche Denken in sich selbst die Fähigkeit, über jede gedachte größte Zahl weiter ins Unendliche fortschreiten zu können: Gegenüber der endlichen Zahl mathematischer Zeichen und geometrischer Formen erfährt das tätige Denken in sich die Möglichkeit, über alles Gegebene hinaus fortzuschreiten. Ebenso erhebt sich das Denken über alle Dinge hinaus zu dem Bedingenden; aber ebensowenig wie das Unendliche dingfest und vorstellbar habhaft gemacht werden kann, ebensowenig kann das Denken das Urbedingende je ganz in der Vorstellung fassen. Das denkende Fragen sieht sich auf einen unendlichen Weg verwiesen. Diese Erfahrung beschreibt Dionysios Areopagita in dem Buch über die göttlichen Namen: Im irdischen Leben bedient sich der Mensch geeigneter Symbole zur Erkenntnis des Göttlichen durch Analogien. Von diesen Symbolen kann sich der Mensch Stufe um Stufe erheben, schließlich aber muß er die gedanklichen Auslegungen bezähmen und die Ratio ruhen lassen, weil er im Denken erfährt, daß das Unendliche in endlichen Zeichen und Symbolen nicht ausgedrückt werden kann. «Denn das Unendliche ist über alles Endliche hinaus entrückt.»[19] Es bleibt also das Göttliche für Verstandesaugen dunkel. In diese Dunkelheit, in dieses Schweigen blickt der Geist, denn «in diesem Schweigen enthüllen sich die Geheimnisse des Dunkels»[20]. In ähnlicher Weise beschreibt Johannes Scotus Eriugena diese Erfahrung: Erst wo das Wissen der Definitionen, das Vorstellen des Verstandes endet, im Nichtwissen, erstrahlt die höchste und unaussprechliche Weisheit. Gottes unbegreifliches Sein erscheint dem Verstandesdenken als Finsternis, es ist aber die Überfülle des Lichts[21].

Nikolaus von Kues hat die Erfahrung des Denkens, daß jeder endliche Begriff über sich hinaus ins Unendliche verweist, in seinem Hauptwerk «De docta ignorantia» («Die wissende Unwissenheit») in zahlreichen Beispielen vorgeführt und damit zugänglich gemacht. In seiner Abhandlung «De visione Dei» beschreibt der Cusaner den inneren Weg zu Gott mit folgenden Worten: «Erhebe ich mich so hoch wie nur möglich, so sehe ich Dich als die Unendlichkeit. Dann muß der zu Dir Heranschreitende über jede Grenze und jedes Ende und alles Endliche hinausgehen . . . Tritt, wer das Ende hinter sich läßt, nicht in Nichtwissen und Dunkelheit, also in geistige Verstörung? . . . Gerade weil Du die Unendlichkeit bist, weiß die Einsicht, daß sie unwissend ist.» Es ist das Paradoxe dieses Denkens, daß es über das Unaussprechliche sprechen und daß es das Undenkbare denken kann. In der Tat: der Areopagite, Scotus Eriugena und der Cusaner erleben in sich ein unendliches Element, eine Kraft, die sie über das gegenständliche Wissen hinausführen will. Diese Kraft führt sie ständig an eine Grenze, ins Dunkle, ins Schweigen. Sie nennen die Kraft, die sie anrührt, die sie erfahren: Gott. Kann man diese Erfahrung auch noch anders beschreiben?

Das Neue, das sich bei den drei genannten Denkern zeigt, ist eine innere, aus der Tätigkeit des Denkens erzeugte Erfahrung: Man bemerkt, daß mit dem Denken eine absolute Kraft wirksam wird, und daß alle Gedankentätigkeit, alles Definieren und Vorstellen auf diese Kraft angewiesen ist. Damit wird deutlich, daß sich das Zentrum des Denkens in den Menschen selbst verlagert hat. Versteht man diese Erfahrung als Symptom einer historischen Entwicklung, so kann man sagen: Es zeigt sich an diesen Denkern die Tätigkeit einer selbständigen, sich von äußeren Erfahrung losreißenden Denkkraft, die darauf zielt, die Wahrheit aus sich zu schaffen. Die genannten Denker schreiben diese Kraft noch nicht sich selbst zu, sie verweisen auf Gott als auf den Ursprung dieser Kraft. Man kann diese Erfahrung im Sinne der Anthroposophie aber auch dahingehend interpretieren, daß hier das Göttliche im Menschen, das Rudolf Steiner in «Die Geheimwissenschaft im Umriß» als *Bewußtseinsseele* bezeichnet, durch die denkend schaffende Tätigkeit der Seele erfahren wird.

Alchemie

Nur kurz soll, wie in einer Zwischenbemerkung, darauf hingewiesen werden, daß die selbständige innere Seelenerfahrung auch in anderen Formen geübt wurde. Hier ist die wahre Alchemie zu nennen. Der wahre Alchemist war nicht darauf aus, in seinem Laboratorium Gold äußerlich herzustellen. Wenn er die Salzbildung, die Verbrennung oder die Verflüssigung und Auflösung in seinem Laboratorium vollzog, so war seine Aufmerksamkeit nicht nur auf den Naturprozeß gerichtet, der alle seine Sinne beeindruckte; vor allem versuchte er herauszufinden, durch welche inneren Seelenvorgänge er einen Vorgang wie die Salzbildung verfolgen konnte; er beobachtete die innere Aktivität, die dem äußeren Vorgang entsprach. Sein Ziel war so, das Geistige des Naturprozesses, das sich nicht durch die Sinne offenbart, selbständig im eigenen Inneren zu erzeugen. Auch in diesem Vorgehen kann man ein Symptom der erwachenden Bewußtseinsseele sehen, die aus dem Inneren der freien Seelentätigkeit Aufschluß über die Weltprozesse gewinnen will.

Goethe-Zeit

Erst in der Goethezeit wird einer größeren Anzahl von Menschen bewußt, daß das, was ein Nikolaus von Kues als das Dunkle und Unendliche erlebte und als das Göttliche anstrebte, das menschliche Innerste und zugleich ein Absolutes, ein Göttliches ist. Man kann fast das gesamte Philosophieren Fichtes, namentlich sein fortwährendes Ringen mit den Fragen der Wissenschaftslehre, als ein beständiges Üben im Ergreifen des innersten Organs des Menschen betrachten. Hier soll nur an drei charakteristische Denker erinnert werden, an denen erkennbar ist, daß die Bewußtseinsseele in durchaus unterschiedlicher Art erwacht: Goethe, Schiller und Novalis. Goethe wendet sich den Naturerscheinungen zu, und seine Schriften weisen ihn als einen präzisen Beobachter aus. Die Beobachtung der äußeren Sinnesdaten war jedoch für ihn nur der Anlaß, innerlich produktiv zu werden, nicht nur im Nachschaffen der sichtbaren Naturprozesse, sondern und vor allem in einem freien, über das Wahrnehmbare hinausgehenden Schaffen. So wird in der Metamorphosenlehre den sichtbaren Einzelheiten das hinzugefügt, was als Prinzip gesetzmäßiger Verwandlung selbst nicht sichtbar ist. Goethe hat die von ihm ausgeübten Stufen der geistigen Tätigkeit selber beschrieben und sie als das Verhalten der Anschauenden und Umfassenden gekennzeichnet:

«*Die Anschauenden* verhalten sich schon produktiv, und das Wissen, indem es sich selbst steigert, fordert, ohne es zu bemerken, das Anschauen und geht dahin über, und, so sehr sich auch die Wissenden vor der Imagination bekreuzigen und segnen, so müssen sie doch, ehe sie sich's versehen, die produktive Einbildungskraft zu Hilfe holen.

Die Umfassenden, die man in einem stolzen Sinne auch die Erschaffenden nennen könnte, verhalten sich im höchsten Grade produktiv; indem sie nämlich von Ideen ausgehen, sprechen sie die Einheit des Ganzen schon aus, und es ist gewissermaßen nachher die Sache der Natur, sich in diese Idee zu fügen.»[22]

Damit wird deutlich, daß der wahre Goetheanismus nicht eine Art Zeitraffer-Film der sichtbaren Naturvorgänge liefert, daß er vielmehr frei schöpferisch das der Sinnenwelt Fehlende durch geistige Produktion ergänzt, wobei *ergänzen* bedeutet, daß die Sinneswahrnehmung etwas Unvollständiges ist, und daß die Ganzheit erst hergestellt wird, indem in freier Schöpfertätigkeit das Göttliche im Menschen das der Wahrnehmung Fehlende produziert.

Ein anderer Aspekt der wachenden Bewußtseinsseele zeigt sich im Denken Schillers. Schiller empfindet stark, daß der Mensch, so wie er ist, noch nicht wirklich Mensch ist. Für Schiller heißt das, daß der Mensch die Aufgabe hat, sich zu sich selbst zu erheben, er ist nicht fertig, er muß sich selbst schaffen. Dabei ist es Schiller von vornherein klar, daß der Mensch, der sich nur seinen Leidenschaften und natürlichen Trieben überläßt, ein Wilder ist, der kaum seine eigene Bestimmung ahnt. Wichtiger ist aber die andere Beobachtung Schillers, daß auch der Mensch, der seine natürliche Existenz einer allgemeinen, normativen Sittlichkeit opfert und nur den Pflichten eines moralischen Imperativs lebt, eher eine moralische Maschine als ein Mensch ist.

Meisterhaft beschreibt Schiller, was der Mensch im Menschen empfindet, wenn er einseitig nur der sinnlichen Natur oder einseitig dem Moralgebot ausgesetzt ist: «Wenn wir jemand mit Leidenschaft umfassen, der unserer Verachtung würdig ist, so empfinden wir peinlich die Nötigung der Natur. Wenn wir gegen einen anderen feindlich gesinnt sind, der uns Achtung abnötigt, so empfinden wir peinlich die Nötigung der Vernunft.»[23] Schiller fährt dann fort, indem er den wünschenswerten Zustand beschreibt, in dem der Mensch ganz Mensch ist: «Sobald er aber zugleich unsere Neigung interessiert und unsere Achtung sich erworben, so verschwindet sowohl der Zwang der Empfindung als der Zwang der Vernunft, und wir fangen an, ihn zu lieben, d. h. zugleich mit unserer Neigung und mit unserer Achtung zu spielen.» So lebt in den Briefen über die ästhetische Erziehung des Menschen das Ideal einer allgemeinen Erziehung zur Freiheit, zu einer Freiheit, in der sich der Mensch nicht dem «Formtrieb» der normativen Moral unterwirft, sondern den Weg zu jener Freiheit findet, in der der *ganze* Mensch leben kann, weil er liebt, was er tut.

Friedrich von Hardenberg, der sich als Dichter Novalis nannte, hat sich früh und gründlich an Fichte geschult; nicht etwa in dem Sinne, daß er Fichtes Gedanken allein nachgedacht und reflektiert hätte, was an sich nichts Geringes ist, nein, Hardenberg hat das Fichtesche Prinzip des Denkens sich angeeignet und erweitert: Das Ich wird ihm zum Freiheitspunkt, von dem aus man das Denken in Bewegung setzen und beliebig modifizieren kann; vom Denken wird die Sprache ergriffen, die Sinne werden vom Denken gelenkt, «auf eben dieselbe Art müssen wir auch die inneren Organe unseres Körpers bewegen, hemmen, vereinigen und vereinzeln *lernen*. Unser ganzer Körper ist schlechterdings fähig, vom Geist in beliebige Bewegung gesetzt zu werden».[24] Diese Idee des magischen Idealismus führt bei Hardenberg zur beständigen Übung der freien Eigentätigkeit des Geistes, der seine Tätigkeit bildet und erweitert. Das ist das Urbild der Geistesschulung.

So ist es kein Zufall, daß es Hardenberg als Novalis vergönnt ist, jenes Neuland zu betreten, das für die Denker des Mittelalters nur das Dunkel war, die Finsternis der Nacht, aus der wir leben und erquickt am Morgen erwachen. Der Tod der Sophie von Kühn führt ihn an die Grenze, wo sich das Dunkel erhellt, wo die Nacht licht wird. So kann Novalis sagen:

> «Abwärts wend ich mich
> Zu der heiligen, unaussprechlichen
> Geheimnisvollen Nacht»,

denn im Dunkel leuchtet ihm die «Sonne der Nacht» die ihn «zum Menschen gemacht». In den «Hymnen an die Nacht», deren Tiefen heute noch unausschöpfbar sind, legt Novalis persönlich Zeugnis von den Erfahrungen ab, die seine individuelle Geistigkeit ihm enthüllt. Des Dichters ureigene Geistigkeit, ihre Geschichte und Zukunft leuchtet auf.

Dreifach erwacht die Bewußtseinsseele in der Goethezeit. Goethe übt im Anblick einer ewig schaffenden Natur das freie, produktive Geist-Erschauen, das die Wahrnehmungswelt ergänzt. Schiller, der Sinnende, übt Geist-Besinnen, indem er den mittleren Seelenraum ertastet, in welchem der ästhetische Mensch, Welt und Ich vereinend, lebt. Novalis schließlich taucht in die Tiefe der Nacht, in den Geist-Innenraum des Menschen, er erwacht in der Nacht.

Zahlreiche bedeutende Geister haben im Gefolge des deutschen Idealismus und der Klassik die hier nur dürftig angedeuteten Wege weiter verfolgt und weit über die Mitte des 19. Jahrhunderts hinaus die Impulse der Goethezeit lebendig erhalten. Dieses heute fast vergessene Geistesringen zu schildern, bedarf einer ausführlichen Darstellung, die hier nicht gegeben werden kann. In diesem Zusammenhang wäre auch zu untersuchen, warum diese Bestrebungen geistesgeschichtlich so wenig wirksam geworden sind, daß man heute mit Recht von einem verschütteten Schrifttum spricht. Spätestens um das Jahr 1870 hatten sich im allgemeinen Geistesleben mit

Virchow, Helmholtz, Darwin, Haeckel und den Neukantianern gegenläufige Tendenzen durchgesetzt, die hier nicht zu schildern sind.

Rudolf Steiner – philosophische Grundlegung

Es fällt dem Leser der philosophischen Grundwerke Rudolf Steiners nicht immer sofort ins Auge, daß Steiner das, was er vorbrachte, nicht als Lehre oder allein als Gedankengebäude verstand. Die Werke Rudolf Steiners erfordern jedoch Leser, die fähig sind, das persönliche Geistesringen des Autors beim Lesen zu erleben. In diesem Sinne schrieb er am 4. November 1894 an Rosa Mayreder: «Ich darf es meinen Freunden – aber nur diesen – gestehen, daß ich es mit Schmerz empfinde, daß Nietzsche mein Buch nicht mehr hat lesen können. Er hätte es genommen als das, was es ist: in jeder Zeile als persönliches Erlebnis.» Und auf die Bemerkung Rosa Mayreders eingehend, die Philosophie der Freiheit hätte ausführlicher sein können, schreibt er: «Ich lehre nicht; ich erzähle, was ich innerlich durchlebt habe. Ich erzähle es so, wie ich es gelebt habe. Es ist alles in meinem Buch persönlich gemeint. Auch die Form der Gedanken. Eine lehrhafte Natur könnte die Sache erweitern. Ich vielleicht auch zu seiner Zeit. Zunächst wollte ich die Biographie einer sich zur Freiheit emporringenden Seele zeigen.»[25] Immer wieder äußert sich Rudolf Steiner in dieser und ähnlicher Art.

In einem Aufsatz, in welchem er seine Art der Kunstkritik darlegt, findet man nach Ablehnung einer normativen Ästhetik die Beschreibung des eigenen Vorgehens: «Ich erzähle einfach, was in mir vorgegangen, während ich das Werk betrachtet habe. Ich schildere einen Vorgang meines inneren Lebens. Wer sich dafür interessiert, was in mir vorgeht, während ich eine Tragödie anhöre . . ., der wird meine Kritik lesen.»[26] Mit anderen Worten: es geht Rudolf Steiner nicht um die Verkündung normativer oder doktrinärer Allgemeinheiten. Er steht grundsätzlich auf dem Boden der Erfahrung, und der

Mittelpunkt der Erfahrung ist das menschliche Leben und Erleben. Dort, wo das Leben, das wirkliche menschliche Erleben sich unverfälscht und unverstellt ausspricht, ist Wahrheit. In einer Darstellung Goethes wird das lapidar formuliert: «Die Wahrheit erkennen, heißt ihm, in der Wahrheit leben.» Steiner fährt dann ohne Bezug auf Goethe weiter fort: «Und in der Wahrheit leben ist nichts anderes, als bei der Betrachtung jedes einzelnen Dinges hinzusehen, welches innere Erlebnis sich einstellt, wenn man diesem Dinge gegenübersteht.»[27] – Im täglichen Leben kann man diese Auffassung bestätigt finden. Wir bemerken, daß uns Langeweile, ja sogar Ekel oder Argwohn beschleicht, wenn jemand irgendwelche «objektiven» Wahrheiten, Theorien usw. verkündet, die der Betreffende sich nur ausgedacht oder angelernt hat, mit denen er im Grunde seiner Person gar nicht verbunden ist. Man vernimmt das Rattern der Ideologiemaschine und wendet sich innerlich ab. Sobald jemand von bestimmten Gedanken begeistert ist, kann sich das schon ändern, aber als Zuhörer fragt man sich: Hat der Betreffende selber Gedanken erlebt und erzeugt, oder haben ihn die Gedanken ergriffen und im Strudel der Begeisterung fortgerissen? – Für den, der sich um Erkenntnis bemüht, der die Wahrheit sagen will, liegt die Schwierigkeit auf einer anderen Ebene: Zunächst muß er sich darin üben, nach innen zu schauen und seine Erlebnisse wahrzunehmen; sollten ihm seine eigenen Erlebnisse undeutlich sein, so muß er nach Wegen. suchen, seine Erfahrungen und Erlebnisse zu intensivieren[28]. Dann tritt die zweite Schwierigkeit auf: die Erfahrungen müssen in Gedanken gefaßt und in Worte gebracht werden. Diese Klippe ist deswegen schwierig zu meistern, weil sich uns oft nicht ganz passende, modische Gedanken und Worte anbieten, um auszusprechen, was wir erleben, ja, es ist sogar nicht selten, daß man die innere Erfahrung falsch deutet oder daß man beliebige Einfälle (das Wort Einfall deutet bereits an, daß hier eine nicht beherrschte Macht in uns einbricht) mit Erfahrungen und Erlebnissen verwechselt. Die Schwierigkeit wird auf zweierlei Weise überwunden: erstens durch weitere Verstärkung des Erlebens, zweitens durch das Bewußtsein, daß Gedanken und Worte nur Hilfsmittel sind, das Erlebte auszudrücken. Durch Gedanken sollten Erfahrungen beleuchtet, nicht fixiert werden.

Die Tatsache, daß das Erkennen aus dem Inneren des Menschen erzeugt wird, und daß Denken und Erkennen keine Ein-Bildung von außen ist, ist Rudolf Steiner so wichtig, daß er an diesem Punkte auch Goethe widerspricht, der einmal geschrieben hatte: «Jeder neue Gegenstand, wohl beschaut, schließt ein neues Organ in uns auf.» Rudolf Steiner: «Davon ist gerade das Umgekehrte wahr: der Mensch kennt die Welt nur, insofern er sich kennt. Denn in seinem Innern offenbart sich in ureigenster Gestalt, was in den Außendingen nur im Abglanz, im Beispiel, im Symbol als Anschauung vorhanden ist. Wovon der Mensch sonst nur als von einem Unergründlichen, Unerforschlichen, Göttlichen sprechen kann: das tritt in der Selbstanschauung in wahrer Gestalt vor Augen.»[29]

Die genaue Selbstbeobachtung bestätigt diese Auffassung Steiners. Wer sich nicht selbst etwas vormacht, bemerkt, daß wir unsere Gedanken aufgrund unserer inneren Erfahrungen bilden, daß unsere Gedanken durch unsere Erfahrungen, die wir innerlich machen, ihre Substanz haben. Man kann sich fragen, warum sich die Welt im Menschen ausspricht. Eine erste Antwort auf diese Frage ergibt sich durch den Blick auf die Evolution: Die Evolution zeigt, daß der Mensch das am weitesten fortgeschrittene und bisher letzte Wesen der Erdentwicklung ist, das sich schließlich vom Bewußtsein zum Selbstbewußtsein erhoben hat. Die Evolution gelangt im Menschen auf jenen Gipfel, in dem sich die Evolution zusammenfaßt und selbst ausspricht. Der Mensch, der sich innerlich in der Selbstanschauung erfaßt, erfaßt damit also nicht etwas, was einsam und jenseits der Welt ein isoliertes Dasein führt, er erfaßt vielmehr dasjenige Element, in welchem die Evolution zum Selbstbewußtsein gelangt. Im Mencheninnern ist also die Summe der Evolution in höchster Form verborgen. Deshalb kann Steiner sagen: «Wer im Individuum den Allgeist, im Einzelwesen die Summe von Existenzen, die dasselbe zu durchlaufen hat, erkennen will, der muß vor allen anderen Dingen begreifen, daß dies nur durch Vertiefung in sein Inneres geschehen kann, nicht durch eine äußerliche Betrachtungsweise. Wer seine eigene Individualität als Menschenwesen versteht, der findet alle niederen Daseinsformen in sich; er sieht sich als oberstes Glied einer weiten Stufenleiter; er weiß, wie alles andere lebt, wenn er es nachzuleben, wiederzuleben versteht. Ein höheres Leben vermag jedes niedere in sich aufzunehmen und in seiner Art wieder zu vergegenwärtigen. Darauf beruht die Möglichkeit des Verstehens der Welt durch den Menschen.»[30]

In diesen bereits 1892 geschriebenen Sätzen wird das Wesen der Substanz des menschlichen Denkens durchschaubar gemacht: In ihrer Vergangenheit hat die menschliche Individualität Welterfahrung aufgenommen, Welterkenntnis gewonnen, und diese Erfahrung der früheren menschlichen Daseinsformen ist durch die Intervalle zwischen Tod und neuer Geburt geläutert, gerichtet worden. Je nach Weite der Erfahrungen, je nach Kraft der Individualität quillt das Denken nun aus dem Inneren des Menschen und wird zur Grundlage des Weltverständnisses. Je nach Reife der Individualität kann das Denken absolut flüssig, allfähig werden und alle anderen Existenzen im eigenen Inneren geistig vergegenwärtigen.

Frühzeitig hat Rudolf Steiner begonnen, diese Verflüssigung des eigenen Denkens zu üben, indem er mit größter Hingabe Gedanken und Denken anderer Denker in sich voll lebendig werden ließ. Er folgte so gegensätzlichen Gestalten wie Goethe, Nietzsche, Stirner, Haeckel oder Eduard von Hartmann auf ihren Geisteswegen so weit, daß ihn die Zeitgenossen nacheinander für einen Goetheaner, einen Nietzscheaner, einen Haeckelianer hielten. Schließlich zeigte er in seinem Buch «Welt- und Lebensanschauungen im 19. Jahrhundert», welches später erweitert unter dem Titel «Die Rätsel der Philosophie» erschien, daß er die gegensätzlichsten Weltanschauungen, auch die ihm selbst entgegengesetztesten, positiv darstellen und würdigen konnte. Durch eine solche im Leben vollzogene Übung befreit sich das Denken von der vorurteilsvollen persönlichen Verstocktheit, die vielerorts für charaktervoll gilt. In Wirklichkeit ist aber erst das allfähige Denken, das alle Früchte der Vergangenheit aufgenommen hat, offen für die Zukunft. Das Prinzip der Unendlichkeit, das Nikolaus von Kues zunächst in Mathematik und Geometrie ergriff und erkannte, hat sich auf dieser Stufe des Denkens in ein universelles Prinzip verwandelt, das nicht mehr dunkel, sondern klar und voll bewußt ist.

Rudolf Steiner – die Jahrhundertwende

Eine zweite Etappe der Geburt der Anthroposophie aus der biographischen Entwicklung ihres Begründers kann schon vor der Jahrhundertwende erkannt werden. Zu der Offenheit und Universalität des Denkens tritt nun ganz deutlich eine Erweiterung und Vertiefung des Fühlens. Äußerlich wird das an der Tatsache erkennbar, daß Rudolf Steiner in den verschiedensten Kreisen verkehrte: als Literatur- und Theaterkritiker lebte er ganz in den Kreisen der Berliner Boheme und in den Zirkeln der literarischen Avantgarde der Jahrhundertwende. Als Verteidiger Haeckels wirkte er im monistisch orientierten Giordano-Bruno-Bund, als Lehrer für Geschichte trat er in der Berliner Arbeiterbildungsschule auf, die als sozialdemokratische Einrichtung marxistisch ausgerichtet war. Für alle diese Menschen war er einer der ihren. In den Lebenserinnerungen der Zeitgenossen wird berichtet, daß er in das Leben dieser Kreise voll eintauchte und allein ein «gemeiner Mann», d. h. ein Freund, ein Mitarbeiter, ein Zeitgenosse war. Offensichtlich war Rudolf Steiner bestrebt, die verschiedensten Empfindungswelten dieser Kreise voll aufzunehmen.

Merkwürdigerweise ist das Geheimnis dieser Zeit von einem Menschen geschildert worden, der Rudolf Steiner durchaus kritisch und später ablehnend gegenüberstand. Um so höher ist die sachliche Schilderung zu schätzen. *Hermann Friedmann* berichtet in seiner Autobiographie «Sinnvolle Odyssee»:

«Ich will nun einiges über Rudolf Steiner sagen. Meine große Auffassung seiner Persönlichkeit habe ich nicht aus bestimmten Eigenschaften derselben gewonnen, sondern aus dem Verhältnis, in dem gewisse seiner Eigenschaften zueinander standen. Wenn ich

z. B. sagen würde, er sei in der Diskussion besonders ‹hervorgetreten›, so soll das nicht so verstanden werden, als habe er in der Diskussion viel und eindrucksvoll gesprochen. Das hätten andere auch tun können, ohne daß man ihnen aus diesem Grunde die Eigenschaft der Größe zuerkennen müßte. Zu Themen, die er nicht selbst aufgebracht hatte, äußerte sich Steiner im Gegenteil meist nur wortkarg oder gar nicht; aber er hörte gleichsam mit allen Organen, und niemand hätte sagen dürfen, daß seine ‹Teilnahme› am Gespräch nicht eine außerordentliche gewesen sei. Ich glaube, er hörte, sah, fühlte und verstand den redenden Menschen. Schon dies wäre ja an sich bewunderungswürdig. Groß aber wurde in meinen Augen das Verhältnis dieses beinahe mystischen Schweigens – d. h. des aufgeschlossenen Schweigens des Mystikers im Gegensatz zum Schweigen der Teilnahmslosigkeit –, das Verhältnis dieses wortlosen Hörens zur Wucht seiner eigenen Rede am eigenen Thema, wenn er daran zerrte und riß, keuchte und schrie. Aus diesem Verhältnisse . . . sprang eine ungeheure Dynamik einen an, entlud sich eine beispiellose Spannung. Zur restlosen Erfassung des Phänomens seiner Redewirkung war man also noch nicht befähigt, wenn man nur sein Reden hörte; man mußte auch sein Schweigen und Hörenkönnen im Bewußtsein tragen.»[31]

Reden und Hören, Einatmen und Ausatmen, ganz im Anderen leben und sich voll einsetzen: alles das zeigt, daß nun das in diesem Rhythmus lebende Fühlen zu einem zweiten Weltorgan wird. Im Mitdenken, im Mitempfinden, im Mitleiden werden die Werdekräfte der unmittelbaren Gegenwart erfahren, und das eigene Ich tritt in dieses Werden redend und kämpfend ein. In diesem bewußten Fühlen erwacht die Seele im Miterleben des Zeitenschicksals, das in anderen Menschen erlebt wird.

Rudolf Steiner – nach der Jahrhundertwende

Auch der menschliche Wille, der sich als Handeln äußert, kann zu einem Organ der Welterfahrung werden. Im alltäglichen Leben hat man eigene Absichten, Ziele, Intentionen, die man handelnd in die Welt hinausträgt. Dabei sind oft die tieferliegenden Intentionen und der Charakter der eigenen Handlungen dem Handelnden nur wenig bewußt. Die Mitmenschen erleben aber gerade die Eigenart des Handelnden durch seine Taten und Unterlassungen. Auch wenn es manchmal schwer ist, den Charakter der Handlungen angemessen in Worten zu beschreiben, empfindet man sie als Offenbarung der Person.

Einen ganz anderen Charakter nehmen die Handlungen an, wenn der Wille sich umkehrt, wenn die Handlungen nicht aus den speziellen Absichten einer Person, die sich in ihren Taten verwirklichen will, entspringen, sondern aus Aufgaben und Anforderungen, die aus der Welt auf den Menschen zukommen. Man kann im Leben Rudolf Steiners bemerken, daß er nach der Jahrhundertwende beginnt, Anforderungen zu entsprechen, die gewiß nicht seinen subjektiven Intentionen entsprechen. Er stellt sich in den Dienst der Deutschen Sektion der Theosophischen Gesellschaft. Nachweislich stand er den Theosophen und ihren Lehren recht skeptisch, ja ablehnend gegenüber[32]. Als aber nach 1900 ernstzunehmende Fragen aus dem Kreise der Theosophen an ihn gestellt wurden, als diese Fragen zu einer Aufgabe wurden, denen Rudolf Steiner aus seinem Einsehen und Wollen entsprechen konnte, da trat er in den Dienst dieser Menschengruppe. Er kam den Menschen weit entgegen: Nicht nur, daß er sich die theosophische Ausdrucksweise aneignete, um in diesen Kreisen verstanden zu werden, nein, er schuf selber durch Hunderte von Reisen, durch Besuche, Gespräche und Vorträge aus kleinen, vereinzelten Gruppen die deutsche Theosophische Gesellschaft. Tausende von Fragen wurden an ihn gestellt, und Rudolf Steiner wurde zum Rater und inneren Begleiter einer sehr großen Anzahl von Menschen. So entstand eine Gemeinschaft aus einem Geflecht ganz persönlicher Freundschaften, enger geistiger Beziehungen und ständiger Kontakte. Dies alles lebte substantiell aus dem Willen Rudolf Steiners, der sich frei den Forderungen des Schicksals stellte, der den Wünschen und Bitten der Menschen immer wieder nachkam und mit ihren Problemen und Schicksalen lebte.

Später wuchsen diese Anforderungen: Die Aufgaben künstlerischer Arbeit, die Aufgabe der Begründung einer neuen Pädagogik, einer neuen Medizin, einer neuen Landwirtschaft traten an Rudolf Steiner heran; die Fragen zielten nun auf die Neugestaltung des praktischen Lebens, auf die Gestaltung des sozialen Organismus. Am Beispiel der Waldorfschule könnte gezeigt werden, wie durch den Einsatz Rudolf Steiners der Geist der Waldorfschule lebendig wurde. Durch die Schulung der Lehrer, durch die Konferenzen, die Elternabende, die Kinderbesprechungen, die Unterrichtsbesuche, durch die Arbeit in der Verwaltung der Schule erzeugte sich jener Geist der Menschenliebe, der die Schule durchdrang. Die geheime Wirklichkeit im Hintergrund dieses lebendig wirkenden Schulgeistes ist der freie Wille Rudolf Steiners, der sich in den Dienst der Zeitaufgaben stellte.

In diesem Sinne ist, was wir als Anthroposophie, als Dreigliederung des menschlichen Organismus kennen, aus der Biographie ihres Begründers entstanden:

aus der universellen Vertiefung des Denkens,

aus der Befreiung des Fühlens, das sich weit und offen für die Zeitgenossenschaft macht,

aus der Umkehrung des Wollens, das sich frei in den Dienst der Zeitaufgaben stellt.

Geistbewußtsein im Abendland

Die geistesgeschichtliche Bedeutung
des 8. ökumenischen Konzils zu Konstantinopel

Die Gestalt des heutigen Bewußtseins

In weiten Kreisen gilt die naturwissenschaftliche Bewußtseinshaltung als ideales Modell des heutigen Bewußtseins überhaupt. Die Naturwissenschaft versteht sich als Erfahrungswissenschaft, die vorurteilslos die erfahrbare Welt zum Gegenstand ihrer Untersuchungen macht. Um die Natur untersuchen zu können, bedient man sich heute des Experiments. Im Experiment kann man einen genau eingegrenzten Ausschnitt der Natur dergestalt zum Gegenstand der Untersuchung machen, daß man einige Wirkungsfaktoren präzise beschreiben kann. Zu diesem Zwecke muß der Experimentator Bedingungen herstellen, die die Einwirkung unkontrollierter Faktoren weitgehend ausschließen. Er wird also sein Experiment zum Beispiel in einem Raum durchführen, in dem ständig die gleiche Temperatur, die gleiche Luftfeuchtigkeit herrscht; er wird darauf achten, daß weder ein Luftzug noch eine äußere Erschütterung das Experiment in unkontrollierter Weise beeinflußt. Ferner wird er sich Regeln geben, nach denen er vorgeht, und diese Regeln genau formulieren; er wird die Faktoren, die er in sein Experiment einführt, nach Maß, Zahl und Gewicht genauestens bestimmen, dergestalt, daß jeder andere Naturwissenschaftler unter gleichen Bedingungen, Regeln und Maßverhältnissen dasselbe Ergebnis erzielen kann. Auf diese Weise gelangt man zu dem, was man heute «objektive» – d. h. von Willkür und Zufällen unabhängige – Tatbestände nennt.

Im weiteren Fortgang wird man versuchen, aus der Summe der Experimente zur Erkenntnis von Naturgesetzen fortzuschreiten, die man in mathematischer Sprache formuliert. Die Naturforschung gelangt so zu einem immer umfangreicheren Bestand von Gesetzen, die in ihrem Zusammenhang zu ergreifen sind. Alle diese Gesetze beziehen sich auf meßbare, zählbare, wägbare und mathematisch beschreibbare Vorgänge. Ein großer Teil dieser Vorgänge wird heute auch nicht mehr durch schlichte menschliche Sinnesbeobachtung, sondern durch vom Menschen abgesonderte Präzisionsinstrumente erfaßt. Auf diese Weise gelangt man zur Überzeugung, daß man es hier mit objektiven Tatbeständen und Gesetzen zu tun hat. Ja, man meint den Menschen aus dem Vorgang des Erkennens ausgeschaltet zu haben.

Dieses Verhalten der naturwissenschaftlichen Forschung wurde durch die praktischen Erfolge, die auf solcher Wissenschaft beruhen, auch für andere Forschungsrichtungen maßgebend. So wurden die Vorgänge der Ökonomie und der menschlichen Arbeit durch Messungen und durch Zahlen erfaßt; so wurde versucht, den Vorgang der menschlichen Kommunikation mathematisch zu beschreiben; auch in die Psychologie fand die experimentelle Methode, die menschliche Leistungen und Verhaltensweisen mißt und zählt, ihren Eingang. Es wundert deshalb nicht, daß eine experimentell orientierte Wissenschaft ein objektiv erscheinendes Weltbild produziert, in der die Naturvorgänge nach Art der Experimente als mechanisch herstellbar vorgestellt werden und in dem der Mensch selbst als ein datenverarbeitendes System erscheint. Ein in den USA führendes Lehrbuch der Psychologie trägt den bezeichnenden Titel «Human Information Processing – An Introduction to Psychology», – es erschien jüngst auf deutsch unter dem Titel «Einführung in die Psychologie – Informationsaufnahme und -verarbeitung beim Menschen»[33]. Die Grundlage einer so gefaßten Psychologie ist die Informationstheorie und Kommunikationswissenschaft, die als mathematisierte Disziplin im Zusammenhang mit den technischen Kommunikationsmedien entwickelt wurde. Die an technisch-experimentellen Modellen gewonnenen Erkenntnisse werden so vielfach zur Interpretation menschlichen Verhaltens verwendet.

Zu dieser Art von Erkenntnissen, die durch die experimentell-quantifizierende Methode erbracht werden, kann man kritisch Stellung nehmen. Es sollte jedoch zunächst vor einer derartigen Stellungnahme gesagt werden, daß das experimentelle Verfahren durch seine strikte Methodik zu einer Klärung und Reinigung des menschlichen Bewußtseins von alten Vorurteilen und Meinungen geführt hat. Das aktive und selbständige experimentelle Forschen machte Menschen in Wirklichkeit zu Denkern, die ihre eigenen Gedanken konstruierten.

Die moderne Wissenschaftstheorie, die das experimentelle Vorgehen der naturwissenschaftlichen Forschung reflektiert, macht jedoch auf ein Dilemma dieses Vorgehens aufmerksam, wenn sie darauf hinweist, daß das experimentelle Forschen in zweifacher Weise theoriegeleitet sei. Zum einen beruht die Fragestellung, die einer Experimentanordnung zugrunde liegt, auf einer Theorie. Der Beobachtung kommt zwar eine entscheidende, jedoch erst sekundär einsetzende Rolle zu. Zum anderen sind in der heutigen Forschung die meisten Resultate durch Instrumente vermittelt, und die Erklärung des Funktionierens der Experimente setzt wiederum eine Theorie voraus[34].

Dieser Tatbestand kann aber auch noch wesentlich einfacher gesehen werden, wenn man bedenkt, daß jedes Experiment schließlich eine menschliche Handlung ist, ein Eingriff ins Naturgeschehen, der zumeist von einer Fragestellung geleitet wird. Man vergißt in aller Regel, daß man selbst als Experimentator *handelt,* und im Vergessen dieses Handelns sowie im Vergessen der eigenen gedanklich fragenden Intentionen, im Vergessen der vorausgesetzten Gedanken oder Theorien liegt ein wichtiges und charakteristisches Kennzeichen des heutigen Bewußtseins. Man macht sich ein objektiv erscheinendes Weltbild, man nimmt Natur- oder Weltgesetzmäßigkeiten an, die man durch das Experiment erforscht zu haben glaubt, und man vergißt dabei den Anteil des eigenen Handelns und Denkens. Schließlich meint man – wie es die oben angeführten Psychologen tun – auf diese Weise auch den Menschen verstehen und erklären zu können.

Das so produzierte Welt- und Menschenbild kennt nur gesetzmäßig ablaufende Vorgänge und Steuerungsprozesse, die in letzter Instanz von physikalischen, chemischen und informationstechnischen Elementen getragen werden. Der Mensch als innerliches, seelisches und geistiges Wesen, als Ursprung freier Handlungen ist in diesem Weltbild nicht vorgesehen.

Mit dieser Selbstvergessenheit des Menschen hängt auch ein anderes Problem zusammen. Die heutige naturwissenschaftliche Forschung führt durch ihre immer weitergehenden Fragestellungen zu Details und in Mikrowelten, die früheren Zeiten völlig unbekannt waren. Die Summe der Spezialkenntnisse nimmt in nie dagewesener Weise zu. Der Blick für das Detail schärft sich. Zugleich geht aber, da man die forschungsleitenden Theorien vergißt und unreflektiert läßt, der Zusammenhang mit dem Ganzen verloren. Der einzelne Forscher wird von den Einzelheiten gleichsam überwältigt: ihren Sinn, ihren Stellenwert im Ganzen erfaßt er nur noch sehr unzureichend. Das kann dadurch noch verstärkt werden, daß die Aufgabenstellung der Forschung durch Erfordernisse der Industrie bestimmt wird. In diesem Falle wird das Denken ganz in den Strudel der Nutzanwendung hineingerissen und droht den Rest des Selbstbewußtseins zu verlieren.

Auch das nicht-wissenschaftliche Bewußtsein der Gegenwart ist von derselben Denkungsart geprägt. Erstens übernimmt man die Resultate der Wissenschaften: Man glaubt natürliche Gesetze zu kennen, man hat Vorstellungen vom Funktionieren der Weltvorgänge, etwa von der menschlichen Ernährung oder von wirtschaftlichen Zusammenhängen, und man stellt sich diese Dinge als objektive Vorgänge vor, in denen man selbst eine zu vernachlässigende Rolle spielt. Dementsprechend verhält man sich auch in den meisten Fällen als Informationsempfänger. Man meint: es gibt irgendwelche Tatsachen, die sind objektiv vorhanden, ich brauche sie nur zur Kenntnis zu nehmen. Besonders deutlich und besonders problematisch wird das dort, wo man meint, bloße Zahlen und Statistiken zur Kenntnis nehmen zu müssen. Man hat es scheinbar mit dem Allerobjektivsten zu tun. In Wahrheit führt nichts weiter von der Wirklichkeit, vom Erfassen der Zusammenhänge weg, als die Betrachtung menschlicher Verhältnisse unter statistischen Gesichtspunkten. Eigentlich müßten hier die allergrößten Anstrengungen unternommen werden, um noch einen Rest von Wirklichkeit zu erhaschen, aber man unterläßt es in den meisten Fällen und begnügt sich mit den statistischen Daten, mit dem Wahrscheinlichkeitskalkül, wo es vielfach um menschliche Einzelschicksale geht.

Auf diese Weise entsteht für die Menschen eine merkwürdige Geistigkeit. Einerseits lernt man – sei es in der Wissenschaft, sei es in den Arbeitsvorgängen – in einer ruhigen, selbstlosen Weise auf objektiv-äußere Vorgänge hinzublicken. Man erfaßt die Welt in klaren Vorstellungen und weiß die kleinsten Details und die fernsten Sterne zu erforschen; man lernt in der Arbeit mit ihr technisch umzugehen, man gesteht sich, daß die Erde nicht der Mittelpunkt des Weltalls ist, man müht sich, auch die Leiblichkeit des Menschen zu erkennen und blickt ohne Eitelkeit auch auf den tierischen Aspekt der menschlichen Natur. Zugleich aber vergißt man, daß man selbst als Denkender und Handelnder dieses Weltbild geschaffen hat. Man vergißt, sich selbst als selbstbewußtes Wesen in diese Welt hineinzustellen. Man schläft also in bezug auf die Geistigkeit des Menschen, ja man mißtraut allen Versuchen, diese Geistigkeit ins Bewußtsein zu rufen, weil man das Gefühl hat: sonst ginge der feste Halt an der Objektivität verloren.

Die Selbsterfassung des Menschengeistes

In der Zeit des deutschen Idealismus lebte ein anderes Bewußtsein. Denker wie Fichte, Schelling und Hardenberg (Novalis) rangen darum, den Menschengeist als tätiges Prinzip im Menschen selbst zu ergreifen, indem sie danach strebten, die Akte des Bewußtseins tätig, bewußt zu vollziehen. Im zweiten Drittel des 19. Jahrhunderts setzte sich jene Bewußtseinsorientierung durch, die sich von diesem Streben ganz abwandte und es als Spekulation denunzierte. An die Stelle der Selbsterfassung des Geistes trat die neuere Naturforschung, die sich als Hinwendung zur Erforschung der «Realität» verstand und in entsagungsvoller Arbeit endlose Detailkenntnisse zu Tage förderte.

Im Hinblick auf die Zeit des deutschen Idealismus schrieb Rudolf

Steiner 1886: «Im Herzen erwachte das tiefste Bedürfnis, in die Geheimnisse des Welträtsels einzudringen, und der Geist hielt sich zugleich für fähig, gestützt auf seine eigene Kraft – ohne Offenbarung, ohne Erfahrung –, diesem Bestreben Genüge zu tun. Wie anders liegen die Dinge heute! Das Vertrauen in unser Denken ist uns völlig verlorengegangen. Man betrachtet es einzig und allein als Werkzeug der Beobachtung, der Erfahrung, wie man es einst nur als Werkzeug für die Auslegung der von der Kirche aufgestellten Dogmen gehalten hat. Man verzichtet überhaupt auf die Lösung der großen Rätselfragen, die Natur und Leben an uns stellen. Aristotelische Arbeitsseeligkeit haben wir; platonischer Enthusiasmus fehlt uns aber. Wir verschwenden unendliche Mühe auf die Detailforschung, die ohne große, leitende Gesichtspunkte denn doch keinen Wert hat. Man vergißt dabei nur, daß wir auf dem besten Weg zu einem Standpunkt sind, den wir für längst überwunden halten: auf dem Wege zum blinden Dogmenglauben.»[35]

Steiner charakterisiert hier ein Denken, das nur Werkzeug zur Bearbeitung der Erfahrung ist, als dogmatisch. Das Denken läßt sich von der Erfahrung leiten. An anderer Stelle macht er das noch deutlicher. Wenn ein Mensch ein Urteil fällt, so kann er entweder aus sich heraus, durch sein Denken die Gründe, die für dieses Urteil sprechen, durchschauen: er urteilt also aus Einsicht, und wenn sein Urteil wahr ist, so sind seine logischen Gründe zugleich die sachlichen Gründe. Es ist aber auch denkbar, daß ein Mensch ein Urteil fällt, ohne Einsicht in die Sache zu haben. Das ist der Fall, wenn das Denken nur zur Bearbeitung der Erfahrung verwandt wird. Experimentierend registriert der Mensch Tatsache nach Tatsache, ohne nach dem Wesen der Sache zu fragen. Er verfährt vielleicht nach bestimmten formalen Regeln oder Axiomen, um zu seinem Urteil zu gelangen, insofern ist ein logischer Schein gegeben. Allein, die logischen Gründe sind nicht die sachlichen Gründe. Nimmt man nun prinzipiell an, daß der Mensch die letzten Gründe seiner Urteile nicht einsehen könne, so ist «eine Wissenschaft, die auf dieser Anschauung beruht, eine *dogmatische*. Eine solche dogmatische Wissenschaft ist sowohl die theologisierende Philosophie, die sich auf

den Offenbarungsglauben stützt, als auch die moderne Erfahrungswissenschaft, denn es gibt nicht nur ein Dogma der Offenbarung, es
gibt auch ein Dogma der Erfahrung». Das ist – so führt Steiner aus –
dann der Fall, wenn man nur Veränderungen, Tatsachen usw.
beobachtet und systematisiert, ohne sich zu den in der bloßen
Erfahrung noch nicht gegebenen Bedingungen zu erheben. «Wir
gewinnen ja die Wahrheit auch in diesem Falle nicht durch Einsicht
in die Sache, sondern sie wird uns von außen aufgedrängt. Ich sehe,
was vorgeht und da ist, und registriere es; warum das nun so ist, das
liegt im Objekte. Ich sehe nur die Folgen, nicht den Grund[36].» Nun
ist es unmöglich, zu einer Einsicht, zum Durchschauen von Gründen
zu gelangen, wenn man als Mensch, als Wissenschaftler nicht das
eigene Tun und Denken ergreift, durch das man sich mit der Welt
verbindet. Man denkt dogmatisch, solange man die eigene Geistestätigkeit nicht durchschaut und solange man die Ergebnisse dieser
Geistestätigkeit in Selbstvergessenheit nach außen projiziert und sie
den Objekten und Autoritäten zuschreibt.

Eine nicht dogmatische Wissenschaft und Welterkenntnis kann
deshalb in keinem Falle vom Menschen und vom menschlichen
Denken absehen. Der Forscher muß begreifen, daß die Ideen, mit
denen er die Erscheinungen faßt, seine eigenen Ideen sind. Reflektiert er auf seine eigenen Ideen, so wird er gewahr, daß diese eigenen
Ideen ihrem Wesen nach geistige Tätigkeit sind. Gedanken, Ideen
sind nicht bloße Formen, in denen man die Erscheinungen greift.
Ihrem Wesen nach sind Ideen geistige Tätigkeit oder tätiger Geist[37].

In der 1893 erschienenen «Philosophie der Freiheit» findet man
eine Darstellung von Mensch und Welt, die das hier Angedeutete
voll ausspricht: Das menschliche Individuum steht in zweifacher
Weise in der Welt: durch seine Sinnes- und Seelenorganisation ist
ihm die Welt als Wahrnehmung gegeben. Die Wahrnehmung wird
durch die Beobachtung ergriffen und bewußt. Jede einzelne Beobachtung aber ist ein Rätsel, dem man zunächst gegenübersteht. Die
Rätsel der Beobachtung lösen in uns Fragen aus. Mit dem Fragen
beginnt die geistige Tätigkeit, das bewußte Denken. Merkwürdigerweise zeigt sich, daß uns das Fragen weiterführt: Es treten Gedanken

auf, die uns entweder zu neuen Beobachtungen, zu neuen Fragen oder zu weiteren Gedanken führen. Diese Gedanken ergreife ich allesamt nur durch meine eigene Tätigkeit, und es sind das insoweit inhaltsvolle Gedanken, als ich sie durch mein Denken mit Inhalt ausstatte. Es zeigt sich so, daß in meinem Denken die Gesetzmäßigkeit der Welt – gewiß nur schrittweise und unvollkommen – zur Erscheinung kommt. Drei Aspekte sind dabei bemerkenswert: erstens erscheint die Gesetzmäßigkeit, die Idee, als meine Tätigkeit – wohl deshalb, weil die wirkliche Weltgesetzmäßigkeit nicht in irgendwelchen Formeln u. ä., sondern eben als Tätigkeit besteht. Zweitens bin ich in der Lage, Fehler in der Zuordnung von Gedanken zu Wahrnehmungen oder in der Verknüpfung von Gedanken durch mein eigenes Denken einzusehen und zu korrigieren. Das weist darauf hin, daß sich das Denken selbst verstehen und überprüfen kann; in der Tat kann ich *nur* durch mein Denken mich selbst korrigieren. Drittens bin ich mir bewußt, daß ich mein Erfassen der Gedanken immer weiter treiben kann. Ich kann den Gedankeninhalt der Welt zwar nicht aktuell-vollständig vergegenwärtigen, aber prinzipiell ist dem Denken nichts verschlossen. So heißt es dann im letzten Kapitel der Philosophie der Freiheit: «Jeder Mensch umspannt mit seinem Denken nur einen Teil der gesamten Ideenwelt, und insofern unterscheiden sich die Individuen auch durch den tatsächlichen Inhalt ihres Denkens. Aber diese Inhalte sind in einem in sich geschlossenen Ganzen, das die Denkinhalte aller Menschen umfaßt. Das gemeinsame Urwesen, das alle Menschen durchdringt, ergreift somit der Mensch in seinem Denken. Das mit Gedankeninhalt erfüllte Leben in der Wirklichkeit ist zugleich das Leben in Gott.»

In der Tat ist die Philosophie Rudolf Steiners insgesamt als eine Neugeburt der Philosophie des Geistes anzusprechen. Aber anders als bei Hegel erscheint der Geist prinzipiell durch die individuelle Tätigkeit des Denkens, es ist eine Philosophie der geistigen Tätigkeit. Deshalb übersetzte Rudolf Steiner den Titel «Philosophie der Freiheit» auch als «Philosophy of Spiritual Activity» ins Englische, als man ihn um eine Übertragung bat. Wo bei Hegel die Selbstbewe gung der Begriffe als objektiver Geist erscheint, wo bei Hegel die «List der Vernunft» des einzelne Individuum leitet und den weltgeschichtlichen Prozeß vorantreibt, steht bei Steiner die freie geistige Tätigkeit des Individuums, das sich aus der Kraft des Menschengeistes mit dem Weltgeist stufenweise vereint.

Von kirchlicher Seite ist hier immer wieder eingewendet worden, ein derartiges Verständnis des menschlichen Geistes und der menschlichen geistigen Tätigkeit deute auf eine «Selbsterlösung des Menschen». Dieser Einwand übersieht, daß die Menschheit durch Jesus Christus der Erlösung teilhaftig ist. Der Apostel Paulus spricht das deutlich aus, wenn er die Christen als «Gottes Söhne» bezeichnet und sagt: «Ihr habt ja nicht empfangen einen Geist der Knechtschaft wiederum zur Furcht, sondern einen Geist der Kindschaft habt ihr empfangen, indem wir rufen: Abba, Vater. Da zeugt der Geist selbst *zusammen mit unserem Geist,* daß wir Kinder Gottes sind» (Römer, 8, 15–16).

Noch deutlicher heißt es im I. Korintherbrief: «Uns aber hat es Gott offenbar gemacht durch den Geist, denn der Geist erforscht alle Dinge, selbst die Tiefen Gottes» (I. Kor 2, 10). Gewiß ist der einzelne Mensch durch seine von der Leiblichkeit her bedingte Sonderexistenz ein eingeschränktes, ein behindertes Wesen, das insofern dem Gesetze des Fleisches unterliegt. Er ist als seelischer Mensch an seine Subjektivität, an seine Vorurteile, an seine Schwächen gebunden. Das weiß auch Paulus: «Ein seelischer Mensch nimmt nicht an, was vom Geist Gottes ist; ihm ist es eine Torheit, er vermag es nicht zu verstehen, weil es geistig ergründet werden will. Der geistige Mensch aber ergründet alles, er selbst aber wird von niemand ergründet» (I. Kor 2, 14–15). Denselben Geist atmet auch das Johannes-Evangelium, das den Jüngern den «Geist der Wahrheit» verheißt und wo es heißt: «Ihr werdet die Wahrheit erkennen, und die Wahrheit wird euch frei machen.» – Man sollte also von theologisch-kirchlicher Seite her zumindest erwägen, ob es nicht denkbar ist, daß man die Tatsache der Erlösung verleugnet, wenn man dem Menschen das in ihm veranlagte Prinzip geistiger Tätigkeit schlichtweg abspricht.

Nachdem in den philosophischen Schriften Steiners die Philosophie des Geistes unmittebar lebendig geworden war, dergestalt, daß sie für den verstehenden Leser dieser Schriften als Erkenntnispraxis bewußt werden kann, ohne daß sie in Form einer systematischen Theorie und Anthropologie explizit dargelegt worden ist, hat Steiner später in seinen anthroposophischen Schriften und Vorträgen seine Lehre vom Geist ausdrücklich entfaltet. Zu nennen sind hier in erster Linie die Schriften «Theosophie» (1904), «Die Geheimwissenschaft im Umriß» (1910), «Von Seelenrätseln» (1917) und aus dem Vortragswerk unter anderen «Allgemeine Menschenkunde als Grundlage der Pädagogik» (1919).

Den Schlüssel zu dem Geist-Aspekt dieser Werke findet man bereits in der Einleitung zu dem Buch «Theosophie». Er ist in einem Satz enthalten, der bei oberflächlichem Lesen sehr mißverständlich sein kann, ja, der geradezu im mißverstandenen Sinne als ein Indiz für den falschen Hochmut einer geistigen Weltauffassung gelten könnte. Der Satz lautet: «Man kann wohl seine Aufgabe als Mensch erfüllen, ohne von Botanik, Zoologie, Mathematik und anderen Wissenschaften etwas zu verstehen; aber man kann nicht im vollen Sinne des Wortes ‹Mensch› sein, ohne der durch das Wissen vom Übersinnlichen enthüllten Wesenheit und Bestimmung des Menschen in irgendeiner Art nahegetreten zu sein.» – Der Satz macht auf zweierlei Wissen aufmerksam: auf das Wissen, das sich auf bestimmte Objekte, Pflanzen, Tiere usw., bezieht, und auf das Wissen, das sich auf die «vom Übersinnlichen enthüllte Wesenheit und Bestimmung des Menschen» bezieht. Nur durch das Ergreifen dieses Wissens kann der Mensch im vollen Sinne des Wortes Mensch sein. Das weist darauf hin, daß es Zusammenhänge gibt, in denen das Wissen nicht die Bedeutung von «Theorie» in dem Sinne hat, daß Wissen – oder Theorie – Porträts irgendeiner Realität entwirft, in denen das Wissen vielmehr die Sache selbst konstituiert. Verantwortung kann man z. B. nur bewußt übernehmen. Man muß einerseits wissen, was man verantwortet, was man tun kann und darf, und man hat dann die Aufgabe, die mit der Verantwortung verbundenen Pflichten aus dem Wissen um die Verantwortung zu erfüllen.

Ein Gleiches gilt – das sei hier am Rande vermerkt – auch für die menschliche Freiheit. Denn frei kann man nur sein, wenn man auch weiß, daß man aus eigenem Antrieb, aus eigener Idee und in eigener Verantwortung handelt. Freiheit ist deshalb auch nicht eine naturgegebene Tatsache, wie sie beim scheinbar freien Herumlaufen der Tiere erscheint. Freiheit muß der Mensch selbst herstellen durch seine gedanklichen Produktionen, durch seine Art, die Dinge zu sehen, durch den Entschluß, von sich aus zu handeln.

In diesem Sinne ist auch Mensch-Sein keine Naturtatsache. Zum Menschsein gehören bewußtes Denken, geistige Entwicklung und Freiheit. Im Zentrum des Menschseins steht die Idee der Wahrheit. Wer sich als Mensch empfindet, dem ist die Wahrheit mehr wert als die eigene Meinung. Er wird so sein Denken bewußt in den Dienst des Erfassens, des Verstehens der Wahrheit stellen. Dadurch wird er ständig über sein altes Selbst hinausgeführt; er verwendet seine Freiheit zur eigenen geistigen Entwicklung. In der Praxis heißt das, daß er auch in anderen Menschen verstehend das sucht, hört, sieht und findet, was als wahre Erkenntnis in ihnen lebt. Im Streben nach Wahrheit und in der Ehrfurcht vor Erkenntnis vereint er sich mit anderen Menschen, tauscht sich mit ihnen aus, sucht gemeinsam nach Wahrheit. Zugleich wird er versuchen, sein Leben und Handeln in das Licht der Wahrheit zu stellen, denn er fühlt die Identität und Einheit seines «Ich» in dem Sinne, das sein Selbstsein von der Wahrheit lebt. Auf diese Weise wird das Geistige im Menschen individuell, das Geistige im Menschenwesen wird zum Geistigen im Weltall geführt; es entsteht das, was Rudolf Steiner «Anthroposophie» nennt: ein volles Bewußtsein des eigenen Menschentums. – Das alles sind keine unbewußten Vorgänge, die sich so nebenbei ereignen; sie leben in jedem Menschen, der sich als Mensch versteht, und so konstituiert er sich aus seinem Wissen vom Menschsein, das als lebendige Kraft in ihm lebt, als Mensch.

Damit hebt er die heute im wahrsten Sinne des Wortes *herrschende* Bewußtseinskonfiguration auf, er ergänzt das heutige Bewußtsein durch das Selbstbewußtsein, in dem der Geist lebt und wirkt.

Es kann nicht geleugnet werden, daß die soeben skizzierte Ergänzung (d. h. die zur Ganzheit wiederherstellende) und Erweiterung des heutigen Bewußtseins auf verschiedenartige Hindernisse stößt. Auf der einen Seite begegnet man der Selbstvergessenheit der Menschen, die ihr Menschsein in äußere Tatsachen binden. Man «versteht» den Menschen, indem man sein Denken als Ausdruck der Gehirntätigkeit beschreibt, indem man sein Verhalten in Analogie zum Verhalten der Tiere als Aggression oder Frustration beschreibt; man folgt also dem Dogma der äußeren Erfahrung und vergißt dabei eine so simple Grunderfahrung wie die, daß wir nur durch unser Hören wissen, was unsere Ohren sollen, daß wir nur vom Sehen her unser Auge verstehen können.

Merkwürdigerweise zeigt sich aber auch bei Menschen, die sich als Geisteswissenschaftler oder Theologen verstehen, eine tiefsitzende Abneigung gegen ein konkretes, individuelles Wissen vom Geist des Menschen. Unter den verschiedenartigsten Begründungen lehnt man das Eingehen auf konkrete Geisteswissenschaft in anthroposophischem Sinne ab; sei es, daß man von prinzipiellen Erkenntnisgrenzen, sei es, daß man vom drohenden Verlust der Spontaneität, sei es, daß man von den Gefahren der Spekulation oder vom Abgrund der Unwissenschaftlichkeit spricht, sei es, daß man von theologischer Seite von einem «Jenseits» redet, das als das schlechthin Andere für unzugänglich erklärt wird.

Rudolf Steiner waren diese beiden Haltungen früh aufgefallen, und er hat sie, wie oben zitiert, als Dogmatismus gekennzeichnet. Das Dogma der Erfahrung verfällt den Objekten und interpretiert den Menschen als äußeres Objekt; das Dogma der Offenbarung versperrt den Weg zum Selbstergreifen und zu einer umfassenden Selbsterkenntnis des Menschen als geistiges Wesen. Daß diese geistig-ungeistige Haltung historische Wurzeln hat und auf Urteilen und Ansichten beruht, die über Jahrhunderte eingeübt worden sind, ist sofort klar, wenn man bedenkt, in welch einseitiger Weise die Kirchen die Sündhaftigkeit, Verderbtheit und Unmündigkeit der

Menschen zum Thema ihrer Predigten gemacht haben. Das ist erstaunlich, weil die eigentliche Botschaft des Evangeliums gerade das Gegenteil besagt. Der Ursprung der einäugigen Auffassung vom Menschen und der einseitigen Interpretation des Evangeliums kann deshalb nicht in der christlichen Religion gesucht werden. Der Ursprung ist vielmehr in einer Zeit zu suchen, in der die Kirche, selbst zu einer mächtigen Körperschaft geworden, das, was lebendiges Christentum war, in feste und verbindliche Formen brachte. Dabei wurde die ursprüngliche christliche Botschaft so geändert, daß sie der Herrschaft der Kirche diente. Das geschah in zweierlei Weise: einerseits wurde der Glaubensinhalt in verbindlichen Dogmen festgelegt und systematisiert, zum anderen gab sich die Kirche im Laufe der Zeit eine Rechtsordnung, die nicht nur allgemeine Grundsätze, sondern auch ein geordnetes Prozeßrecht enthält. Beide Elemente: Dogma und kirchliche Rechtssatzungen, oder Theologie und Jurisprudenz, sind nicht ursprüngliche Inhalte der Botschaft Christi. Sie wurden «ratione peccati» (wegen der Sünde) für eine zeitliche Kirchenordnung geschaffen. Die theologische Systematisierung des christlichen Glaubens vollzog sich in den Formen des antiken Denkens, die rechtliche Ordnung wurde stark durch die römische Rechtsauffassung geprägt. Beides veränderte den wahren Gehalt des Christentums, zumal die Kirche in römischer Form eine monarchische Verfassung erhielt, die dem Bischof von Rom weitgehende geistliche und rechtliche Vollmachten einräumte. Das alles ist bekannt, und die Konsequenzen sind klar: Mit rechtlicher Ordnung für das äußere Leben und mit dogmatischer Systematik für das geistige Leben ist das Abendland jahrhundertelang erzogen worden.

Doch das, was so allgemein klar ist, spricht sich in der Geschichte in prägnanten Formen aus. Es gibt entscheidende Weichenstellungen in der Geschichte, in denen sich Grundtendenzen für kommende Jahrhunderte durchsetzen. Für Rudolf Steiner war es die Entdeckung einer symptomatischen, bedeutsamen Tatsache, als er in der «Geschichte des Idealismus» von Otto Willmann auf eine kurze Aussage traf, die sonst in dieser Form in der Literatur nicht zu finden ist: «Der Mißbrauch, den die Gnostiker mit der paulinischen Unterscheidung des pneumatischen und des psychischen Menschen trieben, indem sie jenen als den Ausdruck der Vollkommenheit ausgaben, diesen als den Vertreter der im Gesetze der Kirche befangenen Christen erklärten, bestimmte die Kirche zur ausdrücklichen Verwerfung der Trichotomie. Das achte ökumenische Konzil erklärte 869, daß das Alte und das Neue Testament lehre, daß der Mensch eine denkende und geistige Seele hat (unam animam rationalem et intellectualem).»[38]

Den Inhalt dieser dogmatischen Entscheidung versteht man, wenn man weiß, daß derartige Formulierungen präzise abgefaßt sind. Es wird dem Menschen eine Seele zugeschrieben, und diese Seele hat Eigenschaften. Für das Denken der damaligen Zeit wird der Begriff der Eigenschaft so gefaßt, daß jede Eigenschaft wesentlich durch ihren Träger bestimmt wird. Das Wesentliche ist in unserem Fall die Seele, und ihr Wesen gibt den Eigenschaften ihre Bedeutung. Von der Seele wird später, auf dem 5. Laterankonzil, dann noch weiter gesagt «anima . . . vere per se et essentialiter humani corporis forma existit». – Diese allgemein in der Scholastik gebräuchliche Formel besagt, daß die Seele wesentlich als die (belebende und beseelende) Form(-kraft) des Körpers existiert. Die Wesensbestimmung der Seele ist es also, Form des Körpers zu sein, und diesem Wesen werden einige geistige Eigenschaften zugeschrieben[39].

Rudolf Steiner hat aufgrund des Hinweises von Willmann die geistesgeschichtlichen Konsequenzen dieser Definition, die die paulinische Unterscheidung von Leib, Seele und Geist eliminierte, erkennen können. Eine erste Konsequenz tritt für die Psychologie ein. Wird der Geist nicht mehr als ein menschliches Prinzip gedacht, steht der eigentliche Geist jenseits des Menschen oder über ihm, so sind die geistigen Entscheidungen, so ist die geistige Führung des Lebens etwas, das dem Menschen von außen vermittelt wird. Das Gleiche gilt für das Erkennen der Welt. Nur der Geist kann die anderen Wesen der Welt innerlich verstehend erfassen. Die Seele hingegen kann ohne den Geist von den Wesen der Welt bestenfalls beeindruckt werden. Es ist der Geist, der den Menschen über sich hinausführt. Die Seele allein – besonders wenn sie als forma corporis gedacht wird – ist an die Leiblichkeit gefesselt. Diese Vorstellung wirkt auf die Dauer verhängnisvoll, weil sie den Blick einseitig auf die leibliche Bindung der Seele an beschränkte Verhältnisse, an Triebe und Leidenschaften richtet. Es entsteht schließlich eine Vorstellung der Seele als einer Funktion des Leibes, wie sie in der materialistischen Psychologie vorhanden ist, oder man lenkt den Blick auf bestimmte Triebstrukturen, wie das in einseitiger Weise von Freud und Adler getan wird. Da das geistige Gegengewicht fehlt, glaubt man schließlich, die Seele sei wesentlich durch ihre Leiblichkeit und durch die bloße, vom Verstand bearbeitete Erfahrung bestimmt.

Eine weitere Konsequenz ergibt sich für die gesamte Weltanschauung. Wenn man nicht denkt und erfährt, daß der menschliche Geist verstehend-tätig in die Wesen der Welt eindringen kann, wenn man das Bewußtsein davon verliert, daß der Mensch in seinem Erkennen die Ideen der Welt neu schafft, so stehen dem Menschen die Wesen der Welt als äußere, fremde Erscheinungen gegenüber. Indem man verlernt, in diesem Sinne das geistige Verstehen der Welt überhaupt vorzustellen, beginnt man sich rein äußerlich den Dingen zu nähern. Man experimentiert, man setzt Apparate ein, um die Experimente objektiv faßbar zu machen, man schaltet sich als Mensch immer mehr aus dem Erkenntnisprozeß aus und gelangt auf diese Weise zur Vorstellung eines materiellen, ohne den Menschen funktionierenden Weltalls.

Aus diesem Grund weist Steiner in seinen Vorträgen immer wieder auf die geistesgeschichtliche Bedeutung des Konzils von Konstantinopel hin, und er führt aus, wie die heutige Weltauffassung und Psychologie, ohne es zu wissen, durch diese Entscheidung des Jahres 869 mitgeprägt ist. Die Wichtigkeit des Themas für Rudolf Steiner wird durch die Häufigkeit der Hinweise belegt.[40]

Es ist das Charakteristische aller dieser Hinweise, daß sie auf die Folgen der Entscheidung des Konzils von 869 aufmerksam machen. Aus diesem Grund sei hier versucht, an einem Beispiel diese Folgen nachzuweisen.

Die Auswirkungen der Konzil-Entscheidung bei Thomas von Aquino

Thomas von Aquino ist nicht nur der maßgebende Philosoph der Scholastik schlechthin, der anerkannte Kirchenlehrer der römischen Kirche, er ist auch ganz gewiß ein Denker und Theologe, dem persönlich nichts daran lag, das Wesen des Geistes zu verkennen. Ja, man kann sogar sagen, daß er im Kampf gegen den arabischen Aristotelismus von Haus aus ein Interesse an einer individuellen menschlichen Geistigkeit hat. Aber Thomas war auch – wie die neuere Forschung gezeigt hat – ein vorzüglicher Kenner aller Konzilentscheidungen, und als solcher hielt er sich – ein treuer Sohn seiner Kirche – streng innerhalb der Grenzen der gegebenen Dogmatik.

An zwei Beispielen soll gezeigt werden, wie Thomas über das Verhältnis von Seele und Geist dachte. Das erste Beispiel ist der Frage 79 der «Summa Theologica» entnommen. Die Frage trägt die Überschrift «De potentiis intellectivis», also etwa: Über die Verstandesfähigkeiten. Der vierte Artikel dieser Frage behandelt das Problem: Utrum intellectus agens sit aliquid animae – ob der tätige Verstand etwas der Seele Zugehöriges sei. Thomas erklärt zunächst zu Beginn der Abhandlung, die das Hauptstück des Artikels ausmacht: «Der tätige Verstand, von dem der Philosoph redet, ist etwas der Seele Zugehöriges. Um das einzusehen, muß man bedenken, daß oberhalb der menschlichen Verstandesseele ein höherer Verstand angenommen werden muß, von welchem die Seele die Fähigkeit des Verstehens erhält. Immer dort, wo etwas teilhat, wo etwas beweglich und unvollkommen ist, setzt dieses etwas voraus, das wesenhaft so ist, daß es unbeweglich und vollkommen ist. Die menschliche Seele hat Verstand durch die Teilhabe an der Fähigkeit des Verstehens. Ein Anzeichen dafür ist, daß sie nicht ganz, sondern nur in einem Teil von sich verständig (verstandhaft) ist. Sie gelangt nämlich nur durch Diskurs, Bewegung und durch Argumentation zur Einsicht der Wahrheit. Sie weist auch ein unvollkommenes Verstehen auf, einmal, weil sie nicht alles einsieht, dann, weil sie bei dem, was sie einsieht, von der Möglichkeit zur Wirklichkeit fortschreitet. Man muß also einen höheren Verstand annehmen, der der Seele zum Verstehen verhilft.» – Mit dieser Beschreibung des Intellekts als einer Seelenfähigkeit hebt Thomas den eigentümlich seelischen Aspekt des Verstandes und des Erkennens hervor: Verstehen und Einsehen erfolgt durch Diskurs, also gleichsam durch einen Marsch, indem man durch Bewegung von Beweis zu Beweis fortschreitet. Die allgemeinen Elemente löst der Verstand auf diese Weise von der besonderen Erfahrung ab. Er selbst, der Verstand, erkennt also stückweise, schrittweise, er ist unvollkommen und ist auf jenen höheren Verstand oder Geist angewiesen, den er nicht ergreift und den Thomas mit Gott in eins setzt, wenn er am Schluß der Abhandlung sagt: «Der selbständige Geist (intellectus separatus) ist gemäß den Urkunden unseres Glaubens Gott selbst, der der Schöpfer unserer Seele ist. Daher nimmt durch ihn die menschliche Seele am Licht des Verstandes teil.» Wie ist aber die Teilhabe zu denken? Hier bedient sich Thomas eines Gleichnisses, das von Aristoteles stammt: Der tätige Verstand wird von der Seele aufgenommen wie das Licht von der Luft. Die Seele selbst hat also die Fähigkeit, vom tätigen, göttlichen Verstand durchdrungen zu werden. Die Fähigkeit der Seele ist also genaugenommen passiver Natur, wobei diese Passivität freilich nicht die reine Passivität des Nichtstuns, sondern die Fähigkeit, sich leiten zu lassen, ist: die Bewegungen der Seele im Argumentieren, im Diskurs, werden von einem höheren Verstand geleitet. An sich (wesenhaft) ist die Seele – denke man das Gleichnis zu Ende – nicht geistig, so wie die Luft von sich aus nicht vom Lichte durchdrungen ist. Sie ist, in der Sprache der Scholastik gesprochen, intellectus possibile, ein Verstand, der der Möglichkeit nach vorhanden ist.

Noch deutlicher wird das Verhältnis zum Geist in der 87. Frage: «Auf welche Weise die Verstandesseele sich selbst und was in ihr ist erkennt.» Im ersten Artikel wird die Frage gestellt, ob sich die Verstandesseele selbst durch ihre eigene Wesenheit erkennen kann. Thomas stellt in der Abhandlung eine Stufenfolge der Selbsterkenntnis auf. Er beginnt mit Gott und stellt fest: «Die Wesenheit Gottes, die reine und vollkommene Wirklichkeit ist, ist einfach und vollkommen und demgemäß sich selbst einsichtig. Daher erkennt Gott durch seine Wesenheit nicht nur sich selbst, sondern alles. – Das Wesen der Engel aber gehört der Gattung nach zu den intelligiblen Wirklichkeiten (tätigen Intelligenzen), aber es ist nicht reine und vollständige Wirklichkeit. Daher wird sein Erkennen auch nicht durch seine Wesenheit vollendet; wenn der Engel auch sich selbst durch seine Wesenheit versteht, so kann er doch nicht alles durch seine Wesenheit verstehen, sondern er erkennt das andere außerhalb seiner selbst durch dessen Abbilder (Ähnlichkeiten). Der menschliche Verstand verhält sich aber unter den intelligiblen Wesen wie etwas, das nur der Möglichkeit nach vorhanden ist ... Daher wird er möglicher Verstand genannt. Seiner Wesenheit nach betrachtet, verhält er sich als verstehendes Vermögen.»

Thomas weist dann weiter darauf hin, daß dieses verstehende Vermögen für alles Erkennen auf Sinneseindrücke angewiesen ist. Er sagt: «Weil es unserem Verstand, gemäß dem Stand im irdischen Leben eigentümlich ist, daß er die materiellen und sinnlichen Dinge betrachtet, so folgt, daß unser Verstand sich selbst in dem Maße erkennt, als er durch das Licht des tätigen Verstandes die von der Sinnlichkeit gelösten Arten (species = Artgestalt der Wesen) wirklich versteht. Dieses Verstehen ist die Wirklichkeit der Verständnismöglichkeit, und durch ihre Vermittlung auch die Wirklichkeit des nur der Möglichkeit nach vorhandenen Verstandes. Unser Verstand erkennt sich also nicht durch sein eigenes Wesen, sondern durch seine wirkliche Tätigkeit.» – Einfacher gesagt: Das menschliche Erkennen wird nur im Erkennen der Wesen der Welt wirklich, und es kann sich nur insofern erkennen, als es sich im Spiegel der einzelnen Erkenntnisakte vergegenständlicht. Thomas sagt dies im 3. Artikel derselben Frage ausdrücklich, wenn er nochmals den menschlichen Verstand dem Göttlichen gegenüberstellt: «Es gibt aber einen anderen Verstand, nämlich den menschlichen, der sich weder erkennen kann, noch ist das erste Objekt seines Erkennens seine eigene Wesenheit, sondern etwas Äußeres, nämlich die Natur des materiellen Dinges. Daher ist, was vom Menschen zuerst erkannt wird, ein Gegenstand äußerer Art, als nächstes wird jener Akt erkannt, durch den der Gegenstand erkannt wird, und durch den Akt erst erkennt der Verstand sich selbst.»

Faßt man dies alles zusammen, so kann man zunächst konstatieren, daß bei Thomas nicht von einem selbständigen Menschengeist gesprochen wird. Die geistigen Tätigkeiten der Seele werden vom seelischen Gesichtspunkt aus als zeitliche Tätigkeiten, als Bewegung, als Diskurs, als schrittweises Erfassen beschrieben. Die erkenntnisleitende Funktion kommt einem übermenschlichen Verstande zu, die Seele selbst hat die Möglichkeit, sich von ihm erleuchten zu lassen. Dementsprechend kann sich der menschliche Verstand auch nicht unmittelbar erkennen, er ist auf die Reflexion seiner Erkenntnisakte angewiesen, und diese wiederum sind an die Sinnlichkeit gebunden.

Wenn dann in einer späteren Philosophie der Glaube an den leitenden göttlichen Verstand wegfällt, wenn die Erleuchtung der Seele durch einen göttlichen Geist nicht mehr angenommen wird, so bleibt nur noch das diskursive, die Dinge abtastende Erkennen übrig. Der göttliche Verstand verbürgt bei Thomas noch das Erkennen der Wirklichkeit. Wo das Wirken eines göttlichen Verstandes im menschlichen Verstande nicht mehr angenommen wird, gelangt man nur zur Beschreibung von diskursiven Erkenntnisakten, von denen man aussagen kann, daß sie nach ganz bestimmten Regeln vorgehen. Man kann aber über den Ursprung dieser Regeln nichts mehr aussagen, sie sind ein Tatbestand, den die Reflexion im menschlichen Denken vorfindet. Die Seele selbst ist so in der eigenen Subjektivität gefangen. Der Weg nach außen ist ungewiß und trügerisch, weil nicht länger ein göttlicher Verstand den Weg zu den Wesen der Welt offenhält, der Weg der Selbsterkenntnis ist gleichermaßen versperrt, weil die unmittelbare Selbsterkenntnis unmöglich ist und sich der Verstand nur im Erkennen der Wesen der Außenwelt ergreifen könnte. Das ist die Position Kants, der feststellt, daß dem Subjekt sowohl der Zugang zu den Dingen an sich als auch zu dem Subjekt an sich unmöglich sei. Es bleibt dem Subjekt allein ein inneres Vermögen zu Begriffen und Ideen, dessen Ursprung rätselhaft ist. Mit den Begriffen freilich kann man die Erfahrung bearbeiten, aber nicht das Wesen der Dinge erkennen.

Geschichtliche Entwicklungen
als Bild der Verengung des Geistbewußtseins

Die dogmatische Entscheidung des 11. Kanons des 8. ökumenischen Konzils von Konstantinopel 869/870 ist nur ein einziges – wenn auch ein besonders wichtiges – Glied in einer Reihe bedeutsamer Entscheidungen, die im 9. Jahrhundert fielen. Zunächst ist daran zu erinnern, daß das Hauptthema des 8. ökumenischen Konzils – das von der Ostkirche nicht mehr als ökumenisches Konzil anerkannt wurde – der Prozeß gegen den abgesetzten Patriarchen von Konstantinopel, Photios, war. Photios war ein hervorragender Kenner und Vertreter der ostkirchlichen Geistigkeit. Vor seiner Ernennung zum ökumenischen Patriarchen von Konstantinopel war er der bedeutendste Professor der Universität von Byzanz gewesen; unter seinen zahlreichen Schriften zeigt die «Mystagogie des Heiligen Geistes» sein besonderes Anliegen. Als Patriarch leitete er die größte Epoche systematischer Mission ein, indem er Missionare zu den Chasaren, Mähren, Bulgaren und Russen entsandte. Die Verurteilung des Photios – der 877 wieder den Patriarchenstuhl besteigen konnte – war mehr als die juristische Erledigung eines einzelnen Rechtsfalls. Sie war ein geistiges Programm. Mit ihr setzte sich die römische Kirche von der Kirche des Ostens ab, und so liegen hier auch die Keime des Schismas von Ost- und Westkirche, das im 11. Jahrhundert zur vollendeten Tatsache wurde.

Offensichtlich war man in Rom der Auffassung, daß die hochgespannte Spiritualität des Ostens ebenso wie die östliche Ausformung des Kultus mit seinen überaus reichen liturgischen Formen im Westen nur Unheil stiften könne. Der Papst, auf dessen Wirken die Abschirmung der römischen Kirche gegen den Osten – nicht aber der 11. Kanon des 8. ökumenischen Konzils – zurückgeht, war Nikolaus I. Sein Pontifikat zeichnet sich dadurch aus, daß er mit größter Energie den Primat des römischen Stuhles nicht nur nach Osten, sondern auch nach Westen und gegenüber der weltlichen Herrschaft vertrat. Regino von Prüm schreibt in seiner Chronik unter dem Jahre 868: «Seit dem seligen Gregor bis auf den gegenwärtigen Tag scheint kein Bischof von allen, die in der Stadt Rom zur Hohenpriesterwürde erhoben wurden, jenem gleich gestellt werden zu dürfen. Den Königen und Tyrannen gebot er und beherrschte sie durch seine Autorität, als ob er der Herr der Welt gewesen wäre; gegen fromme und Gottes Befehlen gehorsame Bischöfe und Priester zeigte er sich demütig, freundlich, ergeben und mild, den unfrommen dagegen und vom rechten Pfade abirrenden erschien er schrecklich und voll Strenge, so daß man mit Recht glauben mag, daß – von Gott erweckt – in ihm ein zweiter Elias erstanden ist, wenn auch nicht dem Leibe, so doch dem Geiste und der Tugend nach.» Mit anderen Worten: in Nikolaus trifft man in der Geschichte auf den ersten Papst, der sich als Herrscher der Welt versteht und der auch Kaisern und Königen gebietet. Daß diese Ansprüche auch anders empfunden werden konnten, als es Regino tat, zeigt eine Stelle in den Annalen von St. Bertin, wo sich der Autor über einen Brief des Papstes Nikolaus entsetzt, der «voll von schrecklichen und der Mäßigung des römischen Stuhls bisher unbekannten Verwünschungen» gewesen sei.

Das Instrument, das Nikolaus zur Durchsetzung und Festigung der päpstlichen Ansprüche verwandte, waren rechtliche Satzungen und Ansprüche. Hier zeigt sich Nikolaus als echter Römer. Nun gaben aber die Kanones der Synoden seit Nicäa und die rechtsetzenden Dekrete früherer Päpste recht wenig in bezug auf universelle Herrschaftsansprüche des Papstes her. Deshalb wird ein Vorgang hochbedeutsam, der dem Papst zur Hilfe kommt. Im fränkischen Reich waren in der Mitte des 9. Jahrhunderts im großen Umfange Fälschungen päpstlicher Dekretalen angefertigt worden, die sich als Dekretalen der ältesten römischen Märtyrerbischöfe – von Klemens, dem Nachfolger Petri, bis zu Gregor II. – ausgaben. Diese Fälschungen räumten unter anderem dem Papst weit mehr Rechte ein, als es bis dahin üblich war; sie sind heute als Pseudo-Isidorische Dekretalen bekannt. Etwa im Jahre 862 dürften sie nach Rom gelangt sein. Bereits im Jahre 865 beruft sich Nikolaus auf diese Dekretalen, als er in einem Brief schreibt: «Fern sei es von uns, die Dekretalen irgendeines nicht aufzunehmen, die bis zum letzten Tag ihres Lebens im katholischen Glauben verharrt seien, deren Dekretalen von alters her die römische Kirche aufzubewahren habe, und die sie in ihren Archiven und alten Monumenten rechtens geborgen verehre.»

Historisch gesehen schafft Nikolaus durch die Zurückweisung östlicher Spiritualität einerseits und andererseits durch die Zurückdrängung weltlicher Herrschaft und jener Geistigkeit, die sich in ihr verbarg, den Raum, in dem sich die Kirche als selbständige Organisation bilden sollte. Diese neue Organisation verdrängte im Laufe der Zeit alles das, was zur Zeit des Nikolaus und noch lange darüber hinaus an nicht-kirchlicher Kultur und Geistigkeit vorhanden war. Daß es eine derartige Kultur, die von kirchlichen Vorstellungen kaum berührt war, einmal gegeben hat, wird deutlich, wenn man den Sagenkreis um König Artus und den Sagenkreis um den heiligen Gral betrachtet. Diese Sagen berichten von einem Königtum und Rittertum, das im Dienst geistiger Aufgaben stand und das sich keineswegs allein als «weltliche» Herrschaft verstand. Diese Auffassungen wurden im Laufe der Zeit fast völlig verdrängt, so daß nur noch Sagen von ihr berichten. Mit Nikolaus I., später mit Leo IX., Nikolaus II. und Gregor VII. setzte sich die römische Kirche als die herrschende Geistlichkeit durch. Die römische Kirche beanspruchte das «Geistmonopol», wobei der «Geist» die Form von Dogmen und Traditionen annahm, die von der Kirche konserviert, verwaltet und ausgelegt wurden.

Nikolaus gab diesem von ihm geschaffenen kirchlichen Raum auch die innere Struktur. Diese Struktur trug weitgehend rechtlichen Charakter. Hierzu benutzte man die Pseudo-Isidorischen Dekretalen. Man weiß nicht, ob es Nikolaus bekannt war, daß diese Dekretalen keineswegs, wie er behauptete, seit alters in den Archiven des Vatikans bewahrt wurden. Denkbar ist, daß sie ihm durch seinen Berater, den Bibliothekar Anastasius, zugetragen wurden. An der Rechtlichkeit ihres Inhalts dürfte Nikolaus nicht gezweifelt haben, da diese Dekretalen in vieler Hinsicht das aussprachen, was er selbst als rechtens betrachtete, weil es seiner Auffassung vom Papsttum entsprach.

Zunächst blieb die Herrschaft des Nikolaus ohne wirksame Nachfolge. Im 10. Jahrhundert sank das Papsttum zu flacher Bedeutungslosigkeit herab. Erst im 11. Jahrhundert wird das, was Nikolaus veranlagt hat, zur deutlich greifbaren Gestalt. Die alten Themen des 9. Jahrhunderts werden wieder aktuell. Unter reichlicher Benutzung der Pseudo-Isidorischen Dekretalen werden die Ansprüche des Papsttums neu formuliert. Der Papst beanspruchte die Herrschaft über die ganze Kirche, und Rom wollte seine Auffassungen auch in Byzanz durchsetzen. Der Papst Leo entsandte den schärfsten Verfechter römischer Dogmatik, den Kardinal Humbert von Silva Candida nach Byzanz; es entbrannte ein erbitterter Streit, in welchem Humbert den Patriarchen von Konstantinopel als Häretiker bezeichnete. Der Streit mit der Ostkirche führt zum Schisma, als am 16. Juli 1054 der päpstliche Legat Humbert von Silva Candida die Bannbulle, die den Patriarchen von Konstantinopel, Michael Kerullarios, exkommuniziert, auf dem Altar der Hagia Sophia niederlegt. Damit ist der Bruch mit der Ostkirche, der sich 869 anbahnte, endgültig vollzogen.

Zur gleichen Zeit wird aber auch jeder weltliche Einfluß auf die Kirche, auf die Besetzung geistlicher Ämter zurückgewiesen. Bis in die Mitte des 11. Jahrhunderts hatten sich die Kaiser als heilige Kaiser, als Vögte der Kirche verstanden: ihr Amt war ein geistig-weltliches Amt, die Kaiserkrönung war, wie auch die Krönung zum deutschen König, eine geistliche Weihe: Kaiser und Könige wurden wie Bischöfe auf der Stirn mit Chrisam gesalbt. Otto III. verstand sein Amt als apostolisches Amt, als er sich auf seiner Wallfahrt nach Gnesen für die Bekehrung der Polen einsetzte; Heinrich II. wird auch im römischen Brevier als Heiliger verehrt. Diese Auffassung königlichen Amtes und weltlichen Wesens ändert sich im 11. Jahrhundert radikal. Das Weltliche wird als rein äußere, physische Macht und Gewalt begriffen, die bestenfalls für die Kirche das strafende weltliche Schwert führen darf, «quod ecclesia non sitit sanguinem»: weil die Kirche kein Blut säuft. Das Zeichen, in dem sich die Kirche von der weltlichen Macht abwendet und gegen sie Stellung bezieht, ist der Ruf der Reform von Cluny: Libertas ecclesiae! Freiheit für die Kirche! Diese Freiheit der Kirche erfordert freie

Abtwahl, freie Bischofswahl und freie Papstwahl. Wieder war es der Kardinal Humbert, der den Kampf auf die Spitze trieb, indem er jede Einwirkung einer weltlichen Macht auf die Besetzung eines geistlichen Amtes als Simonie, d. h. als widerrechtlichen Erwerb des Heiligen Geistes brandmarkte. Auf diese Weise wird der kirchliche Raum als geistlicher Raum mit rechtlicher Struktur und dogmatischem Inhalt gebildet. Diese Geistigkeit ist in sich klar und streng kontrolliert. Das ist hochbedeutsam, denn nur so kann sich das Bewußtsein in klaren Formen stabilisieren. Zugleich aber ist die Klarheit und Kontrolle durch eine Isolierung erkauft, die symbolisch im Geist der Askese anschaubar wird. Die eindeutige Kontrolle spricht sich in der absoluten Gewalt des Papstes aus, in den Satzungen des Kirchenrechts. Dadurch wird die Kontrolle für das Bewußtsein zu einer äußerlichen Kontrolle, zur Fremdbestimmung. Dennoch ist diese weltgeschichtliche Gestaltung des geistlichen Bereichs in großem Maßstab Vorbild dessen, was über Jahrhunderte in Europa Form des Geistigen war. Für diese Geistigkeit mußte eine Zeitlang der geistige Inhalt zur Tradition, zu bloßen Dogmen abblassen; für diese Geistigkeit mußte die freie und weite Spiritualität des Ostens für eine geraume Zeit verboten sein, damit sich ein eindeutiges Bewußtsein etablieren konnte; für diese Geistigkeit erscheint schließlich das weltliche Wesen als bloße physische Gewalt, als materielles Dasein, mit dem sich der Geist nicht gemein macht. All das rächt sich im Laufe der Geschichte: Die weltliche Macht verselbständigt sich mehr und mehr und folgt schließlich ganz ihren eigenen Gesetzen der Staatsräson. Der produktive geistige Fortschritt findet als Naturwissenschaft außerhalb dieser Geistigkeit statt. Dadurch entwickelte sich diese Naturwissenschaft in jenem Sinne, wie es eingangs angedeutet wurde.

Die Isolierung des menschlichen Bewußtseins auf einen engen Raum, von dem das freie Fluten östlicher Spiritualität ebenso ausgeschlossen wurde wie die Erfahrung naturhafter, weltlicher Geistigkeit, war eine weltgeschichtliche Notwendigkeit, denn nur in dieser Isolierung konnte das Bewußtsein der Menschen im mittleren Europa zum Selbstbewußtsein werden. Heute jedoch zeigt sich, daß diese Isolierung zur Verarmung und Ohnmacht geführt hat. Das Selbstbewußtsein droht sich zu verlieren. Einmal verliert es sich an das Naturwissen, es wird in den Strudel technischer Apparate gerissen. Zum anderen stürzt man sich unter Aufgabe der Selbstkontrolle in das Erleben indischer, östlicher Geistigkeit, weil man die Isolation und Selbstbeschränkung nicht aushält. In der Tat kann das menschliche Ich nicht auf Dauer in dem gegenwärtigen Zustand verharren: es muß den Weg zu einem inhaltvollen Geistbewußtsein finden. Dieser Weg führt in zwei Richtungen: Einerseits kann der Mensch durch innere Übung die eigene Seele, das eigene Schicksal zum Organ der Geisterkenntnis machen. Auf diesem Wege lernt er die erweiterte Geistigkeit des eigenen «Ich» kennen. Dieser Weg führt zu der Erfahrung, daß das innerlich erlebte «Ich» uns auch gestaltend als Schicksal von außen begegnet. Zum anderen kommt es darauf an, daß Menschen im Erleben der Natur zur Erfahrung der Geistigkeit der Natur neu erwachen. Das ist der Weg des Goetheanismus, der durch tätiges Nachschaffen der Naturprozesse die eigene Geistigkeit des Menschen mit dem in der Natur wirkenden Geist verbindet.

Tendenzen der Neuzeit

Zur Geschichtlichen Symptomatologie Rudolf Steiners

Während der letzten drei Wochen des Ersten Weltkrieges hielt Rudolf Steiner in Dornach neun Vorträge, die unter dem Titel *Geschichtliche Symptomatologie* veröffentlich worden sind. In der Tat wird in diesen Vorträgen auch über Symptomatologie, das heißt über die Lehre von den Symptomen gesprochen, in der Hauptsache aber werden Reihen von Symptomen – oder wie Rudolf Steiner sagt, «Komplexe von Symptomen» – kurz dargestellt. Bei dieser Schilderung von Symptomen verfährt Rudolf Steiner so, daß er nicht fortwährend seine Zuhörer durch belehrende Bemerkung darauf stößt, wofür die einzelnen aufgezählten Symptome stehen. Höchstwahrscheinlich verstanden die Zuhörer 1918 unmittelbar, wovon die Rede war. Man kann aber auch – etwa bei einer Gruppenarbeit an den genannten Vorträgen – beobachten, daß dem heutigen Leser dieses Verständnis nicht sofort gegeben ist. Deshalb soll im folgenden versucht werden, einige Hinweise auf die inneren Zusammenhänge der ersten fünf Vorträge dieser Vortragsreihe zu geben.

Rudolf Steiner spricht von den Symptomen der Bewußtseinsseelenentwicklung. Die angeführten geschichtlichen Tatsachen müssen also als Ausdruck dieser Entwicklung gedacht werden. Der eigentliche Akteur in den Symptomen ist die Bewußtseinsseele, die sich dadurch auszeichnet, daß das einzelne menschliche Individuum in sich und aus sich heraus Wahrheit findet, Erkenntnis entwickelt. Im Sinne der *Geheimwissenschaft* kann die Bewußtseinsseele als die Kraft im Menschen angesprochen werden, die zwar nicht «Gott» ist, die aber mit dem «Göttlichen von einerlei Art und Wesenheit» ist. Das Auftreten einer solchen Kraft in der Menschheit ist deshalb nicht nur ein entscheidendes Ereignis in den Einzelseelen, es ist dieses Auftreten ein mächtiger Weltimpuls in der Geschichte. Er tritt in einer umfassenden Weise auf, er äußert sich seiner inneren

Vielgestalt nach in vielfacher Weise. Eine symptomatische Geschichtsbetrachtung wird so vorzugehen versuchen, daß sie sich erst diesen Impuls innerlich soweit als möglich vergegenwärtigt und wird dann den Blick auf die Geschichtstatsachen lenken, um sie im Lichte des innerlich erfahrenen Impulses zu betrachten.

Ganz anders geht die herkömmliche Geschichtswissenschaft vor, die sich das geschichtliche Werden als eine fast unendliche Zahl unterschiedlicher Wirkungsketten vorstellt, durch die Vergangenes in die Zukunft weiterwirkt. Sie lenkt dabei ihren Blick nicht auf die Tatsache, daß große Wirkungen schnell ihre Kraft verlieren, daß groß begonnene Unternehmungen häufig ohne angemessene Wirkungen bleiben oder daß aus klein erscheinenden Impulsen oft große Wirkungen hervorgehen. In der Geschichte gilt also – anders als in der Physik – nicht: actio = reactio. Geschichte ist nicht als Kontinuum von Ursache und Wirkung zu denken, sie ist diskontinuierlich oder, auf deutsch: die Geschichte ist durch ständige Unterbrechungen der äußeren Ursachen und Wirkungen gekennzeichnet. Neben Altem, welches an Wirkungsmacht verliert, treten ständig neue Impulse auf.

Die Impulse treten aber nicht unmittelbar, unverhüllt auf, sie kommen mehr oder weniger deutlich in den Tatsachen zum Ausdruck. Es ist ähnlich wie bei den Symptomen einer Krankheit: Fieber, Schweißausbrüche oder Schwellungen usw. können bemerkt werden, diese Symptome sind aber nicht selber die Krankheit. Symptome an sich sind auch nicht eindeutig, Fieber beispielsweise kann mit ganz verschiedenen Krankheiten verbunden sein. Es ist die Aufgabe des Arztes, die Symptome zu durchschauen, durch sie hindurch den individuellen Charakter der Krankheit zu erkennen. Ein Symptom kann nur von den hinter ihm stehenden geistigen Kräften her richtig erfaßt und gedeutet werden. Das ist keineswegs einfach, weil auch die historischen Symptome keineswegs eindeutig sind. In manchen Symptomen kommt der geistige Impuls auf eine sehr verquere Weise heraus. Deshalb formuliert Rudolf Steiner: «Man kann an diese Dinge nur herankommen, wenn man in allem den Bewußtseinsimpuls studiert, aber es vermeidet pedantisch zu werden, sondern sich den Blick frei hält für Bedeutsames und Unbedeutsames, für Charakteristisches und Uncharakteristisches, mehr oder weniger Charakteristisches auch, so daß man dadurch aus den äußeren Symptomen zum inneren Gang der Wirklichkeit vordringen kann. Denn das Äußere widerspricht eben oftmals sogar ganz dem, was eigentlich als Impuls in der Persönlichkeit drinnenliegt.»

Im ersten Vortrag der *Geschichtlichen Symptomatologie* (GA 185) skizziert Rudolf Steiner zunächst eine Reihe von Symptomen, in denen die Qualität der Bewußtseinsseele selber nicht oder nicht direkt zum Ausdruck kommt. Diese Tatsachen werden nicht in erster Linie aus dem menschlichen Inneren heraus gestaltet. Das erste Symptom ist die Verlegung des Papsttums nach Avignon (1309), dem später (1378) das große Schisma folgte. Damit wurde das Zentrum des mittelalterlichen Universalimpulses getroffen und aus den Angeln gehoben. Es handelt sich hier um einen äußeren Vorgang, den man in seiner Bedeutung nur versteht, wenn man empfinden kann, daß für die Menschen des Mittelalters Orte eine besondere Qualität hatten – selbstverständlich konnte der Papst nur in Rom residieren, am Grabe des Apostels Petrus. Mit der Verlegung des Papstsitzes nach Avignon blieb der Mittelpunkt, zu dem man sich wandte, wenn man geistige Orientierung sucht, leer. Später traten an die Stelle des einen Papstes zwei Päpste: einer in Rom, einer in Avignon. Damit waren Menschen vor die Entscheidung gestellt, welcher Papst der rechte sei. So erschütterten äußere Tatsachen das Bewußtsein, indem sie ihm den traditionellen Mittelpunkt nahmen und zu Entscheidungen zwangen.

Ein zweites Symptom ist das Herandrängen der Mongolen und Türken aus dem Osten. Für die europäischen Völker ist das wiederum eine äußere Tatsache, die in ihrem Auftreten fast einem Naturgeschehen gleicht. Man konnte damals in Europa die inneren Impulse, die Mongolen und Türken bewegten, nicht erfassen. Bisher hatte man in den Gebieten des östlichen Mitteleuropa in recht unbewußter Weise gelebt, man hatte das Land besiedelt, man hatte dort im Rhythmus des Jahreslaufes gelebt, ohne in größere Auseinandersetzungen hereingezogen zu werden; nun mußte man hier im Osten Bewußtsein bilden, die Abwehr organisieren, man erfuhr das eigene Wesen im Kampf mit dem ganz fremden.

Ein drittes Symptom ist das Auftreten des nationalen Impulses und die Bildung nationaler Staaten im Westen. Diese Nationalstaaten lösten als Organisationszentren die römisch-katholische Kirche ab und traten an ihre Stelle. Besonders deutlich im England Heinrich des VIII., wo die Reformation zu einer nationalen und ökonomischen Angelegenheit wurde. Im Nationalismus stützt man sich auf gegebenes Element: man wird von nationaler Empfindung oder Leidenschaft naturhaft ergriffen.

Als weitere Symptome werden unter anderem der englische Parlamentarismus, der «sich aus dem englischen Bürgerkrieg heraus bildet», die Entstehung der Stadtkulturen, der Zerfall des Rittertums (Schlacht bei Murten 1476) erwähnt. Diese äußeren Tatsachen sind zum Teil Zerfallserscheinungen, zum Teil sind es fast naturhafte Vorgänge, Reaktionen, die nichts inhaltlich Neues in die Welt bringen. Sie alle – die Erschütterung der Universalgewalt, das Bewußtwerden im Osten, der Zerfall der ritterlichen Standeskultur, das Städtewesen – bereiten aber den Boden für das Auftreten des Persönlichkeitsimpulses.

Im Gegensatz zu diesen äußeren Erschütterungen und Ereignissen steht das, was Rudolf Steiner in seinen Notizen für den Vortrag vom 17. Oktober 1918 unter dem Titel «Innere Bewegungen» zusammenfaßt.[41] Bei Petrus Waldes, John Wicliff, Jan Hus, bei Luther, Zwingli und Calvin wird der innere Impuls der selbständig werdenden Persönlichkeit erkennbar. Dieser Impuls ergreift die Seelen und wird bewußt erlebt. Wichtig ist aber zunächst, daß dieser Impuls kein inhaltlich Neues – also eine neue Religion, einen neuen Glaubensinhalt – hervorbringt, sondern nur ein neues Verhältnis zu den alten, vorgegebenen Inhalten. Eine neue Seelenkraft will den altüberlieferten Glauben in neue Formen gießen, in Formen, die der Persönlichkeitskultur angemessen sind. Noch deutlicher wird diese Hinwendung zum Alten im Humanismus, der die Inhalte der Antike neu fassen will; manche Künstler der Renaissance verstanden sich als

Erneuerer der antiken Schönheitsideale. Nicht neue Ideen, neue Inhalte werden produziert: man verändert das Alte. Drastisch formuliert Rudolf Steiner: «Die Seele wird steril.»

Diese Symptome sind für den Betrachter unschwer zu erkennen, weil sie seiner inneren Selbsterkenntnis unmittelbar zugänglich sind.

Jedermann kann ohne große Mühe vorhandene Gedanken oder Lehren verändern, umdeuten, kritisieren und damit Vorhandenes umformen. Ebenso leicht können Überlieferungen, alte Dichtungen neu gefaßt und aktualisiert werden. Auch in der Kunst kann man alte Themen neu bearbeiten, sie dem Geschmack der Zeit anpassen. Wer sich selbst beobachtet, wird gewahr, wie oft er Gelerntes, von außen Aufgenommenes verwendet oder zitiert; wie man geneigt ist, in einem Gespräch an ein vorgegebenes Thema anzuknüpfen und Tatbestände zu kommentieren. Mag im Einzelfalle in diesen Veränderungen von Traditionellem sich auch große Klugheit zeigen, so wird doch nichts Originelles geschaffen. –

Gegen Ende des ersten Vortrags wendet sich Rudolf Steiner zwei gegensätzlichen Ausprägungen des Bewußtseinsimpulses zu. Im Westen Europas waren die inneren Tendenzen zur Bewußtseinsseele besonders ausgeprägt, einerseits in England, zum andern in Frankreich. Nachdem England sich durch die Besiegung der Armada gegen Spanien, das noch alte Prinzipien des Verhaltens darlebte, durchgesetzt hatte, trägt der englische Kolonisationsimpuls die neue Seelenhaltung in die weite Welt hinaus. Die Bewußtseinsseele wirkt nach außen. Mit einer merkwürdigen, instinktiven Folgerichtigkeit erwirbt sie Stützpunkt um Stützpunkt, Kolonie nach Kolonie, so daß Seewege, Passagen und kritische Punkte gesichert sind. Ein Historiker des englischen Imperialismus brachte das auf die Formel: «We conquered our Empire in a fit of absence of mind.» Die Bewußtseinsseele wirkt also instinktiv im Weltergreifen. Ähnlich folgerichtig entwickeln sich in England die inneren Reformen: immer dann, wenn es absolut notwendig ist, werden Parlamentsreformen, Sozialreformen durchgeführt. Man geht nie doktrinär vor, sondern lauscht Zeitpunkt und Art der Reform den drängenden Notwendigkeiten ab.

Ganz anders Frankreich. Gerne hätte man auch ein Kolonialreich erworben, aber bereits im Siebenjährigen Krieg unterliegt man der englischen Konkurrenz und verliert Indien und Kanada. So schlagen die Bewußtseinsimpulse nach innen. In der französischen Aufklärung erdenkt man Systeme, in der Französischen Revolution proklamiert man Menschenrechte, entwirft man eine Verfassung; aber die Dynamik der Entwicklung geht über die Gedanken hinweg, die Revolution überschlägt sich selbst, bis schließlich ein Napoleon für ein knappes Jahrzehnt eine stabile Ordnung schafft. Diese Ordnung wird wieder zerstört, und so geht es fort: wieder ein Königreich, dann wieder Revolutionen, wieder ein Kaiser, dann wieder eine Republik.

Besonders charakteristisch zeigt sich die Auseinandersetzung der englischen und der französischen Tendenz 1805 durch die Schlacht von Trafalgar. Indem die Flotte Napoleons von Nelson geschlagen wird, wird Frankreich auch geographisch auf das Innere Europas zurückgewiesen, während England nunmehr wirklich die Herrschaft auf den Weltmeeren antritt, die es über ein Jahrhundert hin bewahren kann. Napoleon hingegen wird mit den Schwierigkeiten des inneren Europa um so weniger fertig, je weiter er nach Osten kommt, bis er vor Moskau schließlich scheitert.

So werden in der ersten Betrachtung zunächst nur das erste Auftreten der Bewußtseinsseele, eine Reihe ihrer äußeren Erscheinungsformen und zwei verschiedene Tendenzen der Bewußtseinsseelenentwicklung umrissen. Versteht man namentlich die beiden gegensätzlichen Tendenzen *nach innen – nach außen* vor dem Hintergrunde der eigenen Seelenerfahrung, so erkennt man, daß der Weg nach außen in seinen ersten Schritten glatter verläuft als die innere Entfaltung der Persönlichkeitskultur. Denn solange sich die Seele nach außen wendet, hat sie Elemente, an denen sie sich halten kann. Überdies wird das weltergreifende Handeln durch die Tatsachen korrigiert. Sobald man aber sich selbst, die eigene Person ergreifen und formen will, fehlt zunächst der äußere Anreiz; es fehlt die Nötigung durch Fakten; man muß sich selbst die Richtung geben, Möglichkeiten und Grenzen kennen.

Die Schwierigkeiten der Bewußtseinsseelen-Entwicklung

Das unausgesprochene Thema der zweiten Betrachtung (19. 10. 1918) sind die spezifischen Schwierigkeiten der Bewußtseinsseelenentwicklung. An der schon im Vortrag erwähnten Gestalt des englischen Königs Jakob I., der so verschieden gedeutet werden kann, wird gezeigt, daß die innerlich emanzipierte Persönlichkeit in die Ämter, Rollen und Aufgaben, die ihr die Zeit zuweist, zumeist nicht hineinpaßt. Jakob I. kann nicht selbstverständlich König sein, er ergreift nicht instinktsicher sein Amt. Wie ein äußerliches Symbol dieser Tatsache muß man es sehen, daß dieser englische König ein Schotte war, in Edinburgh als der einzige Sohn Maria Stuarts geboren. Aber das ist nicht das Entscheidende, entscheidend ist, daß er eine Haltung vorwegnimmt, die in unserem Jahrhundert Max Frisch unter anderem in seinem Roman *Mein Name sei Gantenbein* vergegenwärtigt. In diesem Sinne haben nicht nur Jakob I. oder ein Gantenbein Schwierigkeiten, ihre soziale Identität zu finden – für die meisten Menschen besteht zwischen der sozialen Rolle, die sie auszufüllen haben, und der inneren Persönlichkeit eine Diskrepanz: die Kleider passen nicht. Vielleicht ist es eine der großen Aufgaben unseres Zeitalters, Lebensformen zu finden, die der emanzipierten Persönlichkeit entsprechen.

Eine Steigerung dieses Motivs von innerer Seelenhaftigkeit und äußerer Sozialgestaltung folgt in der Gegenüberstellung von Französischer Revolution und Napoleon. In ihren Ursprüngen war die Revolution von einer neuen Seelenhaltung getragen. Die Seelen waren von dem Glanz der Ideale Freiheit, Gleichheit und Brüderlichkeit durchdrungen: eine neue Menschlichkeit sollte entstehen. Allein das Widersprüchliche, das in diesen Idealen lebte, wurde nicht durchschaut, denn Freiheit, Gleichheit, Brüderlichkeit können nicht gleichzeitig in allen Lebensbereichen unmittelbare Wirklichkeit werden: die wirtschaftliche Freiheit der Starken drängt die Brüderlichkeit zurück und vernichtet sie. Das undifferenzierte Zusammenwerfen dieser Forderungen führte zu einer tumultuarischen Entwicklung, die Seele der Französischen Revolution konnte sich keine angemessene soziale Gestalt schaffen, sie endete im Chaos. Das ist die Stunde Napoleons: er stellt dem Tumultuarischen seine Organisationskraft entgegen. Die äußeren Probleme werden gelöst, Ordnung wird geschaffen, im Kaisertum triumphiert die Macht des Staates. Die Macht nimmt aber den Charakter der Gewalt an, wenn sie durch militärische Erfolge immer aufs neue dokumentiert werden muß, wenn sie dahin strebt, sich ganz Europa zu unterwerfen. In dem Gegensatz Französische Revolution – Napoleon steht so das Grundproblem menschliche Innerlichkeit und äußere Organisation erneut vor uns. Die Innerlichkeit der emanzipierten Persönlichkeit tendiert zum Tumultuarischen und findet keinen sozialen Leib; der soziale Leib kann zwar perfekt organisiert werden, aber dabei wird die seelische Innerlichkeit unterdrückt.

Eine weitere Steigerung dieser Problematik wird in den letzten Abschnitten des 2. Vortrages verdeutlicht. Rudolf Steiner richtet unsere Aufmerksamkeit auf die innere Dramatik des 19. Jahrhunderts. Hier handelt es sich darum, daß die skizzierten Schwierigkeiten zu einem Kampf um die Bewußtseinsseele werden. Der emanzipatorische Impuls der Bewußtseinsseele lebt am deutlichsten in den eigentlichen liberalen Impulsen. Damit wird nicht auf den ökonomischen Liberalismus der Freihändler verwiesen, sondern auf jene Bestrebungen, die zum einen auf die Schaffung eines freiheitlichen Rechtsstaates zielten und zum anderen ein soziales Miteinander begründen wollten, in welchem jede Seele ihre ganze Kraft und Aktivität voll einbringen kann. Dieser Haltung, die «auf das offene Meer des Suchens nach der Bewußtseinsseele» hinausfahren will, stehen andere Tendenzen entgegen. Erstens verstärkt sich der bereits in der Gegenreformation erneuerte Universalimpuls der römischen Kirche gerade in der Mitte des 19. Jahrhunderts. Das beginnt bereits mit einer Reihe katholisierender Romantiker, setzt sich im System Metternich fort und gipfelt im Pontifikat Pius IX. (Dogma der Unfehlbarkeit 1870). Dieser Impuls will die Menschen auf der Stufe der Verstandes- und Gemütsseele halten, die Menschen sollen nur den Traum des Selbstbewußtseins träumen; staatliche und kirchliche Ordnung sollen vollends restauriert werden.

Wesentlich stärker retardierend sind jedoch die Impulse des exoterischen Freimaurertums: Rudolf Steiner nennt die schottischen oder York-Logen, die die geistentleerten Geheimnisse des ägyptisch-chaldäischen Zeitraums verwenden wollen, um die Bewußtseinsseele vollends zu lähmen. Diese Geheimnisse waren einst durch den Templerorden in den Westen Europas getragen worden. Mit dem Untergang des Ordens wurden sie ihres spirituellen Inhalts beraubt und schließlich auf zahlreichen verborgenen Kanälen in das europäische Leben hineingelenkt. Wo dieser Impuls sein Ziel erreicht, wird die Aufmerksamkeit, das Denken und Trachten der Menschen ganz und gar auf die physisch-sinnliche Welt gerichtet. An dieser Stelle nimmt der Vortrag Rudolf Steiners eine unerwartete Wendung: «... denn seit der Mitte des 19. Jahrhunderts machte sich immer mehr und mehr geltend die Frucht desjenigen, was aus jenen Orden und Geheimgesellschaften des Westens herauskam: die Einschläferung, Einlullung der Bewußtseinsseele als solcher. Dann wirkt das Seelische und Geistige gar nicht mehr, dann wirkt zunächst nur dasjenige, was in der äußeren sinnlich-physischen Welt da ist. Und das trat auf in der neueren Zeit der Mitte des 19. Jahrhunderts als der seiner selbst bewußte Sozialismus.»

Vielleicht können durch diese Aussage schlagartig Zusammenhänge beleuchtet werden, die sonst völlig im Dunkel bleiben: der materialistisch orientierte Sozialismus ist eine Frucht der Tätigkeit bestimmter Geheimgesellschaften! Mit Sicherheit ist hier nicht gemeint, daß Marxismus und Sozialdemokratie – von denen, wie aus dem Vortrag zu ersehen ist, hier die Rede ist – im direkten Sinne eine Agentur westlicher Orden und Geheimgesellschaften sind. Die Wirkungsweise von Geheimgesellschaften – das heißt von Gesellschaften, die nicht im Adreßbuch verzeichnet sind – ist nicht nach dem Muster der «Schwarzen Hand» oder ähnlicher Verschwörerkonventikel vorzustellen. Die Geheimgesellschaften wirken durch die Fixierung des Bewußtseins auf einseitig fixierte Tatbestände, durch Abschneiden oder Verdecken der wahren Zusammenhänge im großen Stil. Der Boden für den Marxismus, seine Geschichtsauffassung, für die Mehrwerttheorie usw. wurde dadurch gelegt, daß der Blick einseitig auf die ökonomischen Verhältnisse gelenkt wurde und dann die soziale Frage als ökonomische Frage definiert wurde. Das führt letztlich dazu, daß die Bewußtseinsseele nicht zum inneren Erwachen gelangt, sondern mit ihrer Aufmerksamkeit an ökonomische Fakten gefesselt wird. So werden in Politik und Leben überall unlösbare Probleme geschaffen. Man führt die Entwicklung in Sackgassen.

Die sich entwickelnde Bewußtseinsseele hat es also nicht nur mit den eigenen Schwierigkeiten zu tun, sondern darüber hinaus mit Gegenmächten. Diese Gegenmächte finden zwei Ansatzpunkte: im Inneren des Menschen droht der Rückfall in die Verstandesseele, wenn sich Menschen an den Ordnungssystemen – genauer gesagt, an den mit Gewalt wiederbelebten Ordnungssystemen – der Verstandesseelenzeit orientieren. Der andere Ansatzpunkt, der der zweiten Gegenmacht Tür und Tor öffnet, ergibt sich überall dort, wo der Mensch den geistigen Charakter der Sinneswelt nicht durchschaut und sie für tote, beliebig manipulierbare Stofflichkeit hält. Diese Haltung ist das Ergebnis der inneren Trägheit der Seelen, die sich nicht zum aktiven Welterfassen aufschwingen wollen und deshalb zur Beute des illusionären Mammonismus werden.

Die naturwissenschaftliche Denkweise als Symptom

In der dritten Betrachtung wendet sich Rudolf Steiner einem der zentralsten Symptome der Bewußtseinsentwicklung zu: der naturwissenschaftlichen Denkweise. Gleich eingangs macht er darauf aufmerksam, daß die naturwissenschaftliche Denkart *nicht,* wie man leicht vermuten könnte, das Produkt der modernen Naturwissenschaft ist, vielmehr ist umgekehrt die Naturwissenschaft entstanden, weil in den breiten Massen naturwissenschaftliches Denken lebt. Die naturwissenschaftliche Denkweise wirkt heute planetarisch: durch die Kolonisationsbestrebungen ergreift sie die ganze Erde und führt zu einer Vereinheitlichung des Denkens auf dem ganzen Planeten.

Damit gehen die alten Differenzierungen der Menschheit durch naturwüchsige Kulturen, wie in Japan, China, Indien usw., ihrem Ende entgegen.

Selbstverständlich hatten auch frühere Zeiten ein Verhältnis zur Natur: die Menschen erlebten die Naturvorgänge intensiv mit, sie erfuhren sich als Teil der Geistigkeit, die auch in der Natur wirkt. Seit dem griechischen Zeitalter übte man Natur-Beobachtung, man verfolgte dabei denkend die Bewegung der Natur, man tastete sie innerlich ab und gewann ein Bild der in der Natur lebenden Kräfte. Kurz vor Beginn der eigentlichen Neuzeit trat aber ein kosmisches Ereignis ein, dessen Ausdruck der «Schwarze Tod» ist, die Pest, die im Jahre 1346 Europa heimzusuchen begann. In wenigen Jahren erfaßte die Epidemie ganz West-, Süd- und Mitteleuropa und führte den Menschen die Hinfälligkeit allen menschlichen Lebens vor Augen. Wie eine Antwort auf diese Erfahrung entstehen die spätmittelalterlichen und frühneuzeitlichen Totentänze um das Jahr 1350. Bis etwa zum Jahr 1500 finden diese Dichtungen, zu denen auch die *Jedermann*-Spiele und der *Ackermann aus Böhmen* des Johannes von Tepl gehören, die weiteste Verbreitung in ganz Europa. Der Triumph des Todes wird gemalt, geht als Holzschnitt von Hand zu Hand, wird als Drama angeschaut. So wird die Sterblichkeit des Menschen, die Hinfälligkeit des Menschenleibes intensivstes Erlebnis. Diese Erfahrung ist die Grundlage des modernen Bewußtseins. Rudolf Steiner hat das künstlerisch in der Kuppelmalerei der kleinen Kuppel des ersten Goetheanum zum Ausdruck gebracht: unter der Gestalt des Faust, gleichsam als Grundlage, erblickt man den Knochenmann, der ein Buch und einen Schreibstift in Händen hat. Dieser Knochenmann korrespondiert als das äußere – an das Tote verwiesene – Bewußtsein dem Streben des Faust, der das Ich sucht.

Aber Fausts Seele kann der übersinnlichen Erscheinung nicht gerecht werden. In der äußeren Geschichte und nach außen hin entfaltet die Faust-Natur zunächst nur das Bewußtsein Wagners. Rudolf Steiner charakterisiert dieses Bewußtsein in der *Geschichtlichen Symptomatologie* folgendermaßen: «Diese neue naturwissenschaftliche Denkweise hat das Eigentümliche . . ., daß sie nur das

Tote, das Gespenstische fassen kann von der Wirklichkeit, daß sie überall auf das Tote geht.»

Nun sucht aber auch das Bewußtsein, das nur auf das Tote geht, einen Kontakt mit der Welt. Da dieses Bewußtsein sich selber nicht zum Lebendigen erheben kann, muß es die Natur, das Lebendige, abtöten, um es in den Griff zu bekommen. Das geschieht durch das Experiment. Im Experiment läßt man nicht die Natur sich selbst entfalten. Man strebt vielmehr danach, den Gegenstand genau zu kontrollieren und ihn unter kontrollierbaren, berechenbaren Bedingungen zu erfassen. Das ist nur möglich, indem man alle nicht berechenbaren Einflüsse, alle unvorhersehbaren Faktoren ausschaltet. Man isoliert also den Gegenstand. Rudolf Steiner formuliert: «Wir ertöten die Natur, um sie kennenzulernen im Experiment.»

Das gelungene Experiment kann dann in der Technik Verwendung finden. Ein Spezialfall der Technik – also des gelungenen Experiments – ist die Maschine. Unter dem Gesichtspunkt der Bewußtseinsseelenentwicklung gilt für die Maschinenwelt zunächst das, was Rudolf Steiner in unserer Betrachtung sagt: «Wahrhaftig nicht trat die moderne Technik in Erscheinung im Laufe der Zeit, weil den Menschen das Schauspiel der Maschine und der Industrie gegeben werden sollte, sondern die moderne Technik trat in Erscheinung aus einem ganz anderen Grunde. Sie trat in Erscheinung gerade wegen ihres zum Tode führenden Charakters, weil nur dann, wenn der Mensch hineingestellt ist in eine tote, mechanische Kultur, er durch den Gegenschlag die Bewußtseinsseele entwickeln kann.» Heute könnte dieses Wort allgemein verstanden werden, da man im Anblick der Wirkungen und Folgen der Technik im sozialen Leben wie auch in der Natur ihren tötenden und isolierenden Charakter leicht durchschauen kann.

Man denke hier daran, daß etwa im Jahre 1750 das alteuropäische Haus alle jene Funktionen wahrnahm, die heute auf die verschiedensten Einrichtungen verteilt sind. Das Haus war Produktionsstätte und Vorratslager, Kindergarten, Schule, Krankenhaus und Altersheim, es war Altersversicherung und Ort der Lehrlingsausbildung. Der Gesamtumfang des Lebens und Sterbens, des Arbeitens und

Sorgens war anschaubar. Die moderne Industrie hat diesen Zusammenhang zerrissen und technisch funktionierenden Institutionen übertragen. Damit ist der unmittelbare soziale Zusammenhang unter den Menschen erstorben. Ein bloßes Durchschauen dieser Zusammenhänge hilft aber noch nicht, wenn man nicht durch geistige Produktivität der Bewußtseinsseele zur Einsicht in die lebendige Wirklichkeit erwacht. Aus dieser Einsicht ergibt sich dann auch die Möglichkeit zum Handeln: Es entsteht die Aufgabe, durch neue Organisationsformen den lebendigen sozialen Zusammenhang wieder anzuregen und bewußt zu schaffen, wie das etwa durch Selbstverwaltung und Assoziation auf allen Lebensgebieten möglich ist.

Eine Einsicht in lebendige Zusammenhänge ist nur möglich, wenn man den Zusammenhang des Ganzen erleben kann und seinen Blick nicht nur auf die Einzelheiten richtet. Zuerst fällt der Blick auf den Zusammenhang von innerlich freiem Selbstbewußtsein und der naturwissenschaftlichen Weltauffassung, die nur das Tote erfaßt: dieses Selbstbewußtsein kann sich nur der toten Natur gegenüber halten. Indem die Konstruktionen und Berechnungen des Selbstbewußtseins sich in Experiment und Technik bewähren, erfährt das Selbstbewußtsein seine Bestätigung. Es vergißt dabei, daß von tausend Experimenten, die es ersann, oft nur eines gelingt, und daß es seine Denkformen auf dem Weg von «trial and error» nur mühsam den Mechanismen der Natur anpaßt. Noch weniger vermag sich dieses freie und auf das Tote verwiesene Selbstbewußtsein auf die Tatsache zu besinnen, daß es durch Experiment und Technik mit Naturkräften umgeht, ohne sie zu erleben. Durch den Mechanismus wird das eigentliche Naturgeschehen verdeckt, es wird ein Zwischenreich in die Natur hineingeschoben. Wie weit dessen Vorgänge vom Bewußtsein des Menschen entfernt sind, wird einem klar, wenn man die Vorgänge im Bewußtsein eines Autofahrers mit den Prozessen vergleicht, die sich im Innern der Zylinder oder an den Reifen beim Fahren abspielen: kein menschliches Bewußtsein vermag empfindend zu verfolgen, was beispielsweise ein Reifen durchmacht, wenn ein Automobil schnell von 130 km/h zum Stillstand gebracht wird. Das aber ist die dunkle Gegenseite unseres Bewußtseins.

Goethe hat dieses Geheimnis unseres Bewußtseins im *Faust* dadurch zum Ausdruck gebracht, daß er dem Faust zur Vermittlung der Welterfahrung und der Weltwirksamkeit den dunklen Gesellen beigab, den er Mephistopheles nannte. Mephisto ist aber nur in dem Maße der dunkle Begleiter der tätig-technisch handelnden Menschheit unserer Zeit, als sich die Menschen nicht zum produktiven Bewußtsein ihres Tuns, das heißt zur Geisterkenntnis erheben. Solange die Erhebung zu solcher Produktivität nicht stattfindet, solange sorgt die dunkle Natur des unbewußten Wirkens dafür, daß alle Bestrebungen in ihr Gegenteil umschlagen.

Indem man dieses ausspricht, sagt man zugleich, daß bis heute die eigentliche Bewußtseinsseele noch nicht zu sich selbst erwacht ist. Was sich seit dem Beginn der Neuzeit abgespielt hat, ist zunächst die Loslösung des menschlichen Bewußtseins von den sie in früheren Zeiten bestimmenden Gewalten. Diese Loslösung wurde durch mächtige Ereignisse eingeleitet: durch die große Pestwelle, durch das Schisma des Jahres 1378 und durch eine Reihe anderer Ereignisse. Auf einer zweiten Stufe erfuhr sich das neue Bewußtsein im Protest gegen das Alte und in dem Versuch, durch Reformation, Humanismus und Renaissance das Alte von sich aus neu zu ergreifen. Mit der Französischen Revolution dämmern im Innern der Menschen neue Ideale; sie wirken aber tumultuarisch, da sie nur traumhaft erlebt und nicht wach produziert werden. Es stellt sich die Aufgabe, die Außenwelt, Staat und Natur vom Inneren her zu begreifen und zu gestalten. Am Beispiel der Technik wird klar erkennbar, daß man zwar die Naturwelt ergreifen kann, daß aber die Seele die Naturwelt durch ein unbewußtes, probierendes, mechanisches Wirken ergreift, durch das die Natur nicht in angemessener Weise gefördert, sondern nur ausgebeutet und getötet wird. Das eigentliche Erwachen der Bewußtseinsseele zu wachem Handeln und sozialem Gestalten steht also noch bevor.

Auf wesentliche Elemente des 4. Vortrags der «Geschichtlichen Symptomatologie», namentlich auf das Versagen des Bürgertums im 19. Jahrhundert, wird ausführlich in anderen Kapiteln dieses Buches eingegangen, so in den beiden folgenden Studien. Nun hat das Versagen des Bürgertums, das Nicht-Entfalten einer weiteren Stufe der Bewußtseinsseele durch das Bürgertum eine bedeutsame Folge: Es tritt ein Mangel auf, und dieser Mangel wird für zwei Gruppen der Bevölkerung eine entscheidende Tatsache. Erstens fehlt dem Proletariat eine sinnvolle geistige Orientierung; und zweitens fehlt der breiten Bevölkerung der osteuropäischen Bauernschaft das geistige Lebensbrot, auf das sie angewiesen ist. Im Proletariat muß man jene Bevölkerungsschicht erblicken, die, durch die industrielle Revolution hervorgebracht, als völlig neue Klasse oder Schicht auf dem Plan der Weltgeschichte erscheint und die namentlich im 19. Jahrhundert nach geistiger Orientierung dürstet. Aus der Lehre von Karl Marx aber empfängt sie die Botschaft, daß alles geistige Leben bloße Ideologie, Reflex der ökonomischen Verhältnisse sei. Indem das Proletariat diese Botschaft aufnimmt, schneidet es sich selbst eine bestimmte Entwicklungsmöglichkeit ab. Das osteuropäische Bauerntum, namentlich das russische Bauerntum, war nicht weniger auf neue Ideen angewiesen. Es gab sogar im Sommer des Jahres 1873 den berühmten Versuch der Narodniki (Volksfreunde), «ins Volk zu gehen» und dem Volk «die ganze Wahrheit zu erzählen». Aber diese Versuche wurden durch die Obrigkeit auf das heftigste bekämpft: in den 70er Jahren wurden 770 Narodniki wegen dieser aufklärerischen Tätigkeit vor Gericht gestellt. Daran kann immerhin erkannt werden, daß einige Menschen – es dürften weit über tausend gewesen sein – die Zeichen der Zeit erkannten und daß der Obrigkeit die Aktion der Narodniki gefährlich genug erschien, sie zu bekämpfen. So wurde auch das russische Bauerntum, später das russische Proletariat, allein gelassen.

In Rußland wurden die wahren Verhältnisse durch die russische Revolution offenbar. Im Februar 1917 wurde der Zar zur Abdankung gezwungen und eine bürgerliche Regierung unter der Leitung der Fürsten L'vov übernahm die Führung. Diese Regierung war aus Mitgliedern der Großbourgeoisie gebildet, Außenminister war der Geschichtsprofessor Miljukov, der Textilmagnat Konovalov war Handels- und Industrieminister, der Zuckermillionär Tereschenko Finanzminister. Diese Gruppe und die zu ihr gehörigen Kreise hatten nur die Vorstellung, irgendwie weiterzumachen, den Krieg an der Seite der Westmächte irgendwie weiterzuführen und alles übrige der Zukunft zu überlassen. Sie waren praktisch völlig ideenlos in bezug auf die notwendige soziale Gestaltung, sie hörten auch nicht auf das, was im Volke vor sich ging. Aber nicht weniger ideenlos waren die politisch weiter links stehenden Gruppen, die in den Sowjets den Ton angaben: die Menschewiki und die Sozialrevolutionäre. Auf diese Weise entstand ein geistiges Vakuum, eine Ideenleere, und diese geistige Leere führte, auch nachdem der Advokat Kerenski das Amt des Ministerpräsidenten übernommen hatte, zum inneren Zerfall der noch vorhandenen Einrichtungen, zu einer vollständigen Machterosion.

Rudolf Steiner beschreibt das, was nun folgte, so: «So ist ein luftleerer Raum, das heißt ein ideenleerer Raum entstanden, und da pfiff selbstverständlich dasjenige, was weiter nach links radikal steht, hinein. Man darf nicht glauben, daß es gewissermaßen durch ihr eigenes Wesen den radikalen sozialistischen Elementen in Rußland, die wenig mit Rußland selbst zu tun haben, vorgezeichnet war, da besonders Fuß zu fassen. Sie hätten es nie gekonnt, wenn die Sozialrevolutionäre und andere mit ihnen Verbundene irgendwelche Ideen gehabt hätten, um Führende zu werden.» Die Machtergreifung durch Lenin, Trotzki und andere ist also nur im Vakuum der Ideenlosigkeit möglich gewesen. Die Machtübernahme Lenins und später Stalins bedeutete aber, daß das russische Wesen – das, wie man an der russischen Dichtung erkennen kann, zum persönlichen Erleben und Erfassen des Geistes veranlagt ist – von einem System überlagert und beherrscht wird, das ganz mechanistisch-materialistisch verfährt, nach der Devise Lenins: Bolschewismus ist Kommunismus plus Elektrifizierung der Sowjetunion.

In der weiteren Entwicklung unseres Jahrhunderts kann verfolgt werden, daß pathologische Tendenzen, zerstörerische Gewalten Macht gewinnen, ja, daß böse und widermenschliche Einbrüche in die Geschichte stattfinden. Wie prophetisch wendet sich Rudolf Steiner – den weiteren Verlauf unseres Jahrhunderts vorwegnehmend – namentlich im 5. Vortrag dem Rätsel des Bösen zu. Es geht ihm dabei nicht um metaphysische Spekulation, er spricht nicht abstrakt über «das Böse». Vielmehr zeigt Rudolf Steiner einen Weg, auf dem sich die Bewußtseinsseele der einzelnen Menschen weiterentwickeln kann. Dieser Weg führt aus der Enge des «Ich» heraus, und die erste Pforte, durch die dieser Weg führt, ist das ruhige und verständnisvolle Interesse am anderen Menschen. Das heutige Bewußtsein ist in vielen Fällen noch so schwach, daß es sich gegen andere Menschen durch Urteile und Vorteile abschirmt. Indem man einen anderen für beschränkt, ehrgeizig oder von Minderwertigkeitskomplexen besessen erklärt, schafft man sich ihn geistig und seelisch vom Halse. Erste Schritte aus dieser Enge tut das «Ich», wenn es sich objektiv liebevoll für die Fehler der anderen Menschen interessiert, um den anderen so zu verstehen, wie er ist, und zu sehen, wie sich seine Eigenschaften wechselseitig bedingen.

Die weiteren Schritte erfordern viel größere Selbstlosigkeit, sie erweitern das «Ich» nicht nur im Verstehen des anderen. Es geht dann darum, sich mit dem Denken, Fühlen und Wollen des anderen Menschen immer tiefer zu verbinden, das heißt, den anderen in seiner Realität zu erfassen. Aus einem solchen Erfassen entsteht eine innere Verbindung, ein Helfen-Wollen und Helfen-Können. So erstarkt die Kraft des Guten, und das Rätsel des Bösen wird so in ganz kleinen Schritten seiner Lösung näher geführt.

In den Menschen, die heute geboren werden, kann man diesen Willen zu wahrer Solidarität bemerken. Der Wille lebt oft nur als Wunsch, als Intention in den Seelen. Manchmal aber gelingt es, diesen Vorsatz in neuen Gemeinschaften ansatzweise zu verwirklichen. Wo das geschieht, gewinnt die Bewußtseinsseele ihren wahren Inhalt; wo das geschieht, entsteht kein Vakuum, sondern ein Zentrum von Licht und Wärme.

Die Anwesenheit der Zukunft
und die Gegenwart des Geistes

Auch die Zukunft gehört zum Wesen des Menschen. Im Wünschen, im Hoffen und Wollen zeigen sich im Heute und Hier Keime des Künftigen, und ahnend begreift man, daß die Keime noch vieles bergen, was sich noch nicht zeigt, was aber als fernes Ziel im Gegenwärtigen wirkt. Das Heute aber versteht nur, wer nicht nur nach seiner Herkunft aus Vergangenem fragt, sondern auch auf das Werdende blickt, auf die Kräfte, die in der Gegenwart halb verborgen Neues gestalten. Ja, bald wird man gewahr, daß die Gegenwart die Zeit-Zone ist, in der sich Fortwirkendes aus der Vergangenheit und Zukünftiges treffen. Leicht ist es, das Gewordene, das deutliche Konturen angenommen hat, zu erkennen; überdies hat die Vergangenheit auch in der Gegenwart eine große Beharrungstendenz. All dem begegnen an der Front der Gegenwart unsere Träume, das neue Bessere, das wir wollen, der Geist, in dessen Namen wir streben.

Diese Zukunft wurde erst spät entdeckt. Frühere Zeiten suchten das Gute in der Vergangenheit, in einem goldenen Zeitalter, in der «guten alten Zeit», und positive Bestrebungen verstanden sich als Wiedergeburt = Renaissance oder als Reformation = Wiederherstellung. Heute ist klar, daß das gute Alte nicht wieder reproduziert werden kann. Unser Bild richtet sich nach vorn, und in den Problemen der Gegenwart ahnt man die Aufgaben der Zukunft. So erkennt man an der Naturzerstörung die Aufgabe, ein neues Denken zu entwickeln, das die Natur nicht nur ausnutzen und in Dienst stellen will, sondern ihr Wesen verstehen und pflegen kann. So erkennt man in manchen sozialen Bewegungen die Sehnsucht, zu einem Fühlen zu gelangen, das, von innerer Toleranz getragen, andere Menschen akzeptiert, versteht und so zum Frieden gelangt. In diesen und ähnlichen Symptomen blickt man auf einen Einbruch der Zukunft, die es genauer zu verstehen gilt.

Rudolf Steiner hat in ebenso einfacher wie deutlicher Weise von dem Zukünftigen gesprochen, wenn er in seinen Grundschriften das Wesen des Menschen und der Menschheit beschrieb. In den Büchern «Theosophie» und «Die Geheimwissenschaft im Umriß» ist nämlich nicht nur von dem schon gewordenen Menschen die Rede, sondern auch von dem, was noch nicht entfaltet ist, was aber sehr wohl veranlagt ist. In den genannten Büchern wird das Wesen des gewordenen und gegenwärtigen Menschen so dargestellt, daß

Physischer Körper
Lebensleib
Seelenleib
Empfindungsseele
Verstandesseele
Bewußtseinsseele

beschrieben werden. Dieser Beschreibung folgt eine Darstellung der noch nicht entfalteten Wesensglieder des Menschen:

Geistselbst
Lebensgeist
Geistesmensch.

Diese Wesensglieder sind in einem bestimmten Sinne auch anwesend, sie gehören ebenso zum Wesen des Menschen wie die erstgenannten sechs Wesensglieder, die der Beobachtung durchaus zugänglich sind und in ihrer je eigenen Weise entfaltet sind. Will man – vielleicht um die Gegenwart zu verstehen – das Zukünftige ergreifen, so tut man gut daran, nicht mit unangemessener Neugier die schwierigsten Fragen nach einzelnen künftigen Tatsachen zu stellen, sondern das Zukünftige in elementarer Weise dort zu fassen und zu begreifen, wo es als Keim in uns angelegt ist. Hier kann man sich auf «sicherem Boden» bewegen, und nur aus einem Verstehen der in uns bereits angelegten Zukunft gelangt man zu einem Erfassen der Gegenwart und der künftigen Geschichte. Dagegen ist alles Reden über die Zukunft ohne diese Grundlage, alles Prophezeien und alles Zeichendeuten aufgrund dieser oder jener Regeln oder Aussagen bloße Spekulation.

Rudolf Steiner führt den Begriff des *Geistselbst* in dem Buch «Theosophie» so ein, daß er zunächst unseren Blick auf das menschliche «Ich» lenkt. «Das Ich lebt in der Seele.» Vertieft man sich in diesen Satz, so entsteht das Bild einer Ich-Tätigkeit, die die Seelenregungen durchdringt: Das Ich leitet die Gedanken, es lenkt die Aufmerksamkeit, das Beobachten und das Handeln und ergreift so die Seele wie von einem Mittelpunkt aus. An diesen Gedanken schließt sich der nächste an: «Und in dem Ich ist der Geist lebendig. Es strahlt der Geist in das Ich und lebt in ihm als in seiner ‹Hülle›, wie das Ich in Leib und Seele als in seinen Hüllen lebt.» Faßt man dieses als Bild, so verwandelt sich das Ich vom bloßen Mittelpunkt, vom Zentrum, zu einer Schale, zu einem Gefäß, zu einer «Hülle», in der der Geist «lebendig» ist. Durch einen dritten Schritt entsteht wieder ein neues Bild: «Der Geist bildet das Ich von innen nach außen, die mineralische Welt von außen nach innen.» Das Ich erscheint nun wie eine Front, an der, in der und durch die sich Geist und Welt begegnen. Sinnt man dem Wesen dieser Front nach, so kann sie unter anderem als Gegenwart erscheinen. Sie wird zur Gegenwart der Gegenstände, wenn sich das Ich nach außen wendet. Sie wird zur Geistesgegenwart, wenn sich das Ich nach innen wendet. In der Wendung nach außen blickt das Ich auf die aus Vergangenheiten gewordene Welt, denn alles äußerlich Beobachtbare ist ein Gewordenes. Wendet es sich nach innen, so ergreift es in sich die schaffende Tätigkeit des Geistes, der die Welt verwandeln will. Für gewöhnlich vollzieht das Ich diese Wendung nach innen nicht. Der Geist waltet im Ich, ohne von ihm bewußt erfaßt zu werden. Wir verweilen in der Gegenwart der Gegenstände, der Geist bleibt uns im «Rücken».

Rudolf Steiner verfolgt die Bildung des «Geistselbst» folgendermaßen: «Der ein ‹Ich› bildende und als ‹Ich› lebende Geist sei ‹Geistselbst› genannt, weil er als ‹Ich› oder als ‹Selbst› des Menschen erscheint.» Das Ich wird also durch den Geist gebildet. In dem Augenblick, in welchem der Geist als Ich, d. h. vom Ich ergriffen lebt, wird der Geist individualisiert. Rudolf Steiner beschreibt diesen Vorgang, indem er auf den Unterschied von Geistselbst und Bewußtseinsseele aufmerksam macht: «Den Unterschied zwischen dem Geistselbst und Bewußtseinsseele kann man sich in folgender Art klarmachen. Die Bewußtseinsseele *berührt* die von jeder Antipathie und Sympathie unabhängige Wahrheit; das Geistselbst trägt *dieselbe* Wahrheit, aber aufgenommen und umschlossen durch das ‹Ich›; durch das letztere individualisiert und in die selbständige Wesenheit übernommen.» Dieser Vorgang spielt sich im Leben überall dort ab, wo ein Mensch eine Weltgesetzmäßigkeit so in sich aufnimmt, daß sie ihm ganz persönliches Erlebnis wird und wo er gar nicht anders kann, als sich nach diesem Erlebnis im Handeln und Fühlen zu richten. Er hat also nicht nur etwas eingesehen – und damit nur die Wahrheit berührt –, die Wahrheit wird in ihm vielmehr zur individuellen Kraft. Auf dieser Stufe der Entwicklung nötigt sich der Mensch nicht mehr, seinen Einsichten zu folgen, er ist mit seinem Erkennen eins geworden, dergestalt, daß ein unsachgemäßes und damit zugleich geistwidriges Handeln ihm ganz unerträglich wäre.

Die äußere Welt offenbart sich dem Menschen durch seine leiblichen und seelischen Sinne. Der Geist offenbart sich dem Menschen durch Intuition. Intuition ist ein unmittelbares Innesein. Jeder Mensch hat Intuitionen, wenn er einen Sachverhalt tätig ergreift. (Wer einen Nagel in die Wand schlägt, erfaßt intuitiv die Härte der Wand, die Stärke des Nagels, und er richtet die Wucht seines Hammerschlags intuitiv an beiden Faktoren aus.) Diese Intuitionen werden für gewöhnlich nicht bewußt durch das Ich ergriffen. Wenn man einem anderen Menschen begegnet, stellen sich im tätigen Begegnen auch Intuitionen ein, und man verhält sich auch hier des öfteren nach dieser intuitiven Anschauung. Ohne solche Intuitionen würde sich der Mensch völlig autistisch verhalten. Es geht jedoch darum, nicht nur von Intuitionen instinktiv ergriffen zu werden, es kommt für das Erfassen der Zukunft darauf an, die Intuitionen in uns immer bewußter zu erleben.

Das Verhältnis des Menschen zur Welt hängt nun davon ab, daß er seine Intuitionsfähigkeit immer weiter entwickelt, daß er sie immer klarer ergreift und schult. Ein guter Arzt wird nicht nur die Symptome, die ein Patient zeigt, äußerlich registrieren, er wird vielmehr auf vielerlei Weise versuchen, das Wesen des Patienten zu erspüren; er wird auf den Klang seiner Stimme ebenso achten wie auf die Beschaffenheit der Haut, er wird sich seine (Kranken-)-Geschichte erzählen lassen und danach trachten, von seinen Lebensumständen zu erfahren. Alle diese Erfahrungen betrachtet er von der Innenseite, wenn er sie in sich neu schafft und sich so bewußt in seinen Patienten hineinversetzt. Dann ist die Intuition, die sich ergibt, nicht mehr nur das Produkt einer irgendwie verlaufenden Begegnung, sie ist vielmehr vom Ich erarbeitet und ergriffen. In dieser Intuition ergibt sich nun keineswegs allein die Diagnose – es taucht im Inneren an dieser Stelle die Idee der Therapie auf. Zukunft wird faßbar. Rudolf Steiner beschreibt diesen Vorgang folgendermaßen: «Durch die Intuition holt sich das Ich des Menschen, das in der Seele auflebt, die Botschaften von oben, von der Geistwelt, wie es sich durch die Empfindungen die Botschaften aus der physischen Welt holt.» Und einige Zeilen weiter heißt es: «Wie nun die physische Welt dem Ich nur dadurch von sich Kunde geben kann, daß sie aus ihren Stoffen und Kräften einen Körper aufbaut, in dem die bewußte Seele leben kann und innerhalb dessen diese Organe besitzt, um das Körperliche außer sich wahrzunehmen, so baut die geistige Welt mit ihren Geistesstoffen und ihren Geisteskräften einen Geistkörper auf, in dem das Ich leben und durch Intuitionen das Geistige wahrnehmen kann.»

Der Wandel der Intuitionsfähigkeit

In diesem Sinne entfaltet sich die Existenz des Menschen auf Erden zwischen Geistigkeit und Sinnlichkeit, zwischen leibvermittelten Empfindungen und geisterrungenen Intuitionen. Im Laufe der Geschichte ändert sich nun die Art und Weise, wie die Intuitionen in den Menschen leben. Solange die Menschheit von göttlichgeistigen Wesen geführt wurde – also etwa bis zur Zeit Homers –, bewirkten diese geistigen Wesen die Intuitionen, die die Menschen ergriffen. Noch bei Homer singt die Muse durch den Menschen, und die Menschen erlebten das Ergriffensein durch geistige Wesen. Dieses Erleben wurde in dem Maße schwächer, in dem die Sinneswelt durch menschliche Arbeit ergriffen wurde. Namentlich in der Zeit der ägyptisch-sumerisch-babylonischen Kultur und im griechisch-römischen Zeitraum wurde die Sinnenwelt handelnd und gestaltend erobert. Für diese Zeiten gilt, was Rudolf Steiner in der «Geheimwissenschaft» schreibt: «Sowohl der Empfindungsseele wie der Verstandesseele ist es eigen, daß sie mit dem arbeiten, was sie durch die Eindrücke der von den Sinnen wahrgenommenen Gegenstände erhalten und davon in der Erinnerung bewahren. Die Seele ist ganz hingegeben an das, was für sie ein Äußeres ist.» In dem Hingegebensein an das Äußere entschwindet das Erleben der die Seele innerlich ergreifenden Intuitionen, wenngleich die Intuitionen selbst nicht völlig dahinschwinden, sondern nur unbemerkt bleiben. Durch die vieltausendjährige Einübung der Wendung der Seele nach außen ist diese Grundorientierung habituell geworden. Das Neue, das mit der Neuzeit auftritt, ist, daß Menschen nun immer mehr auf Intuitionen verwiesen werden, die sie *selbst hervorbringen*. Menschen werden sich zum Beispiel ihrer *eigenen* Tätigkeit im Sehen bewußt. Sie bemerken, in welcher Weise das Sehen die Gegenstände der Außenwelt *berührt*, und aus der Beschreibung dieses Sehens ergibt sich die Perspektive. Menschen werden sich bewußt, wie sie handelnd mit den Dingen umgehen, wie sie dieselben anordnen, und sie beschreiben diese geistige Berührung der Dinge als Experiment. Freilich werden sie nicht gewahr, daß das, was sie so beschreiben, ihr eigenes zählendes, messendes, wägendes Handeln ist. Da die Seele habituell nach außen orientiert ist, hält man das, was man so ertastet, allein für die Gesetzmäßigkeit der Dinge. Man projiziert die Intuitionen nach außen.

Erst in der zweiten Hälfte des 18. Jahrhunderts wird es den Philosophen deutlich, in welchem Maße das menschliche Ich im

111

Erfassen der Sinneswelt bestimmend tätig ist. Man bemerkt, daß das menschliche Bewußtsein nicht einfach eine vorhandene Außenwelt spiegelt, daß vielmehr das Ich durch seine Tätigkeit eine Wirklichkeit konstituiert. Immanuel Kant hat das unsterbliche Verdienst, auf diesen Tatbestand als erster hingewiesen zu haben. Johann Gottlieb Fichte hat Kants noch unvollständige Entdeckung dahingehend ergänzt, daß er den Ursprung der welterfassenden Intuitionen aus dem Ich aufzeigte und die Ur-Intuition des «Ich bin» vollbewußt aussprach.

In der Philosophie Fichtes, der sich sofort Friedrich von Hardenberg (Novalis) und bis zu einem gewissen Grade auch Schelling anschloß, tritt die Bewußtseinsseele unverhüllt auf den Plan der Weltgeschichte. Man ist damit *weltgeschichtlich* an jenem Punkte angelangt, der *systematisch* in dem Buche «Theosophie» beschrieben wird: «Das Ich lebt in der Seele. Wenn auch die höchste Äußerung das ‹Ich› der Bewußtseinsseele angehört, so muß man doch sagen, daß dieses ‹Ich› von da ausstrahlend die ganze Seele erfüllt und durch die Seele seine Wirkung auf den Leib äußert.»

Dieser Punkt der weltgeschichtlichen Entwicklung ist zugleich dadurch gekennzeichnet, daß in diesen Jahrzehnten die Naturforschung dahin fortschreitet, so tief in die Natur einzudringen, daß sie schrittweise lernt, eine Naturkraft zu fassen und hervorzubringen, die nicht als sinnlicher Gegenstand gegeben ist: die Elektrizität. 1752 erfindet Franklin den Blitzableiter, 1791 beschreibt Galvani die «elektrischen Kräfte der Muskelbewegung»; es folgen die Experimente von Volta (1800) und Oerstedt (1820), bis es schließlich 1831 Faraday gelingt, durch Magnetfeldänderung (Induktion) elektrische Ströme zu erzeugen und die Grundlage des Dynamo zu schaffen. Mit diesem Schritt nach außen, der zur Produktion nicht-sinnlicher Naturkräfte führt, ist die Menschheit aufgerufen, sich ebenso nach innen zu wenden und sich auf die geistigen Produktionsprinzipien, die das tastende Handeln leiten, zu besinnen und den Inhalt der weltergreifenden Intuitionen innerlich bewußt zu fassen.

Hier beginnt im wahren Wortsinn die eigentliche Krisis der Menschheit: *Krisis* heißt Entscheidung. Die führenden Menschen haben hier die Möglichkeit, aus der Kraft des von der Sinnlichkeit befreiten Ich den Geist zu ergreifen, der das Ich von innen nach außen bildet. Die Freiheitssituation läßt aber auch zu, in der vieltausendjährigen habituellen, nach außen gerichteten Weltorientierung zu verharren. Genaugenommen ist das Verharren in der habituell nach außen gewandten Orientierung keine Alternative, wenn man Naturenergien entfesselt, die durch diese Orientierung allein nicht mehr voll erfaßt und gelenkt werden können.

Ebenso erfordert die Umgestaltung der menschlichen Gesellschaft nach gedanklichen Prinzipien, wie sie mit der Französischen Revolution beginnt, daß man das Wesen der ideellen Prinzipien innerlich vollbewußt erfaßt und erlebt. Es genügt nicht, daß man irgendwie von den Idealen der Freiheit und Gleichheit ergriffen wird und daß man sie dann irgendwie zu realisieren trachtet. Das Irgendwie führt, wenn man Ideale realisiert, zu schematischen oder willkürlichen Verfahrensweisen. Das unklar gefaßte Ideal soll um jeden Preis, und sei es durch Terror, der Gesellschaft aufgezwungen werden. So wird die Gesellschaft zerstört. In ähnlicher Weise wird die Natur – trotz der ihr innewohnenden Selbstheilungskräfte – zerstört, wenn man Naturkräfte entfesselt und ihre Verwendung allein durch kurzfristige menschliche Bedürfnisse bestimmt.

Die Krisis des 19. Jahrhunderts

Die Krisis, die sich so in der Mitte des 19. Jahrhunderts anbahnte, kennzeichnet auch unsere Gegenwart. Deshalb sei die Situation noch etwas genauer beschrieben. Mit der Philosophie des deutschen Idealismus war eine Stufe der inneren Freiheit erreicht worden. Am Beispiel des Verlaufs der Französischen Revolution hatte man durchaus erkannt, daß die unbedachte Verwirklichung der großen Ideen von Freiheit, Gleichheit und Brüderlichkeit zu schrecklichsten Katastrophen führt. Man konnte nun politisch eher vorausschauen und planen. Somit waren die inneren Voraussetzungen für eine

113

sinnvolle Entwicklung durchaus vorhanden. Auch waren in der Mitte des 19. Jahrhunderts die Probleme der Industriellen Revolution erst in Anfängen vorhanden. Sie konnten durchaus noch gemeistert werden. Schließlich hatte sich noch kein klassenbewußtes Proletariat formiert; es hätte die Möglichkeit bestanden, zu einer sozialen Entwicklung zu kommen, die anstelle des Klassenkampfes soziales Vertrauen und soziale Kooperation gesetzt hätte.

Rudolf Steiner charakterisiert die Situation im vierten Vortrag der «Geschichtlichen Symptomatologie» (am 25. 10. 1918) folgendermaßen: «Sehen Sie, von diesem Zeitraum des Bewußtseinsseelen-Zeitalters, der approximativ 1413 begonnen hat, war in den vierziger Jahren des 19. Jahrhunderts, ungefähr um das Jahr 1840 oder 1845 herum, das erste Fünftel abgelaufen. Das war ein wichtiger Zeitpunkt, diese vierziger Jahre, denn in diesem Zeitpunkte war gewissermaßen vorgesehen durch die die Weltentwicklung impulsierenden Mächte eine Art von bedeutsamer Krisis. Außen, im äußeren Leben, kam diese Krisis im wesentlichen dadurch zum Vorschein, daß die sogenannten liberalen Ideen der Neuzeit gerade in diesen Jahren ihre Blüte entwickelten. In den vierziger Jahren hatte es den Anschein, als ob auch in die äußere politische Welt der zivilisierten Menschheit der Impuls des Bewußtseinsseelenzeitalters in Form von politischen Anschauungen hereinstürmen könnte.» – Das Bürgertum als Träger der politischen Zivilisation hätte in dieser Zeit die Möglichkeit gehabt, mit den liberalen und sozialen Ideen der Zeit Ernst zu machen. «Nun war», so fährt Rudolf Steiner fort, «das Eigentümliche der Ideen, die dazumal in den vierziger Jahren hätten politisch werden können, ihre ganz intensive Abstraktheit . . . Sie waren die allerabstraktesten Ideen, manchmal bloße Worthülsen. Aber das schadete nichts, denn im Zeitalter der Bewußtseinsseele mußte man durch die Abstraktheit hindurch. Man mußte die leitenden Ideen der Menschheit einmal in dieser Abstraktheit fassen . . . Die Menschheit braucht auch eine gewisse Zeit, wenn sie . . . eine Entwicklung durchmachen soll. . . . Es war . . . der Menschheit Zeit gelassen bis zum Ende der siebziger Jahre. Wenn Sie 1845 nehmen, 33 Jahre dazurechnen, dann bekommen Sie 1878; da erreichen Sie ungefähr dasjenige Jahr, bis zu welchem der Menschheit Zeit gelassen war, sich hineinzufinden in die Realität der Ideen der vierziger Jahre. Das ist in der historischen Entwicklung der Menschheit etwas außerordentlich Wichtiges, daß man diese Jahrzehnte ins Auge zu fassen vermag, die da liegen zwischen den vierziger und achtziger Jahren. Denn über diese Jahrzehnte muß sich der heutige Mensch völlig klarwerden.»[42]

Äußerlich historisch kann festgehalten werden, daß die liberalen Ideen in dieser Zeit die Menschen an vielen Orten bewegten: in England war es die Chartistenbewegung, die für wirklichen politischen Liberalismus und soziale Reformen eintrat; auf dem Kontinent bricht 1848 von Paris bis Wien, von Rom bis Berlin die politisch liberale und soziale Revolution aus, und kurze Zeit scheint es, als verzagten und wankten alle alten Mächte. Dennoch sind alle diese Bewegungen trotz gewisser äußerer Erfolge, die beispielsweise in Deutschland zur Einführung von Verfassungen, Geschworenengerichten, zur Gewährung der Pressefreiheit und zu einem eingeschränkten Wahlrecht führten, politisch gescheitert. – Nicht nur blieben nach den revolutionären Unruhen die alten Adels- und Militärkasten weitgehend an der Macht – vor allem blieb der obrigkeitliche Staat erhalten. Der Staat wurde nicht zur Angelegenheit der Bürger, zu einem Organ demokratischer Selbstverwaltung und Selbstverantwortung. Ebenso erging es der sozialen Bewegung: die Ansätze zur genossenschaftlichen Selbstverwaltung blieben schwach, später wurden sie abgewürgt, und die Regelung der sozialen Verhältnisse wurde schließlich vom Staat in die Hand genommen und zum Instrument staatlicher Herrschaft gemacht, das zum Beispiel der Unterdrückung der Sozialdemokratie dienen sollte.

Unter solchen Umständen ist es ein Symptom, daß das geistige Leben sich einerseits dem Materialismus zuwandte. So setzte sich in der Medizin die Zellularpathologie Virchows durch, in der Biologie und Zoologie der Darwinismus, der Marxismus begann nach einer Verzögerung seinen Siegeslauf als dialektisch-materialistische Universaldoktrin. In der Philosophie fiel man weitgehend hinter Fichte zurück: der Neukantianismus begann das Feld zu beherrschen, und so wie man im Neukantianismus von der Unerkennbarkeit des Dinges an sich sprach, verkündete Emil Du Bois-Reymond sein siebenfaches «Ignoramus – Ignorabimus»: Wir wissen nicht und wir werden nicht wissen. In dieser Haltung, die Erkenntnisgrenzen festschrieb, kann man durchaus den geistigen Reflex der politischen Lage sehen: So wie man politisch nicht den Staat gestalten konnte, sich unter seine Obrigkeit begab und damit die politischen «Dinge an sich» der unantastbaren Herrschaft der Obrigkeit überließ, so schränkte man sich auch geistig ein und meinte mit Du Bois-Reymond, daß die Berliner Universität «das geistige Leibregiment des Hauses Hohenzollern» sei[43].

Was enthüllen derartige Symptome vom inneren Entwicklungsgang der Menschheit? Man sieht, daß die Bewußtseinsseelenentwicklung in den vierziger Jahren an den Punkt gelangt war, an dem eine Entwicklung aus Freiheit möglich war. Die Menschheit als ganzes trat – ohne sich dessen voll bewußt zu sein – in das Zeitalter der Freiheit ein. Das Zeitalter der Freiheit ist jedoch zu gleicher Zeit auch das Zeitalter der Selbständigkeit, es ist das Zeitalter der eigenen Entscheidungen, es ist der Augenblick, wo eine gute geistige Führung sich von direkter Einwirkung auf die Entwicklung der Menschheit zurückgezogen hat. So stellt sich in diesem Augenblick die Frage, ob Menschen in der Lage sind, aus den «allerabstraktesten Ideen», ja durch «bloße Worthülsen» Intuitionen zu gewinnen, die das Handeln impulsieren können. Dreiunddreißig Jahre waren der Menschheit Europas gegeben, sich «hineinzufinden in die Realität der Ideen der vierziger Jahre». Nun ist es offensichtlich so, daß die europäische Menschheit sich nicht in die leitenden Ideen der Zeit in angemessener Weise hineingelebt hat.

Die Bewußtseinsseelenentwicklung ist also nicht so fortgeschritten wie es in der Menschheitsevolution veranlagt war. Namentlich ist es nicht gelungen, aus dem Menscheninneren heraus soziale Gestaltungen zu schaffen, die der weiteren Entfaltung der Bewußtseinsseele im großen Stile förderlich sind. Das ist von allergrößter Bedeutung, weil die großen Entwicklungen nie nur in der menschlichen Innerlichkeit verlaufen können. Wenn geistgefaßte Intuitionen wahrhaft leben wollen, so müssen sie in die Lebenspraxis eingreifen und sich bewähren können. So ist also der Fehlschlag der 48er Revolution nicht nur eine äußere, sondern auch eine geistige Tatsache. Die Bewußtseinsseelenentwicklung hätte bereits damals nur dann gradlinig weitergehen können, wenn eine genügende Anzahl von Menschen den Ansatz der Geistselbstkultur ausgebildet hätten, wenn die «Iche» der Menschen eine Hülle für das Geistige gebildet hätten und kraftvolle Intuitionen politische Wirklichkeit gestaltet hätten.

Eine pathologische Entwicklung

Nach dem Jahre 1880 beginnt in der äußeren historischen Entwicklung eine verstärkte Hinwendung zur äußeren Welt. Das markanteste Symptom dieser Entwicklung ist der Imperialismus, der die Völker Europas wie eine geistige Epidemie ergreift. Der Soziologe Joseph Schumpeter hat den Imperialismus treffend als die «objektlose Disposition eines Staates zu gewaltsamer Expansion ohne angehbare Grenze» charakterisiert. Vielleicht darf man sagen: Die seelischen Kräfte, die zum Erfassen des Geistigen bestimmt waren, werden nach außen abgelenkt und entfalten eine furchtbare Aggressionsgewalt, die nicht an ein rational faßbares Objekt gebunden ist, sondern allein von den inneren Motiven der Unruhe, der Abenteuerlust, des schieren Eroberungsdrangs geleitet wird. Gegen das Jahr 1900 waren die letzten freien Gebiete auf dem Globus unterworfen. Damit tritt ein innerer Rückstau der Aggressionskräfte ein, und als neues Phänomen tritt das Wettrüsten der europäischen Nationen auf. Trotz einzelner kultureller, pädagogischer und künstlerischer Erneuerungsbestrebungen herrscht in weitesten Kreisen innere Leere, Ziel- und Weglosigkeit. Dieses geistige Vakuum füllt sich 1914 in furchtbarster Weise mit Kriegsbegeisterung und Todesmut. Hitler schrieb später im Rückblick auf die ersten Kriegstage: «Mir selber kamen die damaligen Stunden wie eine Erlösung aus den ärgerlichen Empfindungen der Jugend vor. Ich schäme mich auch heute nicht, es zu sagen, daß ich, überwältigt von stürmischer Begeisterung, in die Knie gesunken war und dem Himmel aus übervollem Herzen dankte, daß er mir das Glück geschenkt, in dieser Zeit leben zu dürfen. So, wie wohl für jeden Deutschen, begann nun auch für mich die unvergeßlichste und größte Zeit meines irdischen Lebens.» Zeugnisse dieser Art lassen sich für den August 1914 zwanglos vervielfachen. Davon zeugt auch das bereits 1910 geschriebene und 1913 im Insel-Almanach abgedruckte Gedicht von Alfred Walter von Heymel:

Aus sanfter Schwermut und der Liebe Trauer
ermann ich mich; versuch mich zu ermannen
und kann doch Tod und Untergang nicht bannen,
wohin ich flüchten will, ragt Mauer auf um Mauer.

Grüb ich den Acker um, ein guter Bauer,
dient ich im Schweiße, wüßte ich, von wannen
dies alles kommt, und wüßte, wie von dannen
ich käm aus Schmach und Schande, Scham und Schauer.

Es fehlt uns vielen Dienst und Ziel und Zwang,
die allen nottun und so wenige wollen;
so schmachten wir in Freiheit sonder Siege.

Im Friedenreichtum wird uns tödlich bang.
Wir kennen Müssen nicht noch Können oder Sollen;
wir sehnen uns, wir schreien nach dem Kriege.

Hier wird nun vollends deutlich, wie das Nicht-Ergreifen von Aufgaben und geistigen Zielen, wie die pervertierte Bewußtseinsseele ein geistiges Vakuum bildet, das Aggression und Kriegswille ansaugt.

Nach der Katastrophe des Ersten Weltkrieges versuchte Rudolf Steiner mit der Bewegung zur Dreigliederung des sozialen Organismus noch einmal im großen Stile eine politisch-soziale Gesellschaftsform zu begründen, die eine weitere Entfaltung der Bewußtseinsseele ermöglicht hätte. Der Versuch beruhte darauf, daß die Intuitionen der Freiheit, der Gleichheit und der Brüderlichkeit so gefaßt waren, daß die jeweilgen Lebensbedingungen und Grenzen der drei Ideale einen wirklichen sozialen Organismus ermöglicht hätten, in welchem geistiges Leben, individuelle Initiative, brüderliche Hilfe auf der Grundlage rechtlicher Gleichheit aller Menschen sich hätten entwikkeln können. Der konzertierte Widerstand der beharrenden Mächte verhinderte, daß dem Einsatz Rudolf Steiners ein größerer, äußerlich erkennbarer Erfolg beschieden worden wäre.

Angesichts der völlig verfahrenen Lage des Jahres 1919 wäre bereits damals ein umfassendes Verständnis für die Zeitnotwendigkeiten erforderlich gewesen, wenn man die pathologischen Entwicklungen auf allen Gebieten des sozialen Lebens hätte korrigieren und überwinden wollen. Die Besinnung auf die Ansätze der Bestrebungen von 1848 war jedoch schon im Jahre 1919 ein völlig unzulängliches Mittel, um der gesteigerten Schwierigkeiten Herr zu werden. So nahmen die katastrophalen Entwicklungen ihren Lauf, die hier nicht dargestellt werden können, die ich aber anderen Orts skizzenhaft beschrieben habe.[44]

Der Durchbruch zum Geistselbst

Nach 1945 war die Lage in Deutschland völlig anders als nach 1919. Die Chance zu einem politischen Handeln im großen Stile war kaum gegeben. Die Gelegenheit, durch individuelle Initiative Inseln eines freien Geisteslebens zu bilden, wurde freilich wahrgenommen und nicht ohne wachsenden Erfolg bis in die Gegenwart durchgetragen. Allein, die Weltlage erforderte ganz anderes. Die Entfesselung der Atomenergie im Jahre 1945 war ein Symptom, durch das erkennbar wurde, daß das nach außen gewandte handelnde Experimentieren in neue Tiefen der Natur eingebrochen war. Dieser Entfesselung der Kernenergie müßte heute eine ungeahnte Steigerung der geistig-moralischen Intuitionskraft gegenüberstehen, wenn man die mit der neuen Energie verbundenen Aufgaben bewältigen wollte.

Die großen, durch Kernenergie möglich gewordenen Katastrophen sind bisher in der zweiten Hälfte des 20. Jahrhunderts nicht in der Form eingetreten, in der sie befürchtet wurden. Aber etwas anderes hat sich ereignet, was am ehesten deutlich wird, wenn man die Lage der Menschheit auf der nördlichen Halbkugel der Erde heute mit der Lage vor dem Ersten Weltkrieg vergleicht. Nach dem Scheitern der Bewegung der 40er Jahre des 19. Jahrhunderts hatte der Obrigkeitsstaat an Macht gewonnen und seine Tätigkeit in viele Richtungen ausgedehnt, dergestalt, daß Eigeninitiative, Selbstverwaltung und genossenschaftliche Selbsthilfe zurückgedrängt wurden. Seit etwa 1950 wird die Menschheit auf der nördlichen Halbkugel von riesigen übernationalen Organisationen beherrscht: auf wirtschaftlichem Felde durch die multinationalen Konzerne, in deren Versorgungs- und Beschäftigungsnetzen die westliche Menschheit geborgen und gefesselt ist, durch Organisationen wie die Europäische Gemeinschaft oder den Rat für gegenseitige Wirtschaftshilfe (RGW) wie auch durch die übernationalen Bankorganisationen und Finanzverflechtungen. Diese ermöglichen, daß ein Staat mit nie dagewesener Staatsverschuldung durch hohe Zinssätze Geld anlockt, das, anderswo erarbeitet, nun seine Überrüstung finanziert. – Auf politischem Felde braucht man nur auf die NATO und den Warschauer Pakt zu verweisen, um deutlich zu machen, daß nicht nur den einzelnen Bürgern, sondern auch den Staaten ihre Entscheidungskompetenz weitgehend entzogen ist. Die Menschheit ist damit anonymen, für sie nicht mehr durchschaubaren Technokratien ausgeliefert, die dadurch Macht ausüben, daß sie ständig die Tatsachen so arrangieren, daß nur noch winzige Entscheidungsspielräume für den einzelnen bleiben.

Hier ist auf ein zweites Symptom, das neben der Entfesselung der Kernenergie sichtbar wird, hinzuweisen: die beginnende Herrschaft der Computer. Man versteht dieses Symptom, wenn man sich daran erinnert, daß Intuitionen als Gedanken aufgefaßt und verarbeitet werden, und daß die Gedanken durch das fragende und bewußt schließende Denken zu einem Organismus verbunden werden, der die Einzelintuition in den Weltzusammenhang hineinstellt. So erfaßt ein Mensch bewußt den Zusammenhang, in dem er steht. Mit der Erfindung der Computer begann man, die Gedankenschritte elektronisch zu imitieren, man projizierte geistige Tätigkeit auf elektrische Schaltungen und Schaltkreise und überließ damit die Herstellung von Zusammenhängen und Ordnungen den Apparaten der Datenverarbeitung. Gewiß ist dieses auch eine bedeutende Leistung: man kann geistige Tätigkeit objektivieren, in Gegenständen abbilden und so zeigen, daß bloß logische Operationen nicht die innerste menschliche Tätigkeit sind. Indem aber die Menschen in das Netz der durch Computer geschaffenen Zusammenhänge und Entscheidungen eingespannt werden, wird ihnen Einsicht und Überblick genommen, und Entscheidungen werden an Computer delegiert.

So ist die Menschheit auch in geistiger Hinsicht in eine Gefangenschaft geraten. Die eigenständige und urtümliche Welterfahrung ist durch die technische Zivilisation abhanden gekommen. Das Weltgeschehen wird weitgehend durch Medien vermittelt. Aber nicht nur wird das Weltgeschehen präsentiert, auch Maßstäbe des Handelns, Erwartungen werden suggeriert. Das geschieht nicht durch subjektive Bosheit einzelner, sondern von seiten der Absender in der besten Meinung, daß dies oder jenes so oder so sein müsse. Sonst wäre es auch nicht so wirksam.

Damit ist für die weitere Bewußtseinsseelenentwicklung eine gänzlich neue Lage geschaffen: Die Bewußtseinsseele muß sich heute gegen erhebliche Widerstände entwickeln. Wenn Menschen nicht kollektiven, durch die Medien und die Gesellschaft vermittelten Normen folgen wollen, müssen sie die Maßstäbe ihres Handelns allein aus sich selbst, aus ihrer eigenen Intuition schöpfen und die so gewonnene Haltung gegen ein Meer von Meinungen aufrecht erhalten und handelnd durchsetzen. Das heißt also: anders als in der Mitte des 19. Jahrhunderts müssen sich die Menschen heute erst befreien, wenn sie selbständig werden wollen. Sie müssen sich den Innenraum ihres Ich erst schaffen, gegen Meinungen und Moden müssen sie sich Urteilsgrundlagen durch biographische Erfahrungen erobern.

Hier wird man gewahr, daß auch diese Situation ihren Sinn hat: Vielleicht war es gar nicht zu erwarten, daß die innere Entwicklung der Menschheit in der Krise der Bewußtseinsseele gradlinig verlaufen würde. Vielleicht ist die Krise unserer Zeit im tieferen Sinne eine Notwendigkeit. Die Bewußtseinsseele entfaltet ihre volle Stärke erst im Widerstand gegen all das, was sie jetzt bedroht. Besinnt man sich angesichts unserer Gegenwart auf die Ausblicke, die Rudolf Steiner im Anfang unseres Jahrhunderts über die Gefahren der Zukunftsentwicklung, über das Wirken der Widersachermächte gegeben hat, so erkennt man in der heutigen Situation eine notwendige Prüfung der Menschheit, die in einem äußeren Sinne wohl auch gar nicht bestanden werden kann, in der aber die Kräfte gebildet werden können, die in die Zukunft führen.

Die heute ganz auf das Individuum gestellte und in kleinen Gemeinschaften zu pflegende Bewußtseinsseelenentwickung wird jedoch nur möglich, wenn sich das Ich am Geist orientiert und bereits in der Gegenwart beginnt, bestimmte Eigenschaften des Geistselbst in sich zu bilden. Im Zusammenhang der hier schon erwähnten «Geschichtlichen Symptomatologie» beschreibt Rudolf Steiner zwei Eigenschaften, die in diesem Sinne zu verstehen und zu pflegen sind.

Erstens geht es heute darum, daß das Ich aus eigener Kraft die Isolierung überwindet, in die es kommen mußte, um eine selbständige Individualität zu werden. «Dasjenige, was der Menschheit einzig und allein Heil bringen kann gegen die Zukunft hin, . . . muß sein ein ehrliches Interesse des einen Menschen an dem anderen. Dasjenige, was dem Bewußtseinsseelen-Zeitalter besonders eigen ist, ist die Absonderung des einen Menschen vom anderen . . . Aber diese Absonderung muß einen Gegenpol haben, und dieser Gegenpol muß in dem Heranzüchten eines regen Interesses von Mensch zu Mensch bestehen.» Dieses rege Interesse muß, wenn es produktiv sein soll, nicht mehr auf Sympathie oder Antipathie gründen, auf positiven oder negativen Vorurteilen. Interesse wird nur dann sozial, wenn man «ein naturwissenschaftliches, objektives Interesse für Fehler anderer Menschen entwickelt, wenn einen die Fehler anderer Menschen vielmehr interessieren, als daß man versucht, sie zu kritisieren.» Diese Haltung des Interesses am anderen Menschen ist der Haltung des Arztes, des Therapeuten zu vergleichen, der gegenüber den leiblichen Gebrechen nicht in erster Linie ein Urteil bilden, eine Diagnose stellen will, der vielmehr den Krankheitsprozeß verstehen und die Lebenskräfte zur Heilung aufrufen möchte. In diesem Sinne kommt es heute im sozialen Leben darauf an, Fehler und Schwierigkeiten eines Menschen wirklich zu verstehen und sie nicht allein anhand der «Kleinen Taschenpsychologie» zu deuten. Es geht um wirkliche Menschenerkenntnis, die Hilfe ermöglicht. Hilfe braucht heute fast jedermann, denn in der Gegenwart ist fast ein jeder auf die eine oder andere Weise seelisch behindert. Durch das objektive Interesse an anderen Menschen – an uns unsympathischen Gestalten zumal – entsteht die Gesinnung, die zur Heilung der sozialen Schäden im Kleinen wie im Großen führen kann.

Aus der Enge der Subjektivität, aus dem Privaten des Meinens führt heute der Zukunftsweg des Ich zum Erleben der anderen Wesen. Das Ich erweitert sich durch Liebe; durch eine Liebe, die andere Wesen im eigenen Wesen leben läßt. So wird der Geist der Welt in uns zum Geistselbst, und eine anfängliche Lösung der drängenden Aufgaben der Gegenwart – Neugestaltung einer heilen Natur, soziales Verstehen, wirklicher Friede – werden erst aus diesem Tun des sich bildenden Geistselbst möglich.

Zweitens lebt die Menschheit heute in den Kräften des Bösen. Das sind menschenvernichtende Impulse, die Tendenzen zu Lüge, Neid, Haß, Gewalt, Rache und Vergeltung und vieles andere, was in uns lebt. Rudolf Steiner formuliert geradezu: «Es gibt kein Verbrechen in der Welt, zu dem nicht jeder Mensch in seinem Unterbewußtsein, insofern er ein Angehöriger des Bewußtseinsseelen-Zeitalters ist, die Neigung hat.» Indem man diese Kräfte in sich erfährt und als Gegenbild die Kraft des Guten schafft, kann «der Mensch auf der Stufe der Bewußtseinsseele zum Geistigen durchbrechen.» Das Gute, das so im Menschen erzeugt wird, ist etwas anderes als ererbte Gutmütigkeit, als Anstand und Wohlverhalten: es ist der in Freiheit errungene Keim des Geistselbstes. In ihm lebt die *Einsicht* in die Wesenheit des Guten, das sich erst dann in vollem Glanze zeigt, wenn man in den Abgrund des Bösen blickt. Rudolf Steiner beendet die Betrachtung des 4. Vortrages der «Geschichtlichen Symptomatologie» mit einer Verheißung, die uns den Sinn der Finsternis unseres Zeitalters erkennen läßt: «So wird aus dem Bösen heraus auf eine sonderbare, paradoxe Art die Menschheit des fünften nachatlantischen Zeitalters zu der Erneuerung des Mysteriums von Golgatha geführt. Durch das Erleben des Bösen wird zustande gebracht, daß der Christus wiedererscheinen kann, wie er durch den Tod im vierten nachatlantischen Zeitalter erschienen ist.»

Das Konzert der europäischen Völker und der Weltkriegsausbruch 1914

Die Diskussion über den Ausbruch des I. Weltkriegs hat – soweit sie in Deutschland in Fachkreisen und in der Öffentlichkeit geführt wurde – eine merkwürdige Verengung erfahren. Angeregt durch die Thesen, die Fritz Fischer und sein Schüler Immanuel Geiss in die Debatte geworfen haben, hat man sich immer stärker und fast ausschließlich mit der Politik der deutschen Reichsleitung und mit den sozio-ökonomischen Motiven dieser Politik beschäftigt. Es ist durchaus verständlich, daß Fritz Fischer die selbstkritische Erforschung der deutschen Vergangenheit nicht einfach auf den Komplex des Nationalsozialismus beschränkt wissen wollte, daß er nach den zeitlich ferner liegenden fragwürdigen Entwicklungen deutscher Politik suchte, und es ist nicht zu bestreiten, daß sein und seiner Schüler Forschen dabei viel Bedenkliches und Bedenkenswertes zu Tage gefördert haben. Damit hat Fischer das Verdienst, eine allzu leichtfertige Beruhigung verhindert zu haben, die sich auf den Ausspruch Lloyd Georges: ‹man sei in den Krieg hineingeschlittert› selbstzufrieden ansiedeln wollte.

Es kann nicht die Aufgabe dieses kurzen Kapitels sein, die Thesen Fischers, die mir an manchen Detailpunkten ebenso kritikwürdig erscheinen wie in einigen Argumentationsformen, hier zu diskutieren: das könnte sinnvoll nur durch eine sehr umfangreiche Forschung geleistet werden. Wohl aber scheint mir, daß jedem unbefangenen Betrachter folgender Gedanke sofort einleuchten muß: Fischer und seine Schule haben mit großem Eifer vor der deutschen Tür gekehrt und sich Mühe gegeben, die Unzulänglichkeiten, Fehler, das verantwortungslose Verhalten und Verfahren der deutschen Reichsleitung – in Einzelheiten vielleicht nicht immer zutreffend – aufzudecken. Eine vergleichbare selbstkritische Erforschung der eigenen Geschichte liegt aber von seiten Serbiens, Österreichs, Frankreichs und Englands nicht vor. In der Sowjetunion gibt es zwar Studien, die sich mit dem zaristischen Regime kritisch auseinandersetzen, aber diese kritische Auseinandersetzung, die durchaus geneigt ist, die zaristische Politik zu belasten, wird unter einem einseitigen ideologischen Vorzeichen und überdies in Fortführung einer großrussischen Tradition geführt. Solange aber selbstkritische Vergangenheitsbewältigung nur in *einem* Lande betrieben wird – und man sich von deutscher Seite aus guten Gründen scheut, sich mit kritischem Blick auf die Geschichte anderer Länder zu stürzen – so muß im Ganzen ein falsches Bild entstehen. Erst wenn mit gleichem Eifer Historiker aller an den Ereignissen beteiligter Nationen das Problematische des Verhaltens der eigenen Regierungen erforschen, wenn alle Archive gleichermaßen offen und im gleichen Maßstab alle möglichen Quellen herbeigezogen werden, sind die Voraussetzungen für eine vergleichende Analyse gegeben.

Eine zweite Verengung der Forschung äußert sich in einer Geschichtsbetrachtung, die den forschenden Blick vor allem auf den sozio-ökonomischen Hintergrund der Politik lenkte und die in den letzten zwanzig Jahren in Deutschland in Mode gekommen ist. Die Berechtigung einer solchen Forschungsrichtung kann nicht bestritten werden, doch wo sie allein das Feld beherrscht, fördert sie nur Viertelswahrheiten zu Tage. Es geht dabei zunächst darum, daß in methodisch fragwürdiger Weise Politik allzu eilfertig als Ausdruck ökonomischer Interessen oder als Resultat innerer sozialer Konflikte gedeutet wird. Solche Fehler könnten im Rahmen einer selbstkritischen Analyse des sozio-ökonomischen Forschungsansatzes aufgeklärt werden, wenn es gelänge, die Entscheidungsprozesse lückenlos nachzuzeichnen. – Hier nun, beim Nachzeichnen der Entscheidungsprozesse, wird man bemerken können, wie bestimmte Denk- und Vorstellungstypen die Menschen leiten und wie zugleich ein nicht-rationales Moment in die Entscheidungen eingreift. Für eine klare und ökonomische Kalkulation nämlich war jeder Krieg ebenso wie das Kriegsrisiko eine Absurdität. Das war ökonomisch denkenden Menschen wie Max Warburg auch völlig klar, und sie brachten dies auch zum Ausdruck. Nicht weniger mußte der Krieg auch den herrschenden Schichten als höchst riskant erscheinen, wenn sie zu rationaler Kalkulation in der Lage waren. Die wirklichen Entscheidungsabläufe machen aber deutlich, daß keineswegs rationale ökonomische oder vernünftige politische Kalkulation die Politiken der Regierungen bestimmt haben.

Viel eher läßt sich nachweisen, daß die wirkliche ökonomische und politische Situation durch die Brille von Vorstellungen gesehen wurde, die wie Nationalismus, Sozialdarwinismus oder Konkurrenzneid in sich konfliktträchtig sind. Diese Grundmuster der Deutungen wurden durch militärisches Denken, durch den Kalkül der Rüstungen verstärkt, einmal fixierte Kriegspläne gewannen eine bedrohliche, ja fatale Eigengesetzlichkeit. Schließlich ist auf die herrschenden Mythen des Imperialismus – Sendung des eigenen Volkes, Kampf um Rohstoffquellen, Absatzmärkte und Siedlungsgebiete – zu verweisen. Diese Mythen zerplatzen bei näherem Zusehen allesamt. Absatzmärkte finden sich bekanntlich nicht bei armen Buschmännern: die reichen Nationen Europas und Nordamerikas waren füreinander die besten Absatzmärkte. In den deutschen Kolonialgebieten lebten 1914 24 000 Deutsche, ausgewandert in den Jahren zwischen 1884 und 1914. In derselben Zeit dürften 3 – 4 Millionen Deutsche nach Nord- und Südamerika ausgewandert sein: ein Siedlungsraum waren die deutschen, im Zeichen der Kolonialpolitik erworbenen Kolonien also kaum. Insgesamt stellen die Vorstellungen des Sozialdarwinismus, des atavistischen Nationalismus und des Imperialismus gerade deshalb, *weil sie falsch sind* und nicht als Reflex der Realität interpretiert werden können, vor sehr wichtige Fragen.

Die erste Frage lautet: Welche Rolle haben die falschen oder irrigen Vorstellungen im Zusammenhang der Julikrise, ja als Kriegsursache gespielt? Die zweite Frage lautet: Wie konnten diese Vorstellungen zu herrschenden Vorstellungen der Zeit werden, wie ist es zu erklären, daß das Denken der Zeit nicht in der Lage war, die Realität zu fassen? Durch diese Fragen wird man auf das Grundproblem derjenigen historischen Erscheinung geführt, die bisher in diffuser Weise als «Krise» bezeichnet wird. Wirkliche Krisen – so darf hier einmal, das Ergebnis vorwegnehmend, gesagt werden – sind Steuerungsprobleme des Handelns, die dann entstehen, wenn der menschliche Geist, an falsche Vorstellungen und Normen gefesselt, die Realität nicht angemessen zu sehen und weiterzuentwickeln vermag.

Hier kann im Folgenden die Antwort auf diese Fragen nicht im Detail gegeben und dargestellt werden, es soll aber der Versuch gemacht werden, die Fragen zu präzisieren und es soll eine erste Antwort auf die Frage angedeutet werden. Zunächst sei ein kurzer Rückblick auf die Geschichte einiger europäischer Völker gegeben.

Italien, Spanien, Frankreich, England

Zum Verständnis der Völker Europas ist die von Rudolf Steiner entwickelte Volksseelenkunde hilfreich, weil sie zeigt, welche besonderen Qualitäten die einzelnen Völker entfalten und wie sie so durch eine unverwechselbare Eigenart zum Konzert der Nationen beitragen. – In der Geschichte Europas wird die Neuzeit durch die Italiener eröffnet, die als erste ein neues Sehen pflegen. Dieses neue Sehen entfaltet sich stufenweise: bei Giotto beginnend übt es ein erstes räumliches Anschauen; es schreitet zu Massacio fort, wo der Blick Perspektive und Plastik voll ergreift, und gipfelt schließlich in den Werken Leonardos, Raphaels und Michelangelos. Die italienischen Maler haben durch ihre Kunst den Völkern Europas ein Anschauen der Welt erschlossen, das zu klaren räumlichen und farbigen Vorstellungen führt, das Proportionen und Körperbau vorstellend auffaßt und darüber hinaus bemüht ist, in Physiognomie und Miene den Charakter zu sehen. Dieses bewußte und tätige Erfassen der sinnlichen Welt kann man mit Rudolf Steiner der Ich-Tätigkeit der *Empfindungsseele* zuschreiben. Die Empfindungsseele erfaßt und durchdringt als Tätigkeitsquell die äußeren Eindrücke klar und kraftvoll. Nachdem Italien über mindestens zwei Jahrhunderte eine erste Stimme im Konzert der europäischen Völker gespielt hat, tritt die Bedeutung Italiens langsam in den Hintergrund. Um 1600 treten noch bedeutende Gestalten wie Giordano Bruno und Galilei auf, dann tritt eine Zeit ein, in der die Geschichte und Entwicklung Italiens für Europa fast bedeutungslos wird.

Eine andere Form der Empfindungsseelenentwicklung kann man in der spanischen und portugiesischen Geschichte verfolgen. Durch ihre Seereisen erschließen Spanier und Portugiesen Afrika und Amerika. Zuerst sind die Portugiesen führend, die sich unter der Leitung Heinrichs des Seefahrers an den Küsten Afrikas vortasten und den Seeweg nach Indien finden, dann folgen die Spanier, die den Atlantik überqueren, bis schließlich der in spanischen Diensten stehende Magellan (Fernao de Magalhaes) zusammen mit dem Basken Elcano die Erde umsegelte. Es gehört zur Charakteristik dieses Ergreifens der Welt, daß die Spanier zwar große Reiche erobern (und zerstören) können, daß sie aus Amerika riesige Mengen von Gold und Silber nach Europa zu bringen vermögen, daß sie aber nicht in der Lage sind, diese Reichtümer im eigenen Land planvoll und nutzbringend anzulegen. Vielmehr floß Gold und Silber durch Spanien hindurch in das übrige Europa. Die führenden Gesellschaftsschichten Spaniens blieben den mittelalterlichen Idealen des Hidalgos verhaftet. Die fleißigen Ackerbauer und Handwerker, Marranen und Moriskos wurden vertrieben, und so verelendete Spanien schnell, als der Strom des Edelmetalls aus der Neuen Welt versiegte.

Erst in der französischen Geschichte zeigt sich eine neue Seelenqualität, die Staat und Wirtschaft im Sinne der Verstandesseele zweckvoll gestalten will. Die Kardinale Richelieu und Mazarin schaffen im 17. Jahrhundert den Beamtenstaat, der auf ein Zentrum – den König – hin ausgerichtet ist. Ludwig XIV. läßt durch seinen Finanzminister den Versuch unternehmen, die Wirtschaft unter staatlicher Leitung zu organisieren. Manufakturen werden angelegt, der Außenhandel wird geplant: alles mit dem Ziel, daß Geld und Gold ins Land komme und im Lande bleibe. Diese Lust an rationaler Konstruktion findet sich auch in der Philosophie Descartes' und im Denken der Aufklärung. Der rationale Absolutismus, die Aufklärung und schließlich die Französische Revolution bestimmen, von Frankreich ausgehend, die europäische Geschichte des 18. Jahrhunderts und das erste Jahrzehnt des 19. Jahrhunderts: überall wird französische Mode nachgeahmt, französisches Wesen kopiert, französische Sprache gesprochen. Vor allem aber verbreitete sich ein kritischer Denkstil, der die Emanzipation des Verstandes förderte. In der klassischen Formulierung der großen Ideale von Freiheit, Gleichheit und Brüderlichkeit und mit der Entdeckung der Volkssouveränität hat Frankreich einen ebenso dauernden wie bedeutsamen Beitrag zum Konzert der europäischen Völker geleistet. – Die Kämpfe, die Frankreich in der Französischen Revolution durchlitten hat, hat es stellvertretend für ganz Europa durchlitten, und manche Frucht – etwa der Code Napoleon – ist später anderen Völkern zugute gekommen.

Mit der Mitte des 19. Jahrhunderts wird deutlich, daß in Europa der französische Einfluß zurückgeht, manches im französischen Geistesleben wird starr, und auch die französische Sprache verliert ihre lebendige Schmiegsamkeit. Neben Frankreich hatte England, spätestens seit der Mitte des 18. Jahrhunderts, begonnen, eine ganz andere Stimme im europäischen Konzert hören zu lassen. Zunächst könnte man meinen, die englische Entwicklung ähnele der spanischen, weil auch sie über die Meere ausgreift; sehr bald aber bemerkt man, daß England im 18. und 19. Jahrhundert ungeplant und im Effekt doch planvoll ein Netz von Flottenstützpunkten um die Erde spannt: Gibraltar, Malta, Zypern, Suez, Aden, Singapur, Hongkong, die Seychellen, Mauritius, das Kapland, die Falklandinseln und viele andere, die überall in und am Rande der Ozeane jedem britischen Schiff und jeder britischen Unternehmung einen festen Stützpunkt gewährten. Durch so instinktsicher geschaffene Tatsachen schuf und sicherte man Weltreich und Welthandel. – Ähnlich zeigt sich im politischen Handeln der sichere Kunstgriff, so wenn man nach der glorreichen Revolution des Jahres 1688 die Teilung der staatlichen Gewalten vornimmt und durch dieses rein formale Arrangement, das in gar keiner Weise ideologisch festlegt, wie regiert werden soll, Sozialformen schafft, die sich weiterentwickeln und sich als praktisch erweisen. In diesem Sinne wendet sich die englische

Bewußtseinsseele mit praktischer Intelligenz nach außen. Die praktische, oft handwerkliche Intelligenz ist in der Lage, die Gesetzmäßigkeiten der Dinge zu erfassen und die Sachen so zu formen, daß sie funktionieren: das ist der Anfang der Industriellen Revolution. Diese stellt den bisher mächtigsten Impuls dar, der die Erde in der Neuzeit erfaßt hat: die ganze Erde wurde von ihr verwandelt, Leben und Arbeit, Handel und Verkehr, Krieg und Frieden wurden durch die Industrielle Revolution einschneidend verändert. Man kann das Denken, das der Industriellen Revolution zugrunde liegt, nicht nur dort bemerken, wo es im Maschinenwesen verkörpert auftritt, sondern auch in anderen Gestalten.

Der Begründer der modernen Wirtschaftswissenschaft ist Adam Smith. Er stellt die These auf, daß die Wirtschaft von einer Triebkraft beherrscht wird: dem menschlichen Egoismus. Der menschliche Egoismus bewirkt, daß jeder seinen Vorteil sucht und seine Arbeit dort einsetzt, wo sie ihm den größten Gewinn bringt. Der Markt ist nach Adam Smith der Ort, wo sich die verschiedenen Leistungen und Bedürfnisse der Menschen begegnen. Über den Preis regulieren sich auf dem Markt Angebot und Nachfrage. So entwickelt Adam Smith die Vorstellung, daß durch Konkurrenz und den rein formalen Preismechanismus die gesamte Wirtschaft wie von einer unsichtbaren Hand planvoll gesteuert wird.

Eine ganz ähnliche Vorstellung beherrscht das Denken Darwins. Bis hin zu Darwin hatte man die wunderbar organisierte Natur als das Werk eines planvoll verfahrenden Schöpfers betrachtet. Man war erstaunt darüber, wie zweckmäßig alles in der Natur eingerichtet sei: daß die Bienen einen Rüssel haben und daß diesem Rüssel die Blüte entgegenwächst, die den Honig als Bienennahrung bewahrt, daß die Biene bei der Futtersuche die Pflanze bestäube. Jede Art in Tier- und Pflanzenwelt schien zu einem großen, zweckmäßig organisierten Organismus zu gehören, in dem alle Teile sinnvoll aufeinander abgestimmt sind. Darwin entdeckte, daß die Natur in einem ständigen Wandel lebt, daß manche Arten sich bereits nach fünf Generationen geändert haben, daß es keine für immer festgestellte Art gibt, daß also die Welt nicht durch einen einzigen planvollen

Schöpfungsakt gemacht worden sein kann. Er fragte nun, wie denn dann die Abstimmung der Arten aufeinander und wie die Entwicklung der Arten zustande käme. Er konnte von der Beobachtung ausgehen, daß die Natur keine sparsame Wirtin ist. In Überzahl entläßt sie Keime ins Leben, und dieser fast uneingeschränkten Zahl von Keimen steht eine beschränkte Menge von Lebensmöglichkeiten gegenüber. So folgert Darwin, daß die Keime, die aus dem Schoß der Natur hervorkommen, durch die Knappheit der Lebensmöglichkeiten zu einer besonderen Anstrengung veranlaßt werden, dergestalt, daß nur die Besten und Stärksten, die Bestangepaßten überleben können. So entdeckt er den «Kampf ums Dasein» (struggle for life) als den Selektionsmechanismus, der einerseits die Entwicklung (Evolution) vorantreibt und der andererseits dafür sorgt, daß nur angepaßte, also zweckmäßig erscheinende Arten überleben. Ein objektives, rein formales Gesetz: der Kampf ums Dasein produziert auf diese Weise eine sinn- und zweckvolle Natur.

Nach diesen Vorstellungen steuert also die Gewaltenteilung ein sinnvolles politisches Handeln, der Preismechanismus steuert die freie Marktwirtschaft und schafft einen allgemeinen Wohlstand, und der Kampf ums Dasein steuert durch Selektion eine sinnvolle Evolution und Natur. In ähnlicher Weise ging man auch in der allgemeinen Politik vor, wenn man dem Kontinent gegenüber nach dem Prinzip des Machtgleichgewichts (balance of powers) verfuhr: England versuchte darüber zu wachen, daß auf dem Kontinent die Machtgruppierungen sich ungefähr das Gleichgewicht hielten; auf diese Weise war dann England das «Zünglein an der Waage», auf dessen Gunst man angewiesen war. England selber hingegen war bestrebt, in der «splendid isolation» zu bleiben, um so aus sicherer Distanz zu steuern.

In der Gewaltenteilung, in der freien Marktwirtschaft, in der Politik der Balance of Powers zeigt sich, daß man soziale Tatsachen wie Naturtatsachen auffaßte und daß man das politische und ökonomische Leben nüchtern und bewußt zu steuern versuchte, indem man die sozialen Vorgänge wie Naturvorgänge behandelte. In diesem Vorgehen zeigt sich ein Bewußtseinsseelenelement.

In der Praxis zeigt sich, daß dieses steuernde Bewußtseinsseelenelement, das sich an Fakten orientiert und Fakten schafft, Fakten ausnutzt oder ins Spiel bringt, den rationalen Konstruktionen der französischen Verstandesseele auf Dauer überlegen ist. Die rationalen Konstruktionen, etwa des französischen Merkantilismus, haben – entgegen einer weit verbreiteten Meinung, die auf die Selbstdarstellung des Merkantilismus hereingefallen ist – nie richtig funktioniert. Ebenso haben sich die rational konstruierten französischen Verfassungen nie auf Dauer bewährt. Dahingegen hat die englische Verfassung, die aus dem Wechselspiel der Kräfte entstand, mit scheinbar ungerechten, aber praktisch funktionierenden Verfahren, wie etwa dem Mehrheitswahlrecht, eine kontinuierliche Entwicklung erlebt und die Verhältnisse gestalten können.

Dennoch führt auch die englische Entwicklung zu Schwierigkeiten, da durch die Gewaltenteilung allein nicht notwendig vernünftige Entscheidungen der Gesetzgebung und der Regierungen produziert werden. Alle Entscheidungen setzen, auf lange Sicht gesehen, neben taktisch-pragmatischem Geschick auch Einsicht in die Verhältnisse und produktive Einfälle voraus. Ebenso steht es mit der freien Marktwirtschaft: der Preismechanismus, der Angebot und Nachfrage regelt, der Ansporn des Egoismus allein genügen nicht. Wirtschaftliche Sachkenntnisse, Weitsicht sind hier ebenso erforderlich wie Erfindungsgabe, Organisationstalent und Fleiß. Schließlich ist auch die Weisheit des Volkes, die sich in demokratischen Wahlen kundtut, nur ein beschränkt wirksames Regulativ, wenn den politisch Leitenden Führungsqualitäten und vernünftige Zielvorstellungen fehlen. – Es ist ähnlich wie in den Naturwissenschaften, wo das experimentelle Verfahren von größter Bedeutung ist, dieses Verfahren jedoch nicht als blindes Experimentieren nach dem Muster von Trial und Error funktioniert, sondern so, daß es von Einsichten und Erkenntnissen gelenkt wird.

Das bedeutet für den Fortgang der Menschheitsgeschichte, daß das in England entwickelte Prinzip der Bewußtseinsseele einer Ergänzung bedarf, einer Ergänzung durch inhaltlich bestimmte Erkenntnis, durch konkrete Vernunft. Heute kann man klar erkennen, daß eine derartige inhaltliche Erkenntnis erforderlich ist, denn die technische Zivilisation und die technisch-formale Behandlung sozialer Probleme führen ebenso wie die schiere liberale Marktwirtschaft in immer tiefer werdende Krisen. Der technisch steuernde Umgang mit der Natur, der sich nicht die Frage stellt: was ist Natur, was sind Wald und Meer ihrem *Wesen* nach, führt zur Naturvernichtung. Denn die Technik in ihrer heutigen Form wird nur von einem Natur-Ausbeutungs-Interesse, nur von der Frage der Verwendbarkeit und Nützlichkeit der Natur vorangetrieben. Ebenso sind soziale Fragen nicht zu lösen, wenn die Lösung nicht von Einsicht in das Wesen des Menschen und durch Einsicht in das Wesen sozialer Prozesse geleitet wird. Heute wird überall erkennbar, daß unsere Sozialordnung nicht nur Arbeitslosigkeit, sondern inmitten großen Wohlstandes Ungerechtigkeit, Leere, das Gefühl der Sinnlosigkeit, tiefsitzende Angst und mit alledem Alkoholismus, Rauschgiftsucht, steigende Kriminalität und andere Folgen zeigt, daß sie soziale Krankheit produziert.

Deutschlands Entwicklung und Aufgabe

Als die gekennzeichneten Aufgaben am Horizont der geschichtlichen Entwicklung Westeuropas aufzutauchen begannen, war auch Deutschland an einer wichtigen Stufe seiner Entwicklung angelangt. Man versteht diese Entwicklung besser, wenn man ein wenig zurückblickt. In Deutschland waren die religiösen und konfessionellen Kämpfe, die die Reformation ausgelöst hatte, mit Ernst und Erbitterung über ein Jahrhundert ausgefochten worden. Der Dreißigjährige Krieg, der Deutschland zu einem europäischen Schlachtfeld machte, hatte diese Kämpfe in allgemeiner Erschöpfung enden lassen. Die Zerstörungen des Dreißigjährigen Krieges warfen die deutsche Entwicklung weit zurück. Erst in der zweiten Hälfte des 18. Jahrhunderts konstituierte sich durch die deutsche Dichtung und Philosophie ein inneres Deutschland. Die Deutschen wurden zu einer weltbürgerlich orientierten Kulturnation, die sich in den Werken Herders, Goethes und Schillers, in den Gedankenwelten Kants, Fichtes, Schellings und Hegels fand. Diese Kulturnation hatte noch keinen Staatsleib, die Fragen der Staatsorganisation aber fanden großes Interesse, und mit innerster Anteilnahme wurde die Französische Revolution verfolgt und diskutiert.

Noch um das Jahr 1815 mußte für den westeuropäischen Beobachter Deutschland als ein rückständiges Land erscheinen. Das Agrarland Deutschland war in 39 größere und kleinere Territorien zersplittert, die allzumeist noch absolutistisch regiert wurden. Die Industrielle Revolution hatte in Deutschland noch nicht Fuß gefaßt, und während in Frankreich und England Laplace und Lavoisier, Priestley und Cavendish der modernen Naturwissenschaft durch bahnbrechende Entdeckungen neue Reiche eröffneten, widmete man sich in Deutschland eher einer meist spekulativen Naturphilosophie. Von außen gesehen mußte das biedermeierliche Deutschland so erscheinen, als sei es in romantischen Träumen befangen und hinge großen, aber unpraktischen Weltgedanken nach. Doch dieses Bild ist nur zum Teil richtig.

In den 33 Jahren nach 1815 zeigte sich, daß in dem scheinbar schläfrigen Deutschland Energien verborgen waren, die plötzlich hervorbrachen. Die scheinbare Rückständigkeit bescherte Deutschland besondere Chancen. Es gab keinen deutschen Staat. So wäre es in der historischen Situation von 1848 nötig gewesen, daß die freiheitliche Bewegung, die die Idee der Freiheit verwirklichen wollte, zugleich aus der Idee der Freiheit und aus der Idee des Rechts einen neuen Staat geschaffen hätte. Man stieß nicht, wie etwa in Frankreich, auf ein bestehendes, zentral verwaltetes Staatsgebilde, man hatte die Möglichkeit, ein individualisierendes, föderalistisches Staatsgebilde zu schaffen, das dem deutschen Individualismus einen Freiheitsraum gegeben hätte.

Eine andere Chance bot sich für die Gestaltung der sozialen Verhältnisse: Als in Deutschland mit Krupp und Borsig, mit Henschel, Kraus und Maffei, mit Siemens und Halske die Industrielle Revolution begann, lebte an vielen Orten ein offenes Bewußtsein für die Fragen, die eine entstehende Arbeiterschaft stellte. Auch die Führer der Arbeiter waren noch nicht ideologisch fixiert. Der deutschen Arbeiterverbrüderung, deren führender Kopf Stefan Born war, ging es um praktische Arbeit, um Selbsthilfe, d. h. um Genossenschaften, Gewerkschaften, um Brüderlichkeit und noch nicht um Klassenkampf – dessen Theorie Born sehr wohl kannte und wegen ihrer Unfruchtbarkeit verlassen hatte. So wäre es möglich gewesen, einen Sozialismus zu begründen, der auf Freiheit gebaut hätte und der in aktiver Hilfe und Selbstverwaltung seine Formen gefunden hätte.

Besondere Beachtung verdient die Entwicklung der Naturwissenschaft. Es gab bereits vor und um 1815 eine Reihe von Forschern, die, von umfassenden Fragen geleitet, bedeutende Entdeckungen gemacht hatten: Johann Wilhelm Ritter hatte 1802 die ultravioletten Strahlen entdeckt und auf dem Felde der Elektrizität erfolgreich geforscht, Ernst Chladni hatte wichtige Beiträge zur Akustik geliefert, Alexander von Humboldt hatte in seinen Forschungen den Geist der deutschen Klassik mit der modernen Naturforschung verbunden. Ein Verehrer Goethes, Johannes Müller, wurde der Begründer der modernen Physiologie. Gerade Johannes Müller erlebte es, daß viele seiner Schüler durch ihre bahnbrechenden Entdeckungen einem neuen Geist den Weg bereiteten: Theodor Schwann wurde zum Begründer der Zellenlehre (1838), Rudolf Virchow schuf die Zellularpathologie (1858), Hermann Helmholtz formulierte das Gesetz von der Erhaltung der Energie (1847), Ernst Haeckel, der große Morphologe, widmet seine Energie der Ausarbeitung der Darwinschen Deszendenztheorie.

Die neue Tendenz, die sich verstärkt seit den 40er Jahren des 19. Jahrhunderts Bahn brach, zeigt ein Doppelgesicht: Zum ersten wurde diese Tendenz von einer neuen Vorstellung der Exaktheit geleitet; mit dem Mikroskop, dem Stethoskop, dem Fiebermessen etc. wandte man sich dem Detail zu, Analyse und Diagnose waren das Ziel, nur ein Haeckel wagte noch eine umfassende Deutung des Ganzen. Zweitens gewann diese neue Wissenschaft praktische Bedeutung. Die großen Erfindungen der Industriellen Revolution im

18. Jahrhundert sind noch nicht – wie man irrtümlich meint – der Wissenschaft zu verdanken gewesen, Handwerker, ja sogar Analphabeten hatten die entscheidenden Erfindungen gemacht: Dampf- und Spinnmaschine. In den ersten Jahrzehnten des 19. Jahrhunderts jedoch beginnt die Wissenschaft praktische Bedeutung zu gewinnen: Liebig ist der eigentliche Begründer der Agrikulturchemie, Siemens macht die Entdeckungen Faradays nutzbar und stellt die Elektrizität in den Dienst der Menschen, die Medizin beginnt das menschliche Leben zu verlängern.

Liberale Ideen und Staatswissenschaft, soziales Denken und Soziologie und die Erkenntnisse der Naturwissenschaft und der naturwissenschaftlich orientierten Medizin waren so an die Schwelle gekommen, *wo Erkennen Praxis werden will.* Dieser Tatbestand spiegelt sich auch in der Philosophie. Im März 1845 notiert Karl Marx in seinen Thesen *ad Feuerbach:* «Die Philosophen haben die Welt nur verschieden interpretiert, es kömmt darauf an, sie zu verändern.» Marx kennzeichnet damit einen wichtigen Punkt in der geschichtlichen Entwicklung überhaupt. Bis zur Mitte des 19. Jahrhunderts beschränkte die Natur das menschliche Handeln in vielfacher Hinsicht. Wehrlos war die Menschheit Seuchen und Hungersnöten ausgesetzt. Weite Entfernungen wurden nur mit Mühen und unter Gefahren überwunden. Über die Vorgänge in der weiten Welt wurden auch die Herrschenden nur höchst unvollständig und mit großen Verzögerungen informiert. So war der Handlungsspielraum der Menschen eng begrenzt, die Gestaltungsmöglichkeiten gering. Auch die großen Bewegungen der Geschichte, die von Menschen entfesselt wurden – etwa die Reformation oder die Französische Revolution – verliefen weit eher als historische Naturkatastrophen denn als das, was ihre Initiatoren beabsichtigten: Luther wollte keine Glaubensspaltung, Robespierre kein Empire.

Mit der Mitte des 19. Jahrhunderts beginnt sich diese Situation zu ändern. Es gelingt der Medizin, Schritt für Schritt der alten Seuchen Herr zu werden. Die Landwirtschaft, die nun auch die fruchtbaren Weiten des amerikanischen Mittelwestens erschließt, kann zusammen mit den modernen Massentransportmitteln Hungersnöte in vielen Gegenden der Welt verschwinden lassen. Zugleich beginnen mit den verschiedenen Techniken so tiefgreifende und weitreichende Umgestaltungen von Natur und Gesellschaft, daß ein bewußtloses, unreflektiertes und einsichtsloses Handeln zerstörend wirken muß. Hier ist es von größtem Interesse zu bemerken, daß Marx der hier erforderlichen Grundeinsicht nahe war. In der dritten These *ad Feuerbach* spricht er aus, daß man sich für den Menschheitsfortschritt nicht einfach auf das Verändern der Umstände verlassen kann; man müsse vielmehr begreifen, daß eine sinnvolle Veränderung der Umstände zugleich auf eine Selbstveränderung der Menschen angewiesen ist. Was Marx hier unberücksichtigt ließ, ist, daß jede Selbstveränderung in einer bestimmten Richtung erfolgt und daß man die Frage stellen muß, wohin, auf welches Ziel zu Mensch und Menschheit sich verwandeln sollen.

Die Antwort auf diese Frage wird von der Geschichte gegeben: die heilsame Weiterentwicklung der Menschheit bedarf in unserer Zeit der Menschen, die aus Einsicht und Erkenntnis handeln. Die Kraft aber, aus Erkenntnis zu handeln, bedarf nicht nur der Sach- und Fachkenntnisse, der Einsicht in ökonomische und soziale Zusammenhänge, so unentbehrlich diese sein mögen. Will man nicht unter das Diktat der Fakten geraten, so bedarf der Mensch in dieser Situation auch des Glaubens an die Macht des Geistes. Dieser Glaube wird zur festen Überzeugung, wenn man nie aus dem Auge läßt, daß man Natur- und Sozialwelt durch menschliche Geisteskraft umgestaltet. Man begreift dann, daß man hier nicht einfach irgendwelchen Gegebenheiten folgt; man erkennt, daß man mit einer neuen Schöpfung beginnt.

Man schafft etwas, was noch nie dagewesen ist, und man schafft das Neue nach den Idealen, die man als Mensch in sich spürt. Vergißt man diese ideelle Kraft, übersieht man, daß man selber aus Freiheit handelt, redet man sich ein, man würde sich nur an den Fakten und Verhältnissen orientieren, so wird man praktisch Materialist, ja man verfällt dem Glauben, in einem ökonomischen und gesellschaftlichen Prozeß zu stehen, der von selber abläuft. Damit wird man Fatalist und raubt sich die Kraft zu handeln. Diese Gefahr drohte den Männern in der Mitte des 19. Jahrhunderts, die gerade in den 40er Jahren in eine wichtige Epoche der Weltgeschichte gestellt waren.

Blickt man aus dieser Perspektive auf die deutsche Geschichte in der Mitte des 19. Jahrhunderts, so wird deutlich, daß sich Deutschland damals in einer Phase der beschleunigten Entwicklung befand. Man war sich auch der Tatsache bewußt, daß nicht nur in Wissenschaft und Industrie, sondern auch in der Politik und im sozialen Leben Änderungen, Fortschritte zur Freiheit, zum Recht und zur Lösung der sozialen Fragen fällig waren. So fand der März des Jahres 1848 eine allgemeine Aufbruchsstimmung und weitgehende Einigkeit in den Zielen. Selbst die Vertreter der alten absolutistischen Mächte spürten, daß ihre Zeit vorbei war und räumten weitgehend ihre Positionen. Die Bildung der verschiedenen deutschen Parlamente – nicht nur der Paulskirche – war von breiter Zustimmung getragen, und niemals in der deutschen Geschichte sind Parlamente aus vortrefflicheren Männern gebildet worden.

Nun steht man vor der Tatsache, daß in dieser chancenreichen Freiheit die Revolution von 1848 scheiterte. Es gibt dafür gewiß manchen Grund anzuführen: von außenpolitischen Problemen, Nationalitätenfragen über das Wiedererstarken der Reaktion, nachdem sie sich vom ersten Schreck erholt hatte, bis hin zu der Angst der Bourgeoisie vor der sozialen Unterströmung der Revolution. Entscheidend aber dürfte gewesen sein, daß man die Freiheit nicht nutzte. Man begriff die Freiheit zwar als Rede- und Pressefreiheit, aber nicht als produktive Kraft, aus der Idee heraus zu handeln. Immer wieder kann man in der 48er Revolution beobachten, daß entscheidende Zeit verloren geht, daß zögerliches und halbherziges Handeln nur erste Schritte tat, daß die Diskutierlust den Tatendrang überwog. Der deutsche Liberalismus ist in sich selbst zerfallen und an sich selbst zugrunde gegangen. Es ist schmerzlich, dieses festzustellen: Aber die Stunde der Windischgrätz und Radetzky, der Schwarzenberg und Bismarck schlug erst, als die Liberalen nicht gehandelt hatten.

Hier stellt sich die Frage: warum oder woran ist der deutsche

Liberalismus gescheitert? Eine gründliche Antwort bedürfte langer Untersuchungen. Hier sei eine Antwort skizziert, die eine Arbeitshypothese für eine solche Untersuchung sein könnte: Der Idealismus der 48er Liberalen war zu schwach und zu diffus. Einerseits war er romantisch-historisch orientiert, andererseits machte sich eine ökonomische Orientierung bemerkbar, und in den neuen Wissenschaften trat der Materialismus seinen Siegeszug an. In dem Augenblick, als der Liberalismus zum Handeln aufgerufen wurde, fand er nicht die Kraft, sich aus Freiheit schnell zu einigen, er zerfiel in Fraktionen: radikale Akteure vom Schlage Heckers, juristische Taktierer, vorsichtige Beamte und Unternehmer. Es fehlte das Feuer einer umfassenden ideellen Orientierung, die die deutsche Erhebung des Jahres 1813 getragen hatte. Vor 1813 hatte Fichte, die Ideenwelt der deutschen Klassik zusammenfassend, der Erhebung Sinn und Ziel gegeben. Vor 1848 hingegen hatte jener Zersplitterungsprozeß des deutschen Geistes eingesetzt, für den der Zerfall des Hegelschen Systems nur *ein* Symptom ist.

Die weitere Entwicklung ist allzu bekannt. Nach drei Kriegen einigte Bismarck das Reich. In Versailles wurde ein neues Kaisertum proklamiert, Träger des Reiches waren die Fürsten, oder genauer: die «verbündeten Regierungen». An die Stelle eines wirklich sozialen Handelns, das die Arbeiterschaft befreit und auf den Weg der Selbstgestaltung und Selbsthilfe gebracht hätte, traten Bismarcks Sozialreformen: eine obrigkeitliche Veranstaltung des Staates, die im Nebeneffekt der Sozialdemokratie das Wasser abgraben sollte.

In seinem Buch *Die Kernpunkte der sozialen Frage* (1919) hat Rudolf Steiner diese Entwicklung mit folgenden Worten charakterisiert: «Und das Deutsche Reich? Es ist gegründet worden in einer Zeit, in der die neuzeitlichen Forderungen nach dem gesunden sozialen Organismus ihrer Verwirklichung zustrebten. Diese Verwirklichung hätte dem Reiche seine weltgeschichtliche Daseinsberechtigung geben können. Die sozialen Impulse schlossen sich in diesem mitteleuropäischen Reiche wie in dem Gebiete zusammen, das für ihr Ausleben weltgeschichtlich vorbestimmt erscheinen konnte. Das soziale Denken, es trat an vielen Orten auf; im Deutschen Reiche nahm es eine besondere Gestalt an, aus der zu ersehen war, wohin es drängte. Das hätte zu einem Arbeits-Inhalt für dieses Reich führen müssen. Das hätte seinen Verwaltern die Aufgaben stellen müssen. Es hätte die Berechtigung dieses Reiches im modernen Völkerzusammenleben erweisen können, wenn man dem neugegründeten Reiche einen Arbeits-Inhalt gegeben hätte, der von den Kräften der Geschichte selbst gefordert gewesen wäre. Statt mit dieser Aufgabe sich ins Große zu wenden, blieb man bei ‹sozialen Reformen› stehen, die aus den Forderungen des Tages sich ergaben, und war froh, wenn man im Auslande die Mustergültigkeit *dieser* Reformen bewunderte. Man kam daneben immer mehr dazu, die äußere Welt-Machtstellung des Reiches auf Formen gründen zu wollen, die aus den ausgelebtesten Arten des Vorstellens über die Macht und den Glanz der Staaten heraus gebildet waren.»[45]

Mit den letzten Zeilen ist in abgehobener Sprache das charakterisiert, was man allgemein als das deutsche Weltmachtstreben, als den deutschen Imperialismus bezeichnet. Zumindest für die deutsche Politik war der Imperialismus mit seinen Ansprüchen auf Territorien, mit der Flottenbaupolitik, mit der Strafexpedition gegen China, mit dem Bau der Bagdadbahn, die dem Reiche den Landweg zum Indischen Ozean erschließen sollte, das Symptom für eine Fehlentwicklung im großen Stil. Ohne Not begann man England Konkurrenz zu machen, man ließ sich als Landmacht auf ein Wettrüsten zur See ein. Diese Flottenrüstung konnte nur Fragen, Kopfschütteln und Mißtrauen wecken. Man stellte sich auf den Standpunkt, man habe ein «Recht» zu solchem Unsinn. Gewiß hatte man ein «Recht», man handelte nicht unmoralisch, sondern – und das ist hier genauso schlimm – man beging Fehler.

1919 hat Rudolf Steiner in einem Vorwort zu den Erinnerungen des Generalobersten von Moltke diesen Tatbestand folgendermaßen beschrieben: «Das Deutsche Reich war ‹in den Weltzusammenhang hineingestellt ohne wesenhafte, seinen Bestand rechtfertigende Zielsetzung›. Diese Zielsetzung hätte nicht so sein dürfen, daß nur militärische Macht sie zu tragen hatte, konnte überhaupt nicht auf

Machtentfaltung im äußeren Sinne gerichtet sein. Sie konnte nur auf die *innere* Entwicklung seiner Kultur gerichtet sein. Durch eine solche Zielsetzung hätte Deutschland niemals sein Wesen aufzubauen gebraucht auf Dinge, die es in Konkurrenz und dann in offenen Konflikt bringen mußten mit anderen Reichen, denen es in der Entfaltung der äußeren Macht doch unterliegen mußte.»[46]

Im Jahre 1934 kam der in die Niederlande emigrierte deutsche Soziologe Helmuth Plessner unabhängig von Rudolf Steiner zu einer ganz ähnlichen Analyse des hier in Rede stehenden Abschnitts deutscher Geschichte. In seinem Buch «Die verspätete Nation» findet sich ein Kapitel *«Bismarcks Reich, eine Großmacht ohne Staatsidee»*. Dort kann man neben vielen anderen treffenden Bemerkungen folgenden Satz lesen: «Das neue Reich appellierte nicht wie Frankreich und England an die Phantasie der Völker, an ihre Zukunftserwartung, ihren Menschheitsglauben. Es diente keinem werbenden Gedanken. Es stand für nichts, von dem es überragt wurde.»

Es wäre freilich verfehlt, von diesem neuen Reiche eine schiere Karikatur zu zeichnen. Höhe und Geltung der in Deutschland betriebenen Wissenschaft, die technischen Innovationen jener Zeit sind oftmals beschrieben worden. Sie erfreuten sich weltweiten Ansehens. Im Kaiserreich bestand durchaus kulturelle Freiheit. Ernst Haeckel konnte seine Anschauungen propagieren, Heinrich Mann seine Romane publizieren, Gerhart Hauptmanns sozialkritische Dramen wurden zwar nicht am Hoftheater gespielt, aber sie fanden ebenso wie die Werke von Strindberg, Halbe, Sudermann, Schnitzler und Wedekind die Beachtung der Gebildeten, auch wenn die «janze Richtung» Seiner Majestät nicht paßte. Mit dem deutschen Expressionismus, den Künstlervereinigungen «Die Brücke» und «Der blaue Reiter» zeigt sich eine Aufbruchsstimmung, die das «Geistige in der Kunst» suchte und sich vom Vorbild des französischen Impressionismus befreite.

Ernsteren Erneuerungswillen gab es vor allem auch in der Pädagogik, die mit ihren Kunsterziehungstagen in Hamburg, Weimar und Dresden den Anfang zu einer Erneuerung des Kunstunterrichts

machte. Nicht weniger bedeutend waren die Versuche, die alte Pauk-
schule zu überwinden, Eigentätigkeit zu wecken, Arbeit und Lernen
zu verbinden: die «Arbeitsschule» Georg Kerschensteiners. Besonders schön erscheint die Aufbruchstimmung, der Wille zu einer neuen
Kultur in der Jugendbewegung. Man versuchte auszusprechen, was
in den Herzen vieler junger Menschen lebte, die die bourgeoise
Kultur, das wilhelminische Spießertum überwinden wollten. Ein
tonangebender Teil dieser Jugendbewegung traf sich 1913 im Oktober auf dem Hohen Meißner. In der Einladung zu diesem Treffen hieß
es: «Die deutsche Jugend steht an einem entscheidenden Wende-
punkt. Die Jugend, bisher nur ein Anhängsel der älteren Generation,
aus dem öffentlichen Leben ausgeschaltet und auf eine passive Rolle
angewiesen, beginnt sich auf sich selbst zu besinnen. Sie versucht,
unabhängig von den Geboten der Konvention sich selbst ihr Leben zu
gestalten. Sie strebt nach einer Lebensführung, die jugendlichem
Wesen entspricht, die es ihr aber zugleich auch ermöglicht, sich selbst
und ihr Tun ernst zu nehmen, und sich als einen besonderen Faktor in
die allgemeine Kulturarbeit einzugliedern. Sie möchte das, was in ihr
an reiner Begeisterung für höchste Menschheitsaufgaben, an unge-
brochenem Glauben und Mut zu einem adligen Dasein lebt, als einen
erfrischenden, verjüngenden Strom dem Geistesleben des Volkes
zuführen. Sie, die im Notfall jederzeit bereit ist, für die Rechte ihres
Volkes mit dem Leben einzutreten, möchte auch in Kampf und
Frieden des Werktags ihr frisches reines Blut dem Vaterlande weihen.
Sie wendet sich aber von jedem billigen Patriotismus ab, der sich die
Heldentaten der Väter in großen Worten aneignet, ohne sich zu
eigenen Taten verpflichtet zu fühlen.»
    In einem solchen Dokument spiegelt sich ebenso wie in den
künstlerischen, pädagogischen und reformerischen Bestrebungen der
ersten Jahre des neuen Jahrhunderts ein Wille, ein Sehnen und
Suchen, das sich einer deutschen Kulturaufgabe, das sich der Aufgabe zu neuer sozialer Gestaltung verpflichtet weiß. Man kann in
diesen Kundgebungen ein Symptom für das Vorhandensein und für
das Wirksam-werden-Wollen der tieferen Kräfte des deutschen
Volksgeistes sehen.

Aber diese Bestrebungen waren die Bestrebungen von wenigen. Die Reichsleitung hatte von diesen Bewegungen kaum eine Ahnung, sie ergötzte sich an der falsch verstandenen Tradition eines Preußentums der Paraden und Manöver, sie förderte den billigen Patriotismus in Wort und Bild, sie hatte aber auch kein Verständnis für die Bestrebungen der deutschen Arbeiterschaft; und auch die Haltung großer Teile des kritischen Bürgertums waren ihr fremd. So fehlte praktisch dem, was im deutschen Volke lebte, Bewußtsein, Ziel und Führung. Nun gibt es deutliche Kennzeichen dafür, daß die so nicht zu ihrer ureigenen Produktivität aufgerufenen Energien des Deutschtums, die eigentlich Geistiges suchten, eine merkwürdige Richtung nahmen. Im Jahre 1910 schrieb A. W. Heymel ein Sonett, das mit dem Dreizeiler endete:

Im Friedenreichtum wird uns tödlich bang.
Wir kennen Müssen nicht noch Können oder Sollen;
Wir sehnen uns, wir schreien nach dem Kriege.

1911 schrieb Georg Heym das weitaus bekanntere Gedicht «Der Krieg», in welchem er visionär den Krieg beschrieb, der in den Gewölben des Unbewußten schon lange gehaust hat:

Aufgestanden ist er, welcher lange schlief,
Aufgestanden unten aus Gewölben tief.
In der Dämmrung steht er groß und unerkannt,
Und den Mond zerdrückt er in der schwarzen Hand.

Die vorletzte Strophe des Gedichtes kann als Vorahnung des Untergangs von Europa gedeutet werden:

«Eine große Stadt versank in gelbem Rauch,
Warf sich lautlos in des Abgrunds Bauch,
Aber riesig über glühnden Trümmern steht,
Der in wilde Himmel dreimal seine Fackel dreht.»

Todesahnung und Untergangsstimmung wird aber auch in einem Bildwerk wie in Franz Marcs 1913/14 entstandenem Gemälde «Tirol» erkennbar. Im breiten Publikum war darüber hinaus das

144

Gerede vom kommenden Krieg ohnehin üblich. So zeigt die deutsche Kultur am Vorabend des Ersten Weltkrieges eine Doppelgestalt: Auf der einen Seite Aufbruch zur Selbstgestaltung in Freiheit, ernste Arbeit für eine kommende Kultur. Auf der anderen Seite das überlebte Machtstreben, veräußerlichte Selbstdarstellung und Weltmachtpolitik, die in den Konflikt, ja in den Tod hineinführten. In den Erneuerungsbewegungen die reale Möglichkeit zur Verjüngung des Volkstums, in den herrschenden Kreisen Weltmachtpolitik und tödliche Ideenlosigkeit, die zur Kriegs- und Todesahnung wurde.

Julikrise 1914 und Kriegsausbruch

Wer die Geschichte der Erforschung des Ausbruchs des I. Weltkriegs kennt oder auch nur teilweise zur Kenntnis genommen hat, wird wissen, daß auf kaum einem anderen Gebiete der neueren Geschichtsschreibung sich hinter größter Sachkenntnis soviel Parteilichkeit verbergen kann. Wer sich in die Problematik der Julikrise auf der Suche nach einer einfachen Wahrheit vertieft, gerät, wenn er mit sich selbst ehrlich ist *und* gründlich liest, in einen Zustand der Verzweiflung. Er wird sich zunächst klar, daß er nicht so leicht zu einem einfachen Urteil gelangen kann, wie es die Laien können, die immer ihre sicheren Antworten zur Hand haben, wie es die Ideologen können, die aus nationalistischer oder materialistischer Sicht immer a priori – also vor aller Erfahrung – wissen, wie es eigentlich gewesen ist und für die Forschung nur die Suche nach dem Illustrationsmaterial der eigenen Meinung ist. Erst wenn man an seiner eigenen Meinung verzweifelt, gewinnt man die innere Distanz, aus der heraus man einen Neu-Ansatz machen kann.

Zuerst wird man den Versuch unternehmen, die leitenden Tendenzen der einzelnen Mächte in den Blick zu nehmen. Hierbei sollte man nicht auf diese oder jene Interessengruppe in einem Land sehen, die bestimmte Wünsche äußert oder Ansprüche geltend macht, sondern auf die wirklich verfolgte Politik. Da ergibt sich ohne

Zweifel, daß eine wirklich aggressive Politik mit umfassendem Konzept von den Serben und Russen auf dem Balkan betrieben wurde: Es ging hier um die Zerstörung des österreichisch-ungarischen Reiches und um Konstantinopel, um die Meerengen. Verglichen mit diesen Bestrebungen sind die Bestrebungen der deutschen Reichsleitung und Österreich-Ungarns ausgesprochen defensiv. Die von den Deutschen betriebenen Projekte – etwa der Bau der Bagdadbahn – können mit Recht als problematische Fehler deutscher Politik betrachtet werden, sie unterscheiden sich aber in der Qualität grundlegend von den Bestrebungen der russischen und serbischen Politik.

Das Problem der britischen Politik liegt in ihrem Verhältnis zu Rußland. England, wie wir das Vereinigte Königreich abgekürzt nennen, verfolgte weiter die Politik des Mächtegleichgewichts in Europa. Diese Politik diente dem englischen Interesse, denn bei einem bestehenden Gleichgewicht waren alle Länder auf das Wohlwollen Englands angewiesen, dementsprechend mußten sie England umwerben. Für das Verständnis der englischen Politik war das europäische Gleichgewicht in erster Linie durch Deutschland bedroht. Deutschland schien als führende Industrie-, Handels- und Militärmacht nach Hegemonie zu streben. Gegen das Übergewicht Deutschlands konnte nur Rußland ein Gegengewicht bilden. Deshalb mußte Rußland nach seiner Niederlage im russisch-japanischen Krieg 1905 durch England und das mit ihm kooperierende Frankreich aufgewertet werden. So hatte England seit 1907 seine Streitigkeiten mit Rußland beigelegt. Rußlands Entwicklung wurde ferner auch durch französisches Kapital gefördert. Frankreich selber war ja mit England seit 1904 durch die Entente verbunden; diese Entente wurde 1912 durch englisch-französische Militärabreden für den Kriegsfall ergänzt und stabilisiert. Im Juni 1914 hatte England streng geheime Flottenverhandlungen mit Rußland aufgenommen, die die Kooperation beider Flotten im Falle eines Krieges mit Deutschland regeln sollte. Die Absprachen mit Frankreich waren unverbindlich, die Absprachen mit Rußland sollten im Rechtssinne unverbindlich sein.

Vordergründig gesehen hatte England so eine freie Hand, es war durch keinerlei Verträge gebunden, es konnte sein politisches Gewicht so oder so in die Waagschalen werfen. In der Julikrise hätte England auf Frankreich und Rußland mäßigend und bremsend einwirken können, indem es von vorneherein erklärte, in diesem Konflikt um Serbien keinerlei Hilfe leisten zu können. Durch eine derartige Haltung wäre England jedoch in den Augen Rußlands und auch Frankreichs zu einem wertlosen Partner geworden. Die Resultate einer zwölfjährigen englischen Außenpolitik wären zunichte gemacht worden, und England wäre hinfort womöglich auf eine Kooperation mit Deutschland angewiesen gewesen. Ebensowenig wie England Rußland und Frankreich bremsen wollte, konnte es Deutschland und Österreich drohen, weil so Rußland zu aggressivem Vorgehen ermuntert worden wäre. Im Verfolg seiner Gleichgewichtspolitik mußte England so lange als möglich lavieren und sich bedeckt halten, d. h. seine Haltung nicht zu erkennen geben. Als die Entscheidung unumgänglich wurde, wandte sich England zu der Seite, auf der es de facto durch seine blockbildende Gleichgewichtspolitik schon immer gestanden hatte: es nahm Partei für die antideutsche Koalition.

Die österreichische Politik vor 1914 war nicht von Haus aus aggressiv, aber man wollte verständlicherweise die Doppelmonarchie erhalten. Das wäre nur möglich gewesen durch eine großzügige Politik, die allen Nationen, die auf dem Boden des Habsburgerreiches lebten, kulturelle und geistige Freiheit ohne jegliche Benachteiligung geboten hätte. Der Gesamtstaat hätte sich also der Sprach-, Schul- und Hochschulpolitik enthalten müssen und seine Befugnisse auf freie Korporationen der sich zusammenschließenden Gruppen übertragen müssen, ja sogar die Rechtsprechung hätte auf die Freiheitsbedürfnisse der Nationen Rücksicht nehmen müssen. Die Politik des Fortwurstelns jedoch, die spätestens seit Ministerpräsident Graf Taaffe betrieben wurde, war in einem extremen Maße gefährlich, da die alten, ungerechten Macht- und Herrschaftsverhältnisse Zündstoff enthielten und Angriffsflächen boten.

Rudolf Steiner hat die Lage der österreichischen Politik, die er seit mehr als dreißig Jahren beobachtet hatte, folgendermaßen gekenn-zeichnet: «Es gab 1914 für die österreichisch-ungarischen ‹Staats-männer› nichts anderes als dieses: entweder sie mußten ihre Inten-tionen in die Richtung der Lebensbedingungen des gesunden sozia-len Organismus lenken und dies der Welt als ihren Willen, der ein neues Vertrauen hätte erwecken können, mitteilen, oder sie *mußten* einen Krieg entfesseln zur Aufrechterhaltung des Alten. . . . Die Sünde wider den Geist des weltgeschichtlichen Werdens hat Öster-reich-Ungarn in den Krieg getrieben.»[47]

Dieses äußerst herbe Urteil wirft der österreichisch-ungarischen Politik nicht eine verbrecherische Kriegsvorbereitung vor, sondern das Unterlassen des weltgeschichtlich Notwendigen. Würde man nur den Maßstab der üblichen politischen Beurteilung anlegen, so käme man eher zu dem Urteil, daß die Österreicher durch langes Zögern, durch eine schlechtfunktionierende Kriegsmaschinerie und durch eine Reihe technischer Fehler ihre Strafexpedition gegen Serbien nicht schnell und effektiv durchgeführt hätten. Durch das zögerliche, ineffektive Handeln gaben die Österreicher Zeit und Gelegenheit zur Einmischung aller Mächte und damit zur Entfesse-lung des Weltkrieges. Rudolf Steiner legt, wie man sieht, einen ganz anderen Maßstab an: den der gesunden weltgeschichtlichen Ent-wicklung der Doppelmonarchie.

Die deutsche Politik am Vorabend des Ersten Weltkrieges war nicht aggressiv. In zwei wichtigen Punkten hatte man, um Konflikte zu vermeiden, Rückzieher gemacht. In der Liman-von-Sanders-Affäre, wo es um einen möglichen deutschen Einfluß an den Meeren-gen (Bosporus und Dardanellen) ging, war man vor dem russischen Protest zurückgewichen. Ebenso hatte man in Sachen der Bagdad-Bahn versucht, sich mit England zu arrangieren, man hatte darauf verzichtet, deutscherseits die Bahn bis Basra, d. h. bis an den Persischen Golf zu führen und damit einen Zugang zum Indischen Ozean zu erhalten, denn der Indische Ozean galt damals als quasi britisches Binnenmeer.

Deutschland sah sich aber einer Lage gegenüber, die man in Berlin so einschätzte, daß man meinte: sie würde von Jahr zu Jahr

148

schlechter. Dabei dachte man nicht nur an die zunehmende Schwäche des österreichischen Bundesgenossen, an den Krisenherd Balkan, sondern vor allem an die wachsende Stärke Rußlands. Mit französischer Hilfe wurde das russische Eisenbahnnetz seit Jahren so ausgebaut, daß ein schneller Truppentransport an die Westgrenze sichergestellt war. Schrecken aber verbreitete vor allem die russische Heeresvermehrung, die im Jahr 1917 eine Friedensstärke von 1,7 Millionen Mann erreichen sollte. So sagte man sich in Deutschland: mit jedem Jahr, in dem die russische Rüstung fortschreitet, sinken die Chancen Deutschlands, gegen die militärische Übermacht einen Krieg zu gewinnen. Da man früher oder später einen europäischen Krieg für fast unvermeidlich hielt, so ergab sich für das militärische Denken die Auffassung von General von Moltke, die er am 8. Dezember 1912 bei einer Besprechung der höchsten Militärs mit dem Kaiser formulierte:

«Ich halte einen Krieg für unvermeidlich und: je eher, desto besser.»[48] Im Frühjahr 1914 gab Moltke derselben Auffassung in einem Gespräch mit Gottlieb von Jagow, dem Staatssekretär des Auswärtigen Amtes, also dem damaligen deutschen Außenminister, noch einmal Ausdruck: «In 2 – 3 Jahren würde Rußland seine Rüstungen beendet haben. Die militärische Übermacht wäre dann so groß, daß er nicht wüßte, wie wir ihrer Herr werden könnten.» «Der Generalstabschef stellte mir demgemäß anheim, unsere Politik auf die baldige Herbeiführung eines Krieges einzustellen.» – Jagow lehnte den Gedanken Moltkes ab. Moltke insistierte nicht auf seiner Anregung: «Der Gedanke eines Krieges war ihm an sich, wie schon gesagt, nicht sympathisch.»[49]

Es verdient festgehalten zu werden, daß Moltkes Anregungen keine praktischen Folgen hatten. Als nach den Morden von Sarajevo die deutsche Reichsleitung über ihre einzunehmende Haltung beriet, wurde der Generalstabschef überhaupt nicht gefragt, und während des ersten Teils der Juli-Krise bis zum 27. Juli 1914 weilte von Moltke zur Kur in Karlsbad. – In Berlin entschloß sich die Reichsleitung nach den Morden von Sarajevo am 5. und 6. Juli, Österreich zu einer schnellen und alsbaldigen Aktion gegen Serbien zu raten, wo man die Urheber der Morde vermutete. Der Generaladjutant des deutschen Kaisers notierte in seinem Tagebuch zusammenfassend: «Bei uns herrscht die Ansicht, daß die Österreicher je früher je besser gegen Serbien vorgehen und daß die Russen – obwohl Freunde Serbiens – doch nicht mitmachen.»[50]

Damit verfolgte man deutlich das Konzept, die allgemeine Empörung zu nutzen, und man hoffte auf eine Lokalisierung des Konflikts. Gleichzeitig versicherte man aber auch den Österreichern, im Falle eines russischen Eingreifens treu zu den Bündnisverpflichtungen mit Österreich zu stehen. Man ging damit das Risiko einer allgemeinen europäischen Konflagration ein. Diese allgemeine europäische Auseinandersetzung wurde um so wahrscheinlicher, je länger Österreich zögerte, da im Laufe der Zeit die europäische Empörung über den Mord in Sarajevo verebben und das Handeln Österreichs als selbständiger Vorgang erscheinen würde.

Man hat in der Diskussion über den Kriegsausbruch über diesen Vorgang insgesamt viel gerätselt: was steckte hinter dem deutschen Drängen, der Aufforderung an Österreich, zu handeln? Was sollte dieser «Blankoscheck», der Bündnistreue versprach? Wollte man den einzigen Bundesgenossen vorm Untergang retten? Wollte man in einer Art «Bluff-Politik» das Letzte aus der Situation herausholen? Wollte man bewußt einen Weltkrieg provozieren? War das der «Griff nach der Weltmacht»? Mir will scheinen, daß man in Deutschland die Probleme in politischer Hinsicht überhaupt nicht bis zu Ende gedacht hat, man hat sich den wirklichen Ernst der Lage nicht klar gemacht, auch dort, wo man einen Krieg mit Rußland – und das hieß zumindest auch einen Krieg mit Frankreich – einkalkulierte. Man hoffte – gegen bessere Einsicht – auf eine Lokalisierung des Konflikts, man wollte eine Position wahren, und für den Notfall verließ man sich auf die bewaffnete Macht.

Als dann Ende Juli die deutsche Politik wie ein Kartenhaus zusammenbrach, war man auf das Militär angewiesen. Das Militär hatte sich seit langem auf diese Situation vorbereitet. Hier ist es nun erforderlich, einige Worte über die militärische Kriegsplanung zu sagen. Das erste, was ins Auge fällt, ist, daß die Oberste Heeresleitung auf *einen einzigen* Kriegsplan festgelegt war. Die Planung war völlig starr und kannte keine Alternative. Der Plan hatte weitreichende politische Folgen und fesselte die gesamte Politik. Es handelte sich um den bekannten *Schlieffenplan.*

Dieser Plan sah vor, die gesamten deutschen Streitkräfte zunächst gegen Frankreich zu werfen. Indem man durch das neutrale Belgien marschierte, wollte man den französischen Festungsgürtel umgehen und in einer großen Operation die deutschen Truppen durch Belgien in den Rücken des Gegners führen. Auf diese Weise hoffte man, Frankreich in etwa 50 Tagen besiegen zu können. Nach dem Sieg über Frankreich wollte man sich dem zweiten Gegner, Rußland, zuwenden. Politisch setzte dieser Plan Deutschland ins Unrecht. Der Überfall auf das neutrale Belgien ließ Deutschland in der Weltmeinung als Verbrecher erscheinen. Er lieferte einem möglicherweise zögernden England den Grund für den Kriegseintritt. Er zwang dazu, Frankreich bereits in dem Augenblick anzugreifen, in dem Rußland mobil machte und mit dem Aufmarsch seiner Truppen gegen Deutschland begann.

Was bisher weit weniger gesehen wird, ist die Tatsache, daß dieser Plan auch militärisch eine Unmöglichkeit war. 1914 fehlten noch die nachrichtentechnischen Mittel, ein Millionenheer auf einer Front von über 500 Kilometer Länge effektiv zu führen. Der Plan verlangte namentlich den auf dem rechten Flügel operierenden deutschen Truppen Marschleistungen ab, die man nie vorher im Frieden ausprobiert hatte und die die Truppe, die voller Ausrüstung zu Fuß über viele hundert Kilometer kämpfend vormarschieren mußte, völlig überforderten. Es liegen genügend Berichte vor, die zeigen, daß die deutschen Verbände des rechten Flügels nach einem Monat Vormarsch «ausmarschiert» und nicht mehr einsatzfähig waren. Schließlich rechnete der Plan nicht mit den englischen Truppen, die den rechten Flügel von der Seite her angreifen könnten und sie so «in der Flanke» fassen konnten. Im Gegensatz zur bisherigen deutschen Kriegsgeschichtsschreibung behaupte ich, daß der «Schlieffenplan» nicht nur eine politische Katastrophe, ein Programm zur Entfesselung eines Weltbrandes war, sondern daß er früher oder später

151

militärisch scheitern mußte. Das Mißlingen des Schlieffenplanes ist deshalb nicht allein auf gewisse Mängel bei der Durchführung im August/September 1914 zurückzuführen; der 1905 – unter anderen politischen Voraussetzungen – konzipierte Plan ist in sich viel risikoreicher und problematischer, als es die deutsche Militärgeschichtsschreibung bisher sah.

Vor allem anderen ist entscheidend, daß mit der Durchführung des Schlieffenplanes ein allgemeiner europäischer Krieg entfesselt werden mußte. Das hat das militärische Denken nie in seinen Konsequenzen durchdacht: es glaubte mit diesem Plan eine Trumpfkarte auszuspielen und entfesselte den Weltbrand.

Rudolf Steiner hat sich mit diesen Fragen jahrelang intensiv befaßt. In seiner Bibliothek befindet sich eine sehr umfangreiche Sammlung von Werken zu den hier behandelten Fragen. In knapper Form hat Rudolf Steiner die Ergebnisse seiner Studien zunächst allgemein im 4. Kapitel des Buches: *«Die Kernpunkte der sozialen Frage»* (1919) zusammengefaßt. Dort findet sich folgende Schilderung der deutschen Politik im Jahre 1914:

«Durch ihr Nicht-Verstehen der neuzeitlichen Forderungen des Völkerlebens war 1914 die deutsche Politik an dem Nullpunkte ihrer Betätigungsmöglichkeit angelangt. Sie hatte in den letzten Jahrzehnten nichts bemerkt von dem, was hätte geschehen sollen; sie hatte sich beschäftigt mit allem Möglichen, was in den neuzeitlichen Entwicklungskräften nicht lag und was durch seine Inhaltlosigkeit ‹wie ein Kartengebäude zusammenbrechen› mußte.« »Dadurch kam es in Berlin Ende Juli und am 1. August zu der Situation, daß alle Entscheidung, ob und wie der Krieg zu beginnen war, in das Urteil der militärischen Verwaltung übergehen *mußte*. . . . Denn außer auf dem militärischen Gebiet hatte man sich in eine Lage gebracht, die zu einem Handeln gar nicht mehr führen konnte.»[51]

Rudolf Steiner hatte aber keineswegs allein durch das intensive Studium der Literatur, sondern auch durch Menschenbegegnungen Einblick in die Vorgänge der Juli-Krise. So hatte er vor 1914 bereits ein Jahrzehnt lang im Hause des Generals von Moltke verkehrt, nach der Marneschlacht wurde er mit dem Generalobersten von

Moltke befreundet, und Moltke berichtete Steiner ausführlich über die Vorgänge in Berlin. Hier entstand am 1. August 1914 eine Situation, die schlaglichtartig vieles erhellte. Es war nachmittags nach 5 Uhr. Der Kaiser hatte soeben die Mobilmachung des Heeres befohlen und damit den Beginn der militärischen Operationen eingeleitet, als eine Nachricht eintraf, England würde unter bestimmten Umständen neutral bleiben. Der Kaiser wollte daraufhin sofort die angelaufenen Operationen stoppen. An einer derartigen Tatsache kann man ablesen, wie wenig man in Berlin zum Krieg entschlossen war. Es stellte sich einige Stunden später heraus, daß die Nachricht falsch war. Daran ist wiederum zu erkennen, auf welch wackligen Füßen die Urteilsbildung in Berlin stand.

Als 1919 die Verhandlungen in Versailles über den Friedensvertrag stattfanden, wollte Rudolf Steiner, daß dieser ihm von Moltke geschilderte Tatbestand bekannt werde. Rudolf Steiner beabsichtigte damit zu verhindern, daß im Friedensvertrag von Versailles die deutsche Kriegsschuld eindeutig festgeschrieben werde. Wer die Bedeutung des Kriegsschuldparagraphen (Art. 231 des Vertrages von Versailles) für die spätere Geschichte kennt, kann diese Absicht nur allzugut begreifen. So plante Steiner, die Aufzeichnungen Moltkes über die Vorgänge des Jahres 1914 im Mai 1919 zu veröffentlichen. Zu dieser Veröffentlichung schrieb er ein längeres Vorwort. Es wäre der Mühe wert, dieses Vorwort im ganzen zu lesen. Hier soll nun eine längere Passage zitiert werden, in der Rudolf Steiner zu zwei Sätzen der Moltkeschen Erinnerungen Stellung nimmt, weil in dieser Stellungnahme auf Bedeutsames hingewiesen wird. Moltke hatte geschrieben: «Die höchste Kunst der Diplomatie besteht meiner Ansicht nach nicht darin, den Frieden unter allen Umständen zu erhalten, sondern darin, die politische Lage des Staates dauernd so zu gestalten, daß er in der Lage ist, unter günstigen Voraussetzungen in einen Krieg eintreten zu können.» Dieser Satz kann mit Recht als sehr bedenklich angesehen werden, weil er auf die Kurzform gebracht werden kann: Diplomatie dient nicht in erster Linie der Erhaltung des Friedens, Diplomatie dient vielmehr der Schaffung einer günstigen Ausgangsposition für den kommenden Krieg. Steiner konnte diesen Satz nicht unkommentiert stehen lassen. Zweitens hatte von Moltke geschrieben: «Deutschland hat den Krieg nicht herbeigeführt, es ist nicht in ihn eingetreten aus Eroberungslust oder aus aggressiven Absichten gegen seine Nachbarn. Der Krieg ist ihm von seinen Gegnern aufgezwungen worden, und wir kämpfen um unsere nationale Existenz, um das Fortbestehen unseres Volkes.» Auch dieser Satz erschien Steiner problematisch, nicht nur, weil hier ein Kaiserwort aus einer Reichstagsrede vom August 1914 zitiert wird. Namentlich die Formel vom «aufgezwungenen Krieg» ist höchst fragwürdig, weil Deutschland den Krieg durchaus mit herbeigeführt hat. So wird auch dieser Satz kommentiert.

Steiner schreibt über die Aufzeichnungen Helmuth von Moltkes: «Ein Mann spricht da, der den ‹kommenden Krieg› als das größte Unglück des deutschen, ja der europäischen Völker ansah; dem er (der Krieg) so jahrelang vor der Seele gestanden hat und der im entscheidenden Augenblick davor steht: seine militärische Pflicht zu verletzen, wenn er den Kriegsbeginn auch nur um Stunden hinausschieben läßt. Ich habe durch viele Jahre vor dem Krieg gesehen, wie dieser Mann den höchsten geistigen Ideen mit inbrünstiger Sehnsucht zugewandt war, wie seine Gesinnung eine solche war, daß das kleinste Leid eines jeden Wesens ihm herzlich nahe ging; ich habe ihn viele Dinge sprechen gehört; kaum irgend etwas Erhebliches über militärische Dinge. Wahrhaftig nicht *er,* sondern die militärische Denkart *durch* ihn spricht aus einem Satz wie dem folgenden der Aufzeichnungen: ‹Die höchste Kunst der Diplomatie besteht meiner Ansicht nach nicht darin, den Frieden unter allen Umständen zu erhalten, sondern darin, die politische Lage des Staates dauernd so zu gestalten, daß er in der Lage ist, unter günstigen Voraussetzungen in einen Krieg eintreten zu können.› Und wie überschattet militärisches Denken die Aufklärungen, die sich Helmuth von Moltke gewissermaßen beim Niederschreiben dieser Aufzeichnungen selbst gibt über die geschichtliche Entwicklung der Menschheit und Europas.

Man wird verstehen, warum aus solchen Voraussetzungen in diesen Aufzeichnungen der Satz steht: ‹Deutschland hat den Krieg nicht herbeigeführt, es ist in ihn nicht eingetreten aus Eroberungslust oder aus aggressiven Absichten gegen seine Nachbarn. Der Krieg ist ihm aufgezwungen worden, und wir kämpfen um unsere nationale Existenz, um das Fortbestehen unseres Volkes, unseres nationalen Lebens.»» Rudolf Steiner dazu: «Ich konnte nie einen anderen Eindruck haben, als dieser innerlich so vornehme Mann hätte lange vor dem Kriege seinen Abschied genommen, wenn er sich über den ‹kommenden› von ihm für unvermeidlich gehaltenen Krieg hätte etwas anderes sagen müssen als das in den obigen Sätzen ausgedrückte. So, wie die Verhältnisse lagen, konnte militärisches Denken in Deutschland zu einem anderen Urteil nicht kommen. Und durch dieses Urteil war es *verurteilt,* sich in Konflikt mit der ganzen übrigen Welt zu bringen. Aus dem Unglück wird das deutsche Volk lernen müssen, daß sein Denken in Zukunft anders sein muß. Militärisch mußte der Krieg für notwendig gelten, politisch war er nicht zu rechtfertigen, nicht zu verantworten und aussichtslos.»[52] Moltke erscheint also für Rudolf Steiner in der Perspektive des Jahres 1919 als der Mann, der auf entscheidenden Posten gestellt, durch einseitiges militärisches Denken verleitet, das tragische Schicksal hat, Deutschland in einen aussichtslosen Krieg zu führen.

Man könnte im Einzelnen darlegen, in welchem hohen Maße das militärische Denken in Illusionen befangen war. Hier mögen zwei Hinweise genügen. Man hielt Deutschland aufgrund der militärischen Zahlenverhältnisse für schwach. Ganz anders wäre die Einschätzung gewesen, wenn man nicht einseitig auf die Heeresstärken geblickt hätte. Als der Kaiser am 21. Juni 1914 dem Hamburger Bankier Max Warburg eröffnete, die Rüstungen Rußlands deuteten auf die Absicht dieser Macht, im Jahre 1916 einen Krieg zu beginnen, antwortete Warburg: «Deutschland wird mit jedem Jahr des Friedens stärker. Abwarten könne nur Gewinn bringen.»[53] Ähnlich war das Urteil anderer Kenner der deutschen Entwicklung. Umgekehrt zeigten die Ereignisse nach Ausbruch des Krieges, daß man die russische Militärmacht – durch Zahlen geblendet – bei weitem überschätzt und daß man die soziale Unruhe und das revolutionäre Potential in Rußland stark unterschätzt hatte.

Diese Dinge sind jedoch nicht die entscheidenden Elemente. Wirklich entscheidend ist die Reduktion des politischen Kalküls auf das Militärische, ist ein Denken, das sich an Heeresstärken, an Geschützzahlen, an Rüstungsprogrammen, an Schlacht- und Linienschiffen etc. orientiert. Dieses Denken steht in einem engen Zusammenhang mit anderen Denkformen der Zeit. So hatte man sich daran gewöhnt, in Rivalitäten zu denken: man «kämpfte» um Absatzmärkte und Einflußzonen. Insgesamt klebte man dabei an den materiellen und ökonomischen Verhältnissen. Das militärische Denken ist die höchste Steigerung des materialistischen Denkens, das sich an materieller Macht, an Granaten und Festungen, an Industriepotentialen und verfügbarem «Menschenmaterial» orientiert.

Was sich also für Deutschland 1914 erfüllte, war das Schicksal des Materialismus, der in den 40er Jahren des 19. Jahrhunderts seinen Siegeszug begonnen hatte. Dieser Materialismus war nach 1850 herrschende Denkweise geworden. Er lebte nicht nur theoretisch in den Wissenschaften, er wurde im Unternehmertum der Gründerjahre zur Lebenspraxis, im Sozialdarwinismus zur geistverneinenden Geschichtsauffassung und im Imperialismus zur sozialen Krankheit. Der Materialismus, der das selbständige Handeln aus dem Ich des Menschen leugnet, wird schließlich zum zerstörerischen Fatalismus, der dem «kommenden» Krieg entgegenlebt, und historisch gesehen ist dieser Materialismus, der die Menschen zu militärischem Denken und triebhaftem Handeln fesselt, die Auswirkung jenes fatalen Konzilsbeschlusses von 869, von dem hier bereits gesprochen wurde.[53a]

Der innere Aspekt unserer Zeit

Ein Weg zur Erfahrung Michaels

Wer mit der Anthroposophie, dem Werk Rudolf Steiners noch wenig vertraut ist, wer die Forschungsmethoden übersinnlicher Erkenntnis, ihre innere Präzision und ihr verantwortliches Vorgehen weder studiert noch erprobt hat, wird leicht geneigt sein, die Mitteilungen der Geistesforschung als eine Wiederbelebung indischer, ägyptischer und mittelalterlicher Traditionen und Glaubensinhalte zu deuten. In dem Falle der Aussage Rudolf Steiners, daß im wechselnden Reigen der Erzengel mit dem November des Jahres 1879 der Erzengel Michael ein Inspirator der Menschheit geworden sei, wird der Kenner der alten Traditionen an den Abt *Trithemius von Sponheim* erinnert, der 1508 in seiner Schrift: «De septem secundeis, id est intelligentiis sive spiritibus orbes post deum moventibus» den Beginn der Michael-Herrschaft für den November des Jahres 1879 vorausgesagt hat[54]. Nun ist die Wiederbelebung alter Glaubensinhalte und Tradition gewiß nichts Verwerfliches. Aber man mißversteht Anthroposophie, wenn man sie in diesem Sinne deutet. Es soll deshalb zunächst in der folgenden Skizze angedeutet werden, auf welche Weise jeder wach geistig strebende Mensch zur eigenen, inneren Erfahrung der geistigen Wirksamkeit des Wesens, das man Michael nennen darf, gelangen kann.

Aber auch für den Anthroposophen, der sich seit vielen Jahren um das Werk Rudolf Steiners müht, sollte die Mitteilung, daß die Menschheit seit nunmehr 100 Jahren in einem neuen Michaelischen Zeitalter lebt, Fragen und Probleme aufwerfen. Erinnert er sich doch daran, daß sowohl die Tradition als auch Rudolf Steiner berichten, daß die letztvergangene Herrschaft des Michael etwa in der Zeit zwischen 600 und 200 vor Christus anzusetzen sei. Der mächtige Erzengel, der unter den «Planeten» der Sonne zugeordnet wird, erscheint als der Inspirator der griechischen Kultur, und es ist für das Empfinden wahrlich nicht schwer, in der griechischen Kultur – wie auch in anderen gleichzeitig verlaufenden Kulturen – den sonnenhaften Glanz zu sehen, in dem das Menschliche als Menschliches zum ersten Mal bewußt in der Geschichte hervortrat; in dem das bewußte Denken als Philosophie, in dem die freie Kunst geboren wurden. Wer ohne Kenntnis der Tradition oder der Aussagen Rudolf Steiners wieder ein geistig derart leuchtendes Zeitalter in der Geschichte sucht, der wäre nur schwer zu tadeln, wenn er das Zeitalter Franklins und Lessings, Goethes und Novalis', Shelleys und Fichtes für ein Micheal-Zeitalter hielte. – Blickt man hingegen auf das 20. Jahrhundert mit der schrankenlosen Praxis der materialistischen Technik, mit den zwei Weltkriegen, mit den totalitären Regimes und ihren millionenfachen Opfern, den Konzentrationslagern, den Gaskammern und den verschiedenartigen Archipelen Gulag; denkt man an die Atombombe und an die Entfesselung der Kernenergie, so möchte man eher annehmen, daß ein finsterer Geist der Herr unserer Zeit sei.

Diese beiden Fragen sind hier nicht zufällig zusammengestellt. Die erste Frage nach der inneren Erfahrbarkeit dessen, was mit dem Namen Michael angedeutet ist, zielt darauf, aus einem pseudoreligiösen Glaubensverhältnis, aus einem Nachreden und Anempfinden herauszukommen zu eigener Erfahrung, die freilich im wahren Sinne des Wortes gemacht, d. h. innerlich produziert werden muß. Erst aus solcher Erfahrung und Aneignung kann dann auch die individuelle Kraft erfließen, die die Wirksamkeit einer derartigen Begegnung praktisch in unsere Zeit hineinstellt. Dadurch gewinnt die Problematik unserer Zeit ein neues Gesicht. So ist Erkenntnis und auch die Wirksamkeit Michaels in unserer Zeit von der Beantwortung der ersten Frage abhängig.

Will man den Weg zur inneren Erfahrung des mit dem Michael-Namen Angedeuteten gehen, so ist es gut, sich zunächst von Vorstellungen und Erwartungen frei zu machen. Man folgt den Hinweisen Rudolf Steiners, wenn man Michael als «die Macht, aus der die Gedanken der Dinge erfließen» sucht[55]. Woher kamen, woher kommen «die Gedanken der Dinge»? Liest man zum Beispiel die Odyssee, so erfährt man immer wieder, daß die Göttin Athene dem Odysseus einen Gedanken eingibt. Liest man Platon, so erfährt man, daß die Ideen dem geistig-göttlichen Weltzentrum – der Sonne des Wahren, Schönen und Guten – entstammen. In noch früheren Zeiten, etwa in der ägyptischen Kultur, wurde der Kosmos der guten Götter als der die Menschen belehrende Gedankenquell erlebt.

Dieses Erleben ist heute völlig erloschen. Wenn man nicht Gedanken von anderen Menschen oder aus Büchern oder aus den Medien holt, meint man die Gedanken selber auszusinnen, auszudenken. Dieses Selber-Denken und -Meinen gibt aber den Gedanken in der Regel nicht genügenden Halt. Man sucht nach Stützen für die eigenen Gedanken. Der Naturforscher stützt seine Gedanken auf das Experiment, auf die Beobachtung; der Historiker stützt seine Gedanken auf historische Dokumente; der Soziologe stützt seine Gedanken auf empirische Untersuchungen, auf Umfragen, auf ökonomische Berechnungen und Statistiken. Manch einer beruft sich auf die Meinungen anderer und zitiert Autoritäten. Man redet dann so, daß man den Gedanken als Tatsache formuliert. Man sagt als Physiker: die Schwerkraft zieht die Körper an. Der *Gedanke* der Schwerkraft wird dann an einem zu Boden fallenden Apfel demonstriert. Um den *Gedanken* der Vererbung zu demonstrieren, verweist man auf Chromosomen, Gene und die Ähnlichkeit der Gestalten. Wenn man wissenschaftlich vom Sehen spricht, so spricht man von Dingen, Lichtquelle und Lichtstrahlen, man spricht von der Pupille, dem Sehpurpur, den Nerven, die zum Gehirn führen, und meint, auf diese Weise das Sehen zu erklären. Kurz: man macht die Gedanken an Dingen fest. Gedanken werden zumeist als kausale Naturvorgänge geschildert. Indem man Gedanken als Naturvorgänge oder als Tatbestände schildert, wird die eigentliche Gedankennatur der Gedanken vergessen.

Vielleicht wird der Leser an dieser Stelle bereits stutzig geworden sein und einwenden: sind denn das alles – die Lichtstrahlen, die Pupille, der Sehpurpur und die Nerven, die zum Gehirn führen –, keine Tatsachen? Gewiß! Aber was fügt diese Elemente zu einem

Ganzen zusammen? Wie kommt man dazu, in den genannten Einzelheiten einen zusammenhängenden Vorgang zu sehen? Würden wir nicht sehen, würden wir nicht im Sehen die Idee des Sehens bilden, so wäre uns alles Genannte völlig unverständlich: das Auge erschiene als ein überflüssiges Organ wie der Blinddarm. Die Lichtstrahlen wären eine beliebige Wellenlänge, die Bewegungen der Pupille seltsame Zuckungen. Wir können alle die genannten Erscheinungen nur deuten, weil wir durch das Auge, mit dem Auge und am Auge bewußte, ideendurchdrungene Erfahrungen machen. Wir wissen: wenn das Licht blendend hell ist, dann zieht sich die Pupille zusammen; wir wissen, wenn wir unverwandt auf einen Fleck starren, ermüdet unser Sehen, das Bild verschwimmt: der Sehpurpur muß sich erneuern; wir *denken* uns, daß die Sehnerven irgendwie mit dem Sehen zu tun haben, – direkt beobachten können wir das nicht, und wir *denken* auch, daß das Gehirn irgendwie mit dem Sehen zu tun hat. Durch eigenes Erleben: Idee und Denken, fügen wir zusammen, was schließlich als Tatsache erscheint.

Was hier am Beispiel des Auges leicht zu begreifen ist, trifft für unser ganzes Naturbild zu: durch unser Tun, durch den Umgang mit den Dingen – im Falle der Wissenschaft: durch unser Experimentieren – «machen» wir, produzieren wir Erfahrungen. Erfahrungen sind nicht einfach da, sie werden durch Arbeit und Experiment hergestellt, und Arbeit und Experiment werden wieder von Gedanken geleitet, zusammengefaßt. Indem man aber den tätigen Willensanteil beim Machen der Erfahrungen vergißt oder verschläft, wird man sich auch seiner Gedanken nicht bewußt, weil man sie auf die Welt richtet, und weil sie ebenso wie das Sehen ein gleichsam durchsichtiges, selbstloses Medium sein können, das sich nicht selbst in den Vordergrund drängt, sondern im Dienst der Weltauffassung steht. So übersehen wir die Gedanken und vergessen deren Quelle: das Denken. Man bemerkt nicht, daß das Ich Produzent, Quell und Zusammenhang der Welterfahrung ist. Man vergißt das Ich und ist allein von der Welt fasziniert.

Im Gegensatz zu den Menschen früherer Zeiten, die Gedanken und Ideen wie von außen empfingen und die deshalb die Sonne, die

Götter oder andere Welterscheinungen als den Quell empfanden, aus dem die Ideen erfließen, ist heute der Mensch selber der Quell der Gedanken, wo er selber Erfahrungen macht und sie ideell verbindet. Das Denken kommt im Menschen zur Erscheinung. Rudolf Steiner charakterisiert diese Entwicklung mit folgenden Worten: «Mit den inspirierten Gedanken der Vorzeit empfing der Mensch zugleich die geistigen Weltinhalte. Indem diese Inspiration aufhörte und der Mensch in eigener Tätigkeit Gedanken bildet, ist er auf die Anschauung der Sinne verwiesen, um für diese Gedanken einen Inhalt zu haben. So mußte der Mensch zunächst die errungene eigene Geistigkeit mit materiellem Inhalt erfüllen. Er fiel in die materialistische Anschauung in dem Zeitalter, das sein eigenes Wesen auf eine Stufe brachte, die höher ist als die vorangehenden. Das kann leicht verkannt werden; man kann den ‹Fall› in den Materialismus nur allein betrachten und dann darüber traurig sein. Aber während das *Anschauen* dieses Zeitalters sich auf die äußere physische Welt beschränken mußte, entfaltete sich im Inneren der Seele eine *gereinigte, in sich selbst bestehende Geistigkeit* des Menschen *als Erleben*. Diese Geistigkeit muß nun im Michael-Zeitalter nicht mehr unbewußtes Erleben bleiben, sondern sich ihrer Eigenart bewußt werden. Das bedeutet den Eintritt der Michael-Wesenheit in die menschliche Seele.»[55]

Es geht heute darum, das so von Steiner Beschriebene zur eigenen, inneren Erfahrung zu machen. Es geht dabei darum, die Macht des selbstproduzierten Denkens in sich zu erleben. Ein Weg dazu ist der folgende. Ein noch an den Natur-Erscheinungen sich orientierendes Denken kann begreifen, daß der aufrechte Gang ein *Bild* der menschlichen Freiheit ist. Durch den aufrechten Gang und den aufrechten Stand kann der Mensch sein Auge frei über die Dinge schweifen lassen. Sein Kopf ist nicht das triebhaft in die Horizontale gebundene Greiforgan, das Nahrung wittert und reißt. Der Kopf ist frei und frei beweglich, er kann betrachten. Ebenso ist die Hand befreit und nicht nur frei beweglich, sondern äußerst geschickt – sowohl zum zarten Tasten und Spüren als auch zum kräftigen Zupacken. Im Zusammenspiel von Auge und Hand kann das Denken durch das Auge die Hand leiten. So entsteht bewußt gesteuertes Tun. Die Hand belehrt auch wieder das Auge über Härte und Weichheit, über Festigkeit und Lockerung. Kurz: im Zwischenraum von Auge und Hand bildet sich Freiheit. Aber die in diesem realsymbolischen Tatbestand sichtbar werdende Freiheit wird erst dann zur *wirklichen Freiheit,* wenn sie im gesamten menschlichen Handeln *bewußt* gehandhabt wird. Hegel sagte einmal treffend: «Die Griechen wußten nicht, daß der Mensch als Mensch frei ist und *darum waren sie es nicht.*» Die faktische Freigesetztheit des Menschen allein ermöglicht nur die Wilkür, die ein Alkibiades auch darlebt. Erst wenn ich weiß und bewußt praktiziere, daß ich frei bin, dann bin ich wirklich frei. Dieses Bewußtsein der Freiheit kann mir aber nicht von außen gegeben werden. Eine äußerliche Betrachtung wird vielmehr immer nachweisen, daß ich nicht frei bin.

Ich muß also die Freiheit innerlich herstellen. Mein Denken muß zunächst in mir innere Ruhe und damit jene Betrachtungshaltung schaffen, die das Auge von Natur aus hat. Mein Denken drängt die Triebe, Vorstellungen und Gedanken, die mich eventuell vorher beherrscht haben, zurück, damit mich nicht triebhafte Gedanken-Assoziationen oder Wünsche bestimmen. Das Denken will in ruhiger Betrachtung – etwa indem es sich in andere, von meinem Handeln Betroffene hineinversetzt – selber das Auftauchen des Gedankens tätig erfahren, es will bewußt von Frage zu Frage fortschreiten. Steiner beschreibt das in der «Philosophie der Freiheit» mit kurzen Worten: «Dem Wesenhaften, das im Denken wirkt, obliegt ein Doppeltes: erstens drängt es die menschliche Organisation in deren eigener Tätigkeit zurück, und zweitens setzt es sich selbst an deren Stelle.» In diesem Vorgang erlebe ich innerlich die Befreiung, das noch Tierhafte in mir wird zurückgedrängt, ich schaffe mir denkend für das Denken einen eigenen Erscheinungs-Raum. Und erst von diesem inneren Erlebnis her gewinnt das Bild der Freiheit – das Zusammenspiel von Auge und Hand – seinen berechtigten Inhalt.

Die Freiheit und das wahre Ich des Menschen sind nicht Dinge, die man einfach hat. Das Ich *erschafft sich selbst:* durch den Akt der Erkraftung, in dem es bewußt die alte Organisation zurückdrängt und sich zur Freiheit beruft und diese auch wissend praktiziert. Es gilt hier der Satz des Johannes Tauler (1300–1361), der diesen Sachverhalt in empirisch überprüfbarer Weise formuliert hat: «Wenn ich ein König wäre und wüßte es nicht, dann wäre ich kein König.» Heute könnte man genausogut sagen: Wäre ich Ministerpräsident von Baden-Württemberg und wüßte es nicht, dann wäre ich nicht Ministerpräsident von Baden-Württemberg. Das Wissen einer Sache ist auch im Bereich des Geistes für die Sache konstitutiv. – Von hier aus fällt ein bedeutsames Licht auf einige Sätze aus der Einleitung des Buches «Theosophie»: Der Erforscher des Übersinnlichen muß seine Worte an alle Menschen richten. «Denn er hat über Dinge zu berichten, die alle Menschen angehen; ja er weiß, daß niemand ohne eine Kenntnis dieser Dinge im wahren Sinne des Wortes ‹Mensch› sein kann.» Diese Worte sind nicht der Ausdruck eines theosophischen Hochmuts, der vielleicht meint: wir wissen etwas Besseres als die anderen Menschen. Diese Worte kennzeichnen vielmehr den Tatbestand, daß der Mensch nur insofern ein geistiges Wesen ist, als er sich als geistiges Wesen in Freiheit konstituiert und sich des Königtums seines Ich bewußt wird. Erst vom Ich und von der Freiheit her wird unsere ganze Natur, unser Erkennen, unser Leben verständlich. Durch das sich selbst tragende, freie Ich empfangen alle Ideen erst ihren Sinn und ihre Berechtigung. Die Achtung vor der Menschenwürde, die politische Freiheit wären ohne diesen Akt der sich selber schaffenden und wissenden Freiheit nichts als der Freibrief zur Willkür.

Im inneren Erleben dieser Freiheit erlebt man wirklich Michael. Man erlebt sein Schwert oder seine Lanze, die die drachenhafte Organisation zurückdrängt. Man erlebt aber auch die leuchtende Gestalt, die die Seele – in der Sage tritt sie in der Gestalt einer Jungfrau auf – errettet. Vor allem aber spürt man aus dem Denken eine gesunde Kraft in den ganzen Bildekräfteleib strömen. 1923 hat Rudolf Steiner ausgesprochen, daß diese Wirklichkeit in jedem Bewußtsein bei gutem Willen erlebbar ist: «Im letzten Drittel des neunzehnten Jahrhunderts wurde das Michaelbild im Menschen so stark, daß es nur sozusagen von dem guten *Willen* des Menschen abhing, um nach oben fühlend bewußt sich zum Michaelbilde zu erheben, damit ihm auf der einen Seite – wie im unerleuchteten Gefühlserlebnis – sich das Drachenbild darstelle; und dann auf der anderen Seite – in geistiger Schau und doch schon für das gewöhnliche Bewußtsein – eben die Leuchtegestalt des Michael vor dem Seelenauge stehen kann. So kann dann vor dem Menschen der Gemütsinhalt stehen: Da winkt in mir die Drachenkraft, die mich herunterziehen will; ich schaue sie nicht, ich fühle sie als das, was mich unter mich bringen will. Aber ich schaue im Geiste den leuchtenden Engel, dessen kosmische Aufgabe es immer war, den Drachen zu besiegen. Ich konzentriere mein Gemüt auf diese Leuchtegestalt, ich lasse ihr Licht in mein Gemüt hereinstrahlen. – Dann wird das so erleuchtete und erwärmte Gemüt die Michaelkraft in sich tragen, und im freien Entschlusse wird der Mensch in der Lage sein, durch sein Bündnis mit Michael die Drachenkraft in seinem Untermenschen zu besiegen.

Würde der gute Wille in den weitesten Kreisen aufgebracht, eine solche Vorstellung zu einer religiösen Kraft zu erheben und in jedes Gemüt einzuschreiben, dann würden wir nicht matte Ideen haben in unserem Leben der Gegenwart, wie wir sie heute überall finden können, wie sie als Reformgedanken und dergleichen auftreten, sondern dann würden wir etwas haben, was wieder innerlich den ganzen Menschen erfassen kann, weil solches sich einschreiben kann in das lebendige Gemüt, in jenes lebendige Gemüt, das in dem Augenblick, wo es nur wirklich lebendig wird, auch in eine lebendige Beziehung zum ganzen Kosmos kommen wird. Und es würden dann jene Leuchtgedanken des Michael die ersten Ankündiger sein des Wiederhineindringens des Menschen in die übersinnliche Welt.»[56]

Es ist entscheidend, daß der Michael-Glaube vieler gutmeinender Menschen in der Gegenwart sich zum Michael-Erlebnis, zur bewußt und gedankenklar errungenen Erfahrung erhebt. Dann wird man erleben, daß das Licht der wahren Idee des Menschen, die zugleich die Freiheits-Idee ist, in alle anderen Ideen ordnend und heilbringend hereinstrahlt. Dann tritt Michael die Herrschaft über die Intelligenz, die ihm aus welthistorischer Notwendigkeit entfiel, wieder an: die Gedanken beginnen lebendig zu werden, pulsend aus der schöpferischen Ich-Mitte des Denkens. So beginnen sie ein «Herz» zu haben und einen «Sinn», der sie für wesenhafte Ideen wieder aufschließt.

Hat man sich auf diese Höhe der Idee erhoben, so fällt auch ein klärender Blick auf unser so schwieriges Jahrhundert.

Für ein sich selbst verstehendes Denken, für eine durch die Selbstbeobachtung erkenntnistheoretisch über sich aufgeklärte Wissenschaft kann es ein leichtes sein, sich auf das Wesen des Menschen zu besinnen. Aber unsere Zeit wird durch eine Naturwissenschaft beherrscht, die diese Selbstbestimmung nicht vollzogen hat. Die Herrschaft der Naturwissenschaft erstreckt sich nicht nur auf die Vorstellungen der Menschen, sie beherrscht auch die Gemüter. Das Instrument dieser Herrschaft sind bestimmte Modellvorstellungen, die durch ihren einfachen Schematismus ungemein populär wurden. Wer sich zum Beispiel, mit Hilfe gewisser «Köpfe» der modernen Biologie, eine Vorstellung von der Vererbung bildet; wer etwa meint, daß die menschliche Gestalt durch die Erbinformationen der DNS-Moleküle bewirkt wird, der hat im Gewebe derartiger Vorstellungen keinen Raum für ein wirklichkeitsgemäßes Menschenverständnis. Auch die Vorstellungen der Verhaltenspsychologie oder die Ansichten über die natürliche Zuchtwahl durch den Kampf ums Dasein und das Überleben der Bestangepaßten suggerieren die Vorstellung eines mechanisch-materiellen Kosmos, der ohne Freiheit, ohne Menschen seinem Ziel, der Entropie entgegenrollt.

Den geistigen Hintergrund dieser Situation charakterisiert Rudolf Steiner dadurch, daß er auf die «andere Seite» des Michael-Kampfes aufmerksam macht. Michael habe vor Antritt seiner Aufgabe als geistiger Inspirator der Menschen die dämonischen Scharen jener Mächte, die den freien Menschen nicht wollen, «aus den Himmeln» – aus dem Reich der reinen Idee – herabgestoßen «auf die Erde». Diese dämonischen Geister erfüllen heute die Köpfe der Menschen; sie versuchen diese durch ihre mechanistisch-materiellen Modellvorstellungen zu beherrschen. Wenn sich auch der «Kampf im Himmel» unserer Beobachtung entzieht – die Dämonie des Materialismus können wir, namentlich im sozialen Leben, gut beobachten. Vor allem aber kann man eine Wende in der Wirksamkeit des Materialismus konstatieren. Erscheint doch der Materialismus der fünfziger und sechziger Jahre des 19. Jahrhunderts noch als eine harmlose Gelehrtenangelegenheit, die erst gegen Ende des vorigen Jahrhunderts ihre Wendung ins Emotional-Politische nahm. Aus dem Darwinismus wurde der Sozialdarwinismus und aus dem Sozialdarwinismus entstand der Nationalsozialismus.

«Aber was bedeutet es denn, daß nun die Mächte des Drachen, diese ahrimanischen Scharen, in die Reiche der Menschen, gewissermaßen vom Himmel auf die Erde gestoßen sind? Der Verlust dieses Kampfes bedeutet, daß sie nun nicht mehr, biblisch gesprochen, in den Himmeln zu finden sind. Dafür sind sie zu finden in den Reichen der Menschen, und das heißt: das Ende der siebziger Jahre war vorzugsweise diejenige Zeit, in welcher die menschlichen Seelen mit Bezug auf gewisse Erkenntniskräfte von ahrimanischen Impulsen ergriffen wurden. Weil diese ahrimanischen Impulse früher sich in den geistigen Reichen betätigen konnten, haben sie die Menschen mehr in Ruhe gelassen; weil sie heruntergestoßen worden sind aus den geistigen Reichen, sind sie über die Menschen gekommen. Und wenn wir uns fragen: Was ist eigentlich dazumal von den geistigen Reichen aus in die Menschen gefahren als ahrimanische Mächte? – so ist es eben die persönlich gefärbte, wohlgemerkt, die persönlich gefärbte, ahrimanische, materialistische Weltauffassung.

Gewiß, der Höhepunkt des Materialismus war in den vierziger Jahren vorhanden. Aber er hatte dazumal seine Impulse mehr instinktiv in die Menschen hineingeschickt. Die ahrimanischen Scharen haben dazumal noch von der geistigen Welt aus in die menschlichen Instinkte hinein ihre Impulse geschickt. Persönliches Eigentum der Menschen wurden diese ahrimanischen Impulse, namentlich Erkenntniskräfte und Willenskräfte, seit dem Herbst 1879. Was vorher mehr Allgemeingut war, wurde damit verpflanzt in das Eigentum der Menschen. Und so können wir sagen, daß seit dem Jahre 1879 durch die Anwesenheit dieser ahrimanischen Mächte im Reiche der Menschen persönliche Ambition, persönliche

Tendenz vorhanden ist, die Welt materialistisch zu deuten. Und wenn Sie mancherlei verfolgen, was seit jener Zeit geschehen ist aus den persönlichen Tendenzen der Menschen heraus, dann werden Sie es verstehen aus dem Herabstoßen des Drachen, das heißt der ahrimanischen Scharen, durch den Erzengel Michael von den Reichen des Geistes, von den Himmeln auf die Erde.»[57]

Diese Worte aus dem Jahre 1917 kennzeichnen auch unsere Situation. Prinzipiell sind die dämonischen Scharen, die sich in vielen Köpfen eingenistet haben, auch heute nicht überwunden. Der Materialismus verändert sein Erscheinungsbild fortlaufend, Modell folgt auf Modell, Mode auf Mode. Heute kommt es darauf an, den Kampf Michaels weiterzuführen, indem man den Menschen, die die Sinnlosigkeit und Menschenverachtung der materialistischen Praxis erleben, zu vollem Erwachen, zum Erkennen der Geistnatur des Menschen verhilft.

Die 33jährige Umlaufszeit
geschichtlicher Ereignisse

Die sich an der Anthroposophie orientierende Geschichtsbetrachtung steht noch in vielerlei Hinsicht am Anfang ihrer Bemühungen.
So hat sie Anlaß, sich immer wieder ihrer Methode zu versichern
und zu prüfen, inwieweit sie die Ideen Rudolf Steiners wirklich mit
Verständnis ergriffen hat, ob sie in der Lage ist, die Hinweise des
Begründers der Anthroposophie sinnvoll und selbständig zu handha-
ben, oder ob man in Gefahr ist, auf Grund eines nicht durchdachten
Satzes zu einer mechanischen Handhabung von Begriffen zu gelangen, die von ihrem Autor anders gefaßt und gemeint worden sind.

Rudolf Steiner hat in drei Vorträgen (23., 24. und 26. Dezember
1917) im Zusammenhang mit der Geburt Christi auf Erden von der
Bedeutung gesprochen, die das Leben des Christus-Jesus auf Erden
für die Orientierung der Menschen in der Zeit hat. Vorchristliche
Menschengenerationen blickten zu den Sternen und Sternkonstellationen, wenn sie die Zeichen der Zeit lesen wollten. Die letzten
Repräsentanten dieser Sternenkunde sind die drei Magier aus dem
Morgenland. Der Stern führt sie an die Wohnung des Kindes: da
stand er stille (Matth. 2,9). Rudolf Steiner fragt: «Was wollten die
Magier aus dem Morgenland?» Und er antwortet: «Sie wollten
zeigen, daß notwendig ist, daß die Menschen nunmehr beginnen,
den Blick hinzuwenden auf dasjenige, was innerhalb des geschichtlichen Werdens, des sozialen, des sittlichen Werdens in der Erdenmenschheit selbst geschieht.» Sie wollen zeigen, daß das, was bisher
in den Sternen geschaut wurde, nunmehr durch Christi Geburt in
die Erdenentwicklung eingetreten ist, «daß die Erdenentwicklung
selber fortan mit solcher innerer Weisheit nur durchschaut werden
kann, wie früher die Sternkonstellationen durchschaut worden sind.»

Rudolf Steiner führt weiter aus, daß erst um die Zeitenwende herum die Möglichkeit gegeben wird, daß Menschen selbständig aus ihrer Weltauffassung, aus *ihrem Bilde der Welt* heraus sozialgestaltend tätig werden. Vor der Zeitenwende wurde aus den Mysterien, im Einklang mit dem Sternenlauf, im Zusammenhang mit Natur- und Volkskräften das soziale Leben impulsiert. Diese Impulsierung war aber in den Jahrhunderten vor der Zeitenwende problematisch geworden. Durch das Mysterium von Golgatha wird der Menschheit ein neues Urbild der Sozialgestaltung gegeben: Das 33 Jahre währende Leben des Christus-Jesus schreibt selber eine neue Sternenschrift in den Geschichtslauf ein. So sagt Rudolf Steiner: «Wie die Alten versuchten die Sterne zu enträtseln, und aus ihren Konstellationen bestimmten, was sie hier auf der Erde tun wollten, so sollte der Mensch sich bewußt werden, daß er eintreten muß nunmehr in ein Zeitalter, welches nur Not und Elend und Unglück unter die Erdenmenschheit bringen muß, wenn er sich nicht entschließt, die Konstellation der Zeitensterne zu lesen im Werdegang der Menschheit.»

Rudolf Steiner sagt weiter, daß seit dem Mysterium von Golgatha das Urbild des Christus-Lebens in dem sozialen Handeln der Menschen wirkt: «Eine vollständige Menschheitsgeneration ist die Zeit von 33 Jahren, so rechnet man. Eine Menschheitsgenerationszeit muß vergehen zwischen dem zusammengehörigen Weihnachts- und Osterfeste. Dies ist die Anleitung, um die neue Astrologie zu lesen, jene Astrologie, welche auf die Sterne, die in der geschichtlichen Menschheitsentwickelung selber glänzen, das Augenmerk hinlenkt.» «So hat derjenige, der in der heutigen Zeit irgend etwas im sozialen Menschenwerden vollbringen will, hinzuschauen auf die Sterne, die auf- und untergehen im geschichtlichen Werden. Und so wie berechnet worden ist die Umlaufzeit der Sterne um die Sonne, so ist berechnet in der wahren geschichtlichen Menschenweisheit die Umlaufzeit der geschichtlichen Ereignisse. Und diese Umlaufzeit ist von einem Weihnachten zu einem Ostern, das 33 Jahre nachher liegt.»

Was Menschen aus ihrer Weltauffassung, aus ihrem Weltbild

heraus tun, wenn sie sozial in menschlichen Zusammenhängen handeln, das geben sie in die Zeit hinein, und nach 33 Jahren wird im geschichtlichen Werden dieser Impuls auferstehen. «Denn alle Dinge im geschichtlichen Werden erstehen nach 33 Jahren in verwandelter Gestalt aus dem Grabe, durch eine Gewalt, die zusammenhängt mit dem Heiligsten und Erlösendsten, das die Menschheit durch das Mysterium von Golgatha bekommen hat.»

Fragt man sich nach dem Sinn dieser Mitteilung Rudolf Steiners, so gibt er selbst die Antwort durch die Art, wie er empfiehlt, mit dieser Idee umzugehen, durch die Art, wie er selbst mit ihr umgeht. Er verwendet diese Idee nicht abstrakt, d. h. zu irgendeiner Art der allgemeinen Geschichtsinterpretation, indem er etwa darstellt, wie sich der Beginn des Siebenjährigen Krieges (1756) im Beginn der Französischen Revolution (1789), oder wie der Wiener Kongreß (1814/15) in der Revolution von 1848 sich erfüllen. Er spricht weniger zu den Betrachtenden als zu den Handelnden, wenn es heißt: «Wie soll es der Mensch machen, wenn er an wichtigen Stellen steht, um zu solchen Entschlüssen zu kommen, die nach 33 Jahren aufgehen können? Er soll nur einmal probieren, unter dem Einflusse einer solchen Idee die Erinnerungen, die 33 Jahre zurückliegen, zu verstehen, und aus dem wirklichen Verständnis wird ihm entspringen das, was er in der Gegenwart zu tun hat: dann wird es in würdiger Weise in 33 Jahren aufgehen können, auferstehen können.» – In diesem Sinne spricht Rudolf Steiner von «Intervallen von 33 zu 33 Jahren»: In der Mitte zwischen beiden Intervallen steht der sich erinnernde, der verstehende und der handelnde Mensch. Er schaut 33 Jahre zurück und gewinnt aus der verstehenden Erinnerung die Kraft, sozial gut und sinnvoll in die Zukunft zu wirken. In diesem Sinne macht Rudolf Steiner auf Ereignisse aufmerksam, die sich 33 Jahre vor 1917 bzw. vor 1914 abgespielt haben. So verweist er auf den Regierungsantritt des Zaren Alexander III. (März 1881), unter dem in Rußland alle fortschrittlichen Reformen gestoppt, unter dem die radikale Russifizierung vorangetrieben wurde, die Publikation von Büchern in ukrainischer Sprache verboten, den Weißrussen und Litauern der Gebrauch ihrer Muttersprache überhaupt untersagt wurde. Es ist das die Zeit, in der der Generalprokurator des Heiligen Synod, Pobedonoscev, inmittelbaren Einfluß auf die Entscheidungen der Regierung erlangt und in der der ehemals liberale und nun ultrareaktionäre Katkov in seinem «Russkij Vestnik» großrussischen Chauvinismus und Panslawismus predigt. In der Tat geht von dieser Politik eine Linie zum Ausbruch des Ersten Weltkrieges und zur Russischen Revolution. – Ebenso verwies Rudolf Steiner auf die Kongokonferenz des Jahres 1884/85, jenem von Bismarck geförderten Versuch einer deutsch-französischen Zusammenarbeit auf dem Felde der Kolonialpolitik, in der die deutschen Bemühungen um Kolonialerwerb ihren ersten systematischen Ausdruck fanden: Damals war das Deutsche Reich in den Kreis der imperialistischen Mächte eingetreten, damals hatte jene Weltmachtpolitik begonnen, die 1917 in der Diktatur Ludendorffs und Hindenburgs, in der Gründung der Vaterlandspartei durch Kapp und ihrer Politik des «Siegfriedens» gipfelte. In der Tat hätte 1917 eine Erkenntnis des Charakters der chauvinistischen und imperialistischen Tatenkeime durch den Blick auf die aufgehende Saat vermittelt werden können. Ja, es ist vorstellbar, daß ein Handeln, das von der Einsicht in die verheerenden Folgen des Nationalismus und des Imperialismus geleitet gewesen wäre, segensreich gewirkt hätte.

Vielleicht ist es nicht spekuliert, wenn man annimmt, daß die 1917 von Rudolf Steiner formulierte Idee der Dreigliederung des sozialen Organismus eine Idee ist, die aus der Erkenntnis dessen geboren ist, was sich nach 33 Jahren als Frucht der Taten der Jahre 1881–84 gezeigt hat. Wohlgemerkt: die Idee der Dreigliederung ist *nicht* Folge oder Ergebnis des Chauvinismus und Imperialismus der frühen achtziger Jahre des vorigen Jahrhunderts; sie kann aber aus der Erkenntnis der Tatenfrüchte dieser Jahre, die nach 33 Jahren zutage treten als schöpferische Antwort, als ein neuer und heilsamer Impuls, der dem Niederziehenden entgegenwirken soll, formuliert werden. So gesehen ist also die Idee der Dreigliederung nicht die Folge von etwas Vergangenem, sondern ein Tatenkeim für die Zukunft.

Damit kommt man zu der wichtigen Frage, ob es im Sinne der von

Rudolf Steiner entwickelten Idee des Zusammenhangs von Ereignissen, die durch 33 Jahre ausreifen, richtig ist, von einem 33-Jahres-Rhythmus zu sprechen. Dem Leser der genannten Vorträge fällt auf, daß Rudolf Steiner diesen Begriff des Rhythmus nicht verwendet. Er spricht von der «Umlaufzeit der geschichtlichen Ereignisse» (23. 12. 1917), oder vom «33jährigen Umkreis» (24. 12. 1917), oder über «Zusammenhänge in Intervallen von 33 zu 33 Jahren», in denen der gegenwärtig Handelnde in der Mitte drinnen steht. Ich möchte vermuten, daß Rudolf Steiner hier das Wort und den Begriff *Rhythmus* absichtlich vermeidet, weil er – so vermute ich wiederum – einen genau gefaßten Begriff von Rhythmus hatte.

Der Rhythmus ist die zeitliche Erscheinung eines ideellen Wesens, dessen innere Polaritäten im zeitlichen Nacheinander zur Entfaltung kommen. Alles Lebendige zeigt in diesem Sinne Rhythmus, etwa wenn sich der Typus einer Pflanze entfaltet. Im Samen ist die Erscheinung auf das Äußere konzentriert, das Wesen der Art erscheint dann stufenweise als Blatt, Blüte und Frucht, die insgesamt zeitliche Offenbarungen desselben ideellen Typus sind, dessen vollständiges Wesen mit seinen inneren Spannungen und Gegensätzen nur im Nacheinander erscheinen kann. Die Rhythmen im Leben der Pflanzen, der Sterne wiederholen sich in lebendigen Abwandlungen immer aufs neue.

Genau das liegt aber beim Urbild des Umlaufs geschichtlicher Ereignisse nicht vor: Das Christus-Leben beginnt mit der Geburt, die wir zu Weihnachten feiern, und findet 33 Jahre später mit Tod, Auferstehung und Himmelfahrt den Abschluß der unmittelbaren irdischen Wirksamkeit. Damit aber kehrt es nicht – wie ein gewöhnlicher Rhythmus – zu jenem Anfang zurück, von dem es ausgegangen war. Was nach Ostern und Himmelfahrt in der Geschichte folgt, ist etwas anderes: es ist das unmittelbare Wirken der Jünger Christi, das etwa um das Jahr 100 mit der Niederschrift des Johannes-Evangeliums durch den Jünger, den der Herr liebhatte, endete. Ganz analog beschreibt Rudolf Steiner die Wirksamkeit des 33jährigen Umlaufs: «Eine Menschengeneration von 33 Jahren reift ein Gedankenkeim, ein Tatenkeim aus. Ist er dann ausgereift, so wirkt er durch 66 Jahre noch weiter im geschichtlichen Werden. Man erkennt die Intensität eines Impulses, den der Mensch ins geschichtliche Werden hineinlegt, auch in seiner Wirksamkeit durch drei Generationen hindurch, ein ganzes Jahrhundert hindurch.» Diese Beschreibung scheint mir nun in der Tat nicht auf das zu deuten, was man sinnvoller Weise als Rhythmus beschreiben kann. Es handelt sich vielmehr um einen einmaligen Vorgang: um Geburt eines Gedanken- und Tatenkeims, um sein Ausreifen (Auferstehen) nach 33 Jahren; danach folgt ein allgemeines Weiterwirken durch 66 Jahre, das schwächer oder stärker werden kann, das aber in dieser spezifischen Art nach einem Jahrhundert zu einem Abschluß kommt. Dieser Abschluß ist, wie die Geschichte lehrt, kein absoluter Abschluß, wohl aber das Ende einer spezifischen Wirksamkeit, wie es in der Verwandlung des Christentums im 2. Jahrhundert nach unserer Zeitrechnung deutlich wird[69]. Aus dieser Auffassung ergibt sich aber eine neue Schwierigkeit. Wenn nämlich die Ereignisse in Intervallen von 33 Jahren etwas anderes sind als rhythmisch fortlaufende Kulminationspunkte einer unbegrenzten Reihe, wenn es wirklich, wie Rudolf Steiner ausführt, Geburts- und Auferstehungsereignisse sind, so muß man sie unterscheiden. Ein anderes ist ein Tatenkeim im geschichtlichen Geschehen, ein anderes das Ausreifen, das Auferstehen eines Impulses. Diese Unterscheidung stellt eine hohe Anforderung an die historische Urteilskraft. Zunächst liegt es nahe, den Unterschied überhaupt zu leugnen, indem man einwendet, bei der Pflanze sei ja auch Same und Frucht schließlich dasselbe: die Frucht ist der neue Same. Wer so denkt und spricht, zeigt, daß er für das spezifisch Menschliche der Menschengeschichte noch keinen Sinn hat. Zur Darstellung des Sachverhalts kann man auch hier an Rudolf Steiner anknüpfen, der darauf aufmerksam machte, daß die Geschichte nicht eine durchgängige Kette von Ursache und Wirkung, von Anstoß, Bewegung und neuem Anstoß sei. Eine sinnvolle Geschichtsbetrachtung muß auf die Tatsache der menschlichen Freiheit Rücksicht nehmen. Die menschliche Freiheit – die hier nicht ausführlich dargestellt werden kann – tritt in der Geschichte als Unterbrechung der Kausalketten auf. Das hängt damit zusammen, daß alles wirklich *menschliche* Handeln auf das Bewußtsein der einzelnen Menschen angewiesen ist, und dieses Bewußtsein stellt selbst die Unterbrechung der Kausalität dar. Menschen können gegenüber dem, was aus Umwelt und Vergangenheit auf sie zukommt, selbständige Auffassungen, Sehweisen, Beurteilungen, Entschlüsse ins Spiel bringen. Das wird besonders durch das Mißverstehen deutlich. Das Mißverstehen und Mißdeuten wäre unmöglich, wenn es im Felde des Bewußtseins eine durchgängige Kontinuität gäbe. Die Unterbrechung durch das individuelle Bewußtsein ist aber nur der negative Aspekt der Freiheit. Der positive Ausdruck der Freiheit sind die keimhaften sozialen Handlungen, die einen *Anfang* für etwas *Neues* setzen.

Ein solcher Anfang, wenn auch kein schöner und guter Anfang, war 1881–1885 die Reaktion großen Stils, die von Alexander III., Pobedonoscev und Katkov ausging. Dieser Impuls wurde 33 Jahre später in seiner Wirkung im Kriegseintritt Rußlands und im Zusammenbruch der zaristischen Autokratie sichtbar. Für unsere Gegenwart des Jahres 1982 kann man auf das Jahr 1949 zurückblicken. Man kann auf der einen Seite in den Jahren 1947, 48, 49, 50 vieles erkennen, was als Ergebnis, als Tatenfolge der Jahre 1914, 15, 16, 17 betrachtet werden muß. Ich meine, daß in der Tat das meiste von dem, was man den Kalten Krieg nennt, in diesem Sinne mit den Ereignissen des Jahres 1914 und namentlich mit den Ereignissen des Jahres 1917 zusammenhängt. Das bedürfte einer genaueren Darstellung, die hier nicht gegeben werden kann. Zum anderen erkennt man 1949 eine Reihe von Neugründungen. So wird 1949 die Volksrepublik China gegründet, der Europarat und auch die Bundesrepublik Deutschland.

Verweilen wir kurz bei der Gründung der Bundesrepublik Deutschland. Die Gründung ist nicht eine völlig freie Tat und Entscheidung der Deutschen gewesen. Seit 1947 arbeitet man von seiten der USA auf diese Gründung hin, 1948 am 1. Juli erhalten die deutschen Ministerpräsidenten von den westalliierten Oberbefehlshabern die Weisung, ein westdeutsches Staatsgebilde zu schaffen. Das führt am 1. September 1948 zum Zusammentritt des Parlamentarischen Rates in Bonn. Dieser entwirft das Grundgesetz, welches am 23. Mai 1949 durch Beschluß der westdeutschen Landtage Gültigkeit erlangt. Dieses Grundgesetz ist gewiß die beste Verfassung, die Deutschland je hatte; namentlich ist die Tatsache, daß die Grundrechte unmittelbar geltendes Recht sind, nicht hoch genug zu schätzen. Dennoch zeigt dieses Grundgesetz, das sich in rein verfassungstechnischer Hinsicht gut bewährt hat, einen schweren doppelten Mangel: die Allzuständigkeit des Staates, die die staatliche Gewalt sowohl zum Gesetzgeber als auch zur norm-setzenden Instanz und Veranstalter in vielen geistigen und kulturellen Angelegenheiten macht; ferner wird durch die Allzuständigkeit des Staates diesem die Verantwortung für das Ergehen der Wirtschaft zugeschrieben, ja, die staatlichen Gewalten treten sogar selbst als wirtschaftliche Unternehmen auf. Das Resultat dieser beiden fehlenden Systemgrenzen ist die Verknäuelung aller Lebensbereiche. Diese Verknäuelung steht geistiger Freiheit ebenso im Wege, wie sie wirtschaftliche Verantwortung unterminiert.

Vielleicht kann man den Impuls, der mit dem Grundgesetz der Bundesrepublik Deutschland gegeben wurde, dadurch charakterisieren, daß man sagt: das Gute dieses Impulses wurde aus der Erkenntnis der deutschen Katastrophe 1933–45 geboren. Diesem Guten verdankt die Bundesrepublik ihre Daseinsberechtigung. Aber das Gute war noch nicht von den Flügeln der genügenden Einsicht getragen. Das Gute war gleichsam der letzte Ausdruck der liberalen Ideen von 1848/49, es verwirklichte das, was eigentlich vor 100 Jahren an der Zeit gewesen wäre. Doch sollte man es deshalb nicht schmähen, denn aus diesem Impuls wurde dann auch Bedeutsames geleistet: Man bemühte sich um die Wiedergutmachung des im deutschen Namen begangenen Unrechts; es gelang, über 11 Millionen Flüchtlinge aus dem Osten in die Gesellschaft der Bundesrepublik zu integrieren; auch kann man sagen, daß der alte Nationalismus nicht wieder auflebte und daß sich namentlich die historische Wissenschaft – in einer Art, die es nie zuvor bei anderen Nationen in der Geschichte gegeben hatte – um die geistige Bewältigung der Vergangenheit bemühte. –

175

Andererseits aber fehlten diesem Staat Ideen und Impulse, die zu einer wirklichen neuen Sozialgestalt führen könnten. Man setzte das System des Bismarckschen Staatssozialismus fort, der Kapitalismus trat in eine neue Phase des Wachstums ein, die Omnipotenz des Staates wucherte immer weiter: Gesetze, Erlasse, staatliche Intervention bis ins letzte Dorf. In dieser Atmosphäre wuchert das, was man als Filz, als halbe oder ganze Bestechung, als Verschwendung und Veruntreuung erkennen kann. Einen besonderen Anteil hat hier bis heute die Steuergesetzgebung, das Bodenrecht und manches andere. Heute, nach 33 Jahren, treten diese Versäumnisse, diese Fehlkonstruktionen als staatsbedrohende, als die Legitimität des Staates unterminierende Skandale zutage. So enthüllt der Rückblick auf eine 33jährige Entwicklung in der Tat die Schwächen des Impulses und der Ideen von 1949. Zum anderen tritt auch das hervor, was gewissermaßen auf den Teil der Impulse zurückgeht, der in den Grundrechten seinen Ausdruck findet. Das kann man überall dort erkennen, wo von der Freiheit produktiver Gebrauch gemacht wird. Ich denke dabei in erster Linie daran, daß im Rahmen der neuen Rechtsordnung auch über 70 Waldorfschulen entstehen konnten. Sie seien hier stellvertretend für alle freien und sich selbst verwaltenden Initiativen genannt. Gewiß zeigt sich in der relativ kleinen Zahl dieser freiheitlichen Initiativen auch, daß der Impuls für eine produktive freie Sozialgestaltung 1949 nur schwach ausgeprägt war. Die Fruchtbarkeit dieser Initiativen, die weit über ihre Zahl hinaus Bedeutung haben, ist aber wegweisend für die Zukunft. Man kann koffen, daß in den nächsten 33 Jahren immer neue Freiräume durch neue Initiativen geschaffen werden: Schulen und Hochschulen, Kliniken und landwirtschaftliche Siedlungen, Banken und Produktionsstätten, in denen Menschen sich selbst verwalten und die Freiheit fruchtbar machen.

Die Jahre 1949 und 1950 waren auch entscheidend für die außenpolitische Orientierung des neuen deutschen Weststaates. Konrad Adenauer, der erste Bundeskanzler, war entschlossen, den Staat eindeutig mit den Westmächten, vor allem mit Frankreich und den USA, zu verbinden. 1982 wurde – nicht ohne Mithilfe der USA –

unter dem Beifall Frankreichs in der Bundesrepublik eine Regierung installiert, die entschlossen ist, sich ganz nach dem Willen der USA auszurichten und die deutlich darauf verzichtet, deutsche Interessen gegenüber dem Westen geltend zu machen. Nur im deutsch-deutschen Verhältnis zeigt sich wie eine schwache Hoffnung die Tendenz, die Spaltung der Mitte nicht auch noch in der Mitte zu vertiefen. Gerade an dieser Stelle könnte, wenn er von den rechten Menschen ergriffen würde, ein Ansatzpunkt für ein zukunftsorientiertes Handeln liegen. Man stelle sich vor, heute würden Bürger und Politiker in aller Stille, ohne große Proklamationen und Programme, daran gehen, auf lange Sicht Oasen des Friedens und der Verständigung zu schaffen, und in der Mitte Europas würden von der Ostsee bis über die Alpen Zonen des Friedens geschaffen werden, in denen sich Polen und Tschechen, Ungarn, Österreicher, Niederländer, Flamen und Wallonen begegneten.

Das Gegenteil des so in langfristigen Perspektiven lebenden Handelns, das sich der kommenden Generation verpflichtet weiß, ist das kurzfristige Krisenmanagement, das nur auf Katastrophen reagiert und vor künftigen Problemen vorzugsweise die Augen schließt. Realistisch aber ist es heute, über den Tag, über die nächste Wahl, ja über das nächste Jahrzehnt heraus zu denken, weil die Folgen unseres Handelns – verstärkt durch Technik und beharrende Strukturen – weit über ein Jahrzehnt hinaus wirken. Die Früchte einer Bildungsreform werden wirklich erst nach 33 Jahren erkennbar. Deshalb muß wirklich ein Sinn, ein Organ für den inneren Zusammenhang des sozialen Handelns gebildet werden.

Das scheint auch der Sinn der Hinweise Rudolf Steiners zu sein, der durch seine Mitteilung über die 33jährige Umlaufzeit geschichtlicher Ereignisse zu folgender Besinnung anregen wollte: «Was du – so möge man sich sagen –, was du jetzt tust, das wird fortwirken und erst auferstehen, äußere Tat werden – nicht im persönlichen, im geschichtlichen Sinne – nach 33 Jahren. Ich verstehe dasjenige, was jetzt geschieht, wenn ich zurückblicke . . . auf die Zeit, die sich jetzt nach der Regel der 33 Jahre erfüllen muß.» – In diesem Sinne scheint der Hinweis Rudolf Steiners auf die «Regel der 33 Jahre» weniger ein

Instrument zur theoretischen Geschichtsbetrachtung für nachgeborene Historiker, als ein Weckruf zur Erweiterung des sozialen Bewußtseins der praktisch Handelnden zu sein. Die 33jährige Umlaufzeit offenbart durch die Zeit das Wesen menschlicher Handlungen. Diese Handlungen sind aber in sich noch nicht ideelle Wesenheiten von der Art des Typus, der sich in mächtigen Rhythmen immer neu entfaltet. Der Rückblick auf 33 Jahre und die Besinnung auf die fernere Zukunft können aber das Verantwortungsgefühl der Handelnden wecken, indem sie von den Tagesgesichtspunkten weg unseren Sinn auf das lenken, was Menschen zeitigen.

Deutschland 1945 bis 1984

1945 – Die Zweiteilung der Welt

Als im April 1945 amerikanische Soldaten und Rotarmisten an der Elbe bei Torgau einander die Hände reichten, da war in den Augen der Weltöffentlichkeit der eine der beiden Weltstörenfriede besiegt. Man blickte damals voll Hoffnung nach San Francisco, wo in eben diesem April die UNO gegründet wurde, wo die Vereinten Nationen, wie man den neuen Völkerbund nannte, eine Ära des Weltfriedens, der Völkerzusammenarbeit eröffnen wollten. Mit der Kapitulation im Mai 1945 war das Deutsche Reich endgültig vernichtet, gleichgültig ob völkerrechtlich gesehen ein Staat, ein Reich, vernichtet werden kann; das Deutsche Reich bestand nicht mehr. Mit der Entdeckung dessen, was sich in den Konzentrationslagern ereignet hatte, in Auschwitz, in Maydanek und Treblinka, in Buchenwald, Bergen-Belsen und Dachau, war noch mehr geschehen. Es war das, wenn man es einmal so aussprechen darf, in gewisser Hinsicht der Tod, der moralische Tod des deutschen Volkstums. Mit diesem Wort «Tod eines Volkstums» ist nicht gemeint, daß alle einzelnen Menschen umgebracht würden, keineswegs. Was sich ereignet hat, war dies: für die Augen der Weltöffentlichkeit war dem deutschen Volk die natürliche Daseinsberechtigung genommen. Man kann in diesem Zusammenhang erwähnen, daß Rudolf Steiner von dieser Gefahr – des Todes des deutschen Volkstums – im Oktober 1919 in Dornach gesprochen hat: Das deutsche Volkstum würde seinem Tode entgegengehen, als Volkstum vernichtet werden, wenn es nicht geistige Aufgaben ergreifen würde[58].

Als im Sommer 1945 die sogenannten Großen Drei in Potsdam zusammenkamen, lagen also nicht nur Wirtschaft und Verkehr in Deutschland darnieder, waren nicht nur die meisten größeren deut schen Städte in ihrem Kern zerstört, hatte nicht nur der staatliche Apparat praktisch aufgehört zu existieren, es gab auch keine deutsche Regierung mehr, Deutschland war zum ausgebrannten Krater der verbrecherischen Machtpolitik geworden. Moralisch tödlich getroffen! Nicht durch Feindesmacht! Was sich so ereignet hatte, kann man einerseits unter dem Gesichtspunkt schildern, wie sich die Lage jetzt für die Deutschen darstellte. Ich erinnere mich sehr deutlich an mein eigenes Gefühl in jenen Jahren, wenn man mit einem *Allied Travel Document* über die Grenze nach Holland oder in die Schweiz kam. Man hatte als Inhaber eines solchen Paß-Ersatzes, als ein die deutsche Sprache Sprechender die Empfindung, daß einem der Boden unter den Füßen fehlte. Man hatte nicht das Gefühl, daß man irgendwo selbstbewußt auftreten konnte und sagen: wir sind zwar eine besiegte Nation, aber innerlich stehen wir aufrecht! Denn man empfand viel zu tief, was zwischen 1933 und 1945 geschehen war; man konnte sich zwar subjektiv sagen: ich war, als die Nazis an die Macht kamen, drei Jahre alt, als die Naziherrschaft zusammenbrach, fünfzehn Jahre. Trifft mich da irgendwie Verantwortung? Wenn man so dachte, fühlte man, daß das an der Wirklichkeit vorbeiging. Denn die Blicke der Umstehenden trafen auch die «Unschuldigen» als Mitglied der deutschen Lebensgemeinschaft. Und man wußte, daß man zunächst mit all dem, was man war, nur auf sich selbst gestellt war. Man hatte nicht mehr das Gefühl, das ein Engländer, ein Holländer haben kann, wenn er freudig sagen kann «Ich bin ein Holländer, ein Engländer.» Das freudige Bekenntnis zum eigenen Volk war unmöglich geworden. Man wußte, in diesem Augenblick ist für Deutschland nichts mehr auf das Volkstum gestellt, sondern alles auf die einzelne Persönlichkeit.

Was sich ereignet hatte, kann man aber auch unter dem Gesichtspunkt betrachten, was das für die Welt bedeutete. Der Welt war es in keiner Weise klar, was es bedeutete, daß in der Mitte Europas das deutsche Volkstum und seine Organisation zugrunde gegangen war. Aber manches wurde doch sehr schnell sichtbar. In Mitteleuropa begegneten sich, ohne irgendwelche Vermittlung, die beiden Machtblöcke der USA und der Sowjetunion. Sie standen Aug in Aug einander gegenüber, zunächst reichten sie sich die Hände, dann waren sie noch im Sommer 1945 gute Freunde, aber sehr bald zeigte sich, ganz anders als erwartet, daß sich das System der Bipolarität oder der zwei gegenüberstehenden Machtblöcke herausbildete. Und man müßte an dieser Stelle eigentlich einen längeren Exkurs über das Geheimnis der Zwei machen, über die Bedeutung der Tatsache, daß es im wesentlichen *zwei* Machtblöcke gab. Denn es gibt im sozialen Leben wohl nichts Problematischeres als das Festlegen aller Entscheidungen auf zwei Möglichkeiten. Die Zwei bedeutet zunächst auf geistigem Feld, daß in der Regel Menschen vor falsche Alternativen gestellt werden: Freiheit oder Sozialismus – Kapitalismus oder Kollektivismus. Diese falschen Alternativen, durch die Freiheit gegen Brüderlichkeit oder Sozialismus gegen Demokratie ausgespielt werden, verderben beide Positionen in sich – denn Freiheit ist keine Freiheit mehr, wenn sie sich nicht mit der Brüderlichkeit verbindet, Sozialismus ohne Freiheit antisozial. Durch diese Polarisierung wird ferner bewirkt, daß zwischen diesen beiden Machtblöcken ein innerer Konkurrenzkampf beginnt, ein Konkurrenzkampf, der sozial gesehen dazu führt, daß die jeweiligen Bevölkerungen auf Feindbilder fixiert werden, daß sie im Denken irregeführt werden. Man betrachtet die Weltereignisse unter dem Gesichtspunkt: Ist das ein Plus für die Sowjetunion, ist das ein Plus für die USA? – als ob es ein Plus für die USA sein könnte, daß man mit Hilfe eines bestimmten Konzerns in Chile einen Herrn Pinochet, auf den Philippinen einen Herrn Marcos installiert hat, als ob es ein Plus für die Sowjetunion wäre, wenn ein Herr Gaddhafi in Libyen regiert.

Diese falsche Polarisierung, die Alternative zwischen den falschen Positionen, begann in den Jahren und Jahrzehnten nach 1945 das Problem der Weltpolitik zu werden. Zwei Mächte, zwei Systeme konkurrierten mit ihrer Ideologie in Europa, in Asien, in der dritten Welt. Die einen trugen dann den Sieg in Äthiopien und Angola davon, die anderen bisher noch in Namibia oder in Brasilien. Der Welt, die auf diese falsche Polarität ausgerichtet ist, fehlt das Dritte. Das Fehlen einer vermittelnden Position, ja, nicht einer vermittelnden Position, sondern einer in der Mitte stehenden geistigen Macht, ist das Kennzeichen der Welt nach 1945, obwohl es eine dritte Welt, eine Organisation blockfreier Staaten gibt: geistig bieten sie nichts Neues, nur ein Gemisch aus Altem.

Wir stehen noch heute im Zeichen dieser fehlenden Mitte! Die Welt leidet unter dem Versagen der Mitte Europas. Es ist natürlich immer eine gewisse Arroganz, wenn man von dem eigenen Land als dem Land einer Mitte spricht. Die Chinesen tun das, auch Delphi war der Nabel der Welt, aber ich spreche dennoch bewußt von einer Mitte, denn die heutige Weltkultur, so wie sie sich entwickelt hat, ist von Europa ausgegangen. Das gegenwärtige Denken, die heutige Zivilisation sind nicht in der Sowjetunion entstanden, nicht in China entstanden, nicht in Indien und nicht in den USA. Sondern geistig gesehen ist diese Weltkultur der Neuzeit in Europa entstanden. Und da war Deutschland in mancher Beziehung eine Mitte. Diese Mitte hat aber schon vor 1914 die eigene Aufgabe nicht ergriffen! Sondern sie hat sich schon damals auf den Wettkampf mit den angloamerikanischen Völkern eingelassen und in den allerabgeschmacktesten Formen des Machtstrebens versucht, im Hinblick auf Kolonialbesitz und Wirtschaftsmacht zu wetteifern[59]. Diese Mitte fehlt in der Welt. Sie fehlt schon seit mehr als einem Jahrhundert, und das ist nicht nur für Deutschland, sondern es ist für die Welt etwas, was geistig, politisch, ökonomisch die schwersten Krisen produziert, indem es zur Polarisierung und zum Konkurrenzkampf führt.

Jakob Kaiser: Die Frage nach der Aufgabe der Mitte

Nun ist es bemerkenswert, daß es im Jahr der Niederlage und den ersten Jahren danach in Deutschland doch Menschen gegeben hat, die dieses Problem geahnt haben. Einer dieser Politiker war *Jakob Kaiser*. Er war ein früherer Gewerkschaftsmann, ein Gründungsmitglied der CDUD, d. h. also der CDU in der sowjetischen Besatzungszone. Kaiser fragte sich damals: Hat Deutschland denn eine

Aufgabe? Und er schrieb das im Jahre 1946 mit folgenden Worten nieder: «Mir scheint für Deutschland die große Aufgabe gegeben, im Ring der europäischen Nationen die Synthese zwischen östlichen und westlichen Ideen zu finden. Wir haben Brücke zu sein für West und Ost, zugleich aber suchen wir unseren eigenen Weg zu gehen zu neuer sozialer Gestaltung. Die europäische Welt muß einmal wieder zur Ruhe kommen. Sie wird es, wenn die Ideen, die mit der aufsteigenden Schicht der Arbeiterschaft um Gestaltung ringen, Raum gefunden haben, wenn sie in einem jeden Volk einen dem Charakter und der Eigenart des Volkes entsprechenden Niederschlag gefunden haben. Ich sehe den Sinn des für uns so schmerzlichen Geschehens in der gegenseitigen Befruchtung der Nationen, in der gegenseitigen Abstimmung auf eine europäische Gemeinschaft, die ganz Europa zu sozialen Formen kommen läßt, die eine neue dauernde Verständigung möglich macht.»[60]

Jakob Kaiser hat das immer wieder formuliert, er hat auch vor der falschen Alternative Marxismus oder Kapitalismus, westlicher Liberalismus oder östlicher Kollektivismus gewarnt; hat darauf hingewiesen, was es für Deutschland bedeutet, Rußland begegnet zu sein, und er hat eben diese Idee formuliert: Deutschland hat die Aufgabe, Brücke zu sein zwischen West und Ost, Freiheit und Demokratie mit dem Sozialismus zu verbinden. Jakob Kaiser hat damit einen Vorschlag formuliert, den wir in seiner Tiefe als berechtigt empfinden können und der dennoch damals gar keine Chance hatte, ergriffen und gehört zu werden. Denn die Welt hatte gar kein Bedürfnis, daß Deutsche irgendwo die Brückenbauer wären. Man war nicht der Auffassung, daß dieses Volk, von dem man soviel in Wochenschauen gesehen und in Zeitungen gelesen hatte, daß diese Deutschen irgendwo eine Mittlerfunktion ausübten. Der Vorschlag Kaisers hätte nie mehr in diesem Sinne naiv als Aufgabe eines Volkes formuliert werden können. Darüber hinaus ist eine solche Formulierung wie «Synthese von östlichen und westlichen Ideen» viel zu undeutlich, viel zu wenig durchdacht. Kaiser spürte etwas von dem Zeitnotwendigen, er dachte es aber in alten Formen, und man muß heute sagen: dies konnte weder von der Welt angenommen, noch von dem Träger dieser Empfindung so formuliert werden, daß z. B. hinter dem Wort «soziale Gestaltung» auch das Wie dieser sozialen Gestaltung deutlich sichtbar wird. Statt einer europäischen Mitte entstand der große West-Ost-Konflikt.

Kalter Krieg – Der Westen gründet einen Staat

Am 5. März 1946 hielt Churchill in Fulton/Missouri die berühmte Rede, in dem er das Wort vom *Eisernen Vorhang* in die Weltdebatte warf. Er sagte: «Ein Eiserner Vorhang ist niedergegangen von der Ostsee durch Deutschland, durch ganz Mitteleuropa bis hin zur Adria, bis hin nach Griechenland. Hinter diesem Eisernen Vorhang liegen die alten Hauptstädte Europas, da liegt Berlin, da liegen Prag, Wien und Budapest; und dieser Eiserne Vorhang ist ein undurchdringlicher Vorhang geworden, hier stehen sich zwei Weltsysteme gegenüber.» Damit war zum ersten Mal, natürlich absichtsvoll von konservativer Seite, die Polarisierung ausgesprochen. Aber es dauerte nicht lange, da machte man sich in den USA bereits Gedanken darüber, wie man denn nun mit dem in westlicher Hand befindlichen Teil Deutschlands verfahren sollte. Für den Historiker ist es interessant zu hören, daß schon im Januar 1947 ein damals noch nicht sehr bekannter, aber sehr einflußreicher Rechtsanwalt, *John Foster Dulles,* den man später als US-Außenminister kennenlernte, forderte, einen westdeutschen Staat zu gründen.[61] Am 12. März 1947 verkündete *Truman* die Truman-Doktrin, die besagt, daß die USA allen Völkern, bei denen die Freiheit bedroht ist, zu Hilfe kommen werden; die USA seien bereit, Geld und Waffen zu liefern.

Man könnte über diese Truman-Doktrin und ihre Entstehung sehr viel sagen. Es handelte sich zunächst scheinbar nur darum, einer korrupten konservativen griechischen Regierung, die vom Sturz bedroht war, Dollars zuzuschieben. Aber diese Truman-Doktrin machte nun die Spaltung der Welt in zwei Lager völlig deutlich. Eine neue Qualität bekam diese Entwicklung, als am 5. Juni 1947 der US-

Außenminister *George Marshall* seinen berühmten Marshall-Plan präsentierte, in welchem er verkündete: Wir wollen den Völkern Europas zu einem großzügigen Wiederaufbau verhelfen, wenn sie sich untereinander verständigen. Mit der Marshall-Plan-Hilfe ist dann in einem großen Maßstab ökonomisch aufgebaut worden. In Westeuropa, England, Holland, Belgien, Frankreich, Italien und auch in Deutschland. Für diese ökonomische Mobilmachung gab es aber das Nebenproblem Deutschland. Die Marshall-Plan-Hilfe konnte nicht wirksam werden, solange Deutschland, wie es 1947 war, in Verelendung darniederlag, solange es noch keine deutsche Mitarbeit für den Wiederaufbau gab. Im November 1947 schickte deshalb Präsident Truman einen seiner bewährtesten Berater, *Averell Harriman*, nach Deutschland, um dort die Lage zu untersuchen. (Averell Harriman, der jetzt 90jährige, ist noch 1983 in Moskau gewesen, um den Versuch einer Vermittlung zwischen Andropow und Reagan zu unternehmen.) Averell Harriman untersuchte die deutsche Situation und formulierte: «Wir müssen mit dem, was wir haben, einen westdeutschen Staat gründen – Westdeutschland durch alliierte Militärbehörden verwalten zu lassen, ist wenig effizient und teuer; wir müssen das den Westdeutschen überlassen, die können das besser, sie sind auch fleißig, sind auch willig; wir müssen einen westdeutschen Staat gründen.» Ich formuliere das deshalb so deutlich, weil in der Regel dieser Vorgang etwas verschleiert und so dargestellt wird, als ob die Teilung Deutschlands einseitig nur vom Osten ausgegangen wäre; einseitig ist es zumindest nicht von dort ausgegangen. Damit möchte ich freilich nicht sagen, daß das System, welches in der sowjetischen Besatzungszone herrschte, etwas besonders Erfreuliches gewesen sei. Im Gegenteil, es gab dort jene Zwangsmaßnahmen, etwa die Zwangsvereinigung von KPD und SPD am 21. April 1946, dann die Scheinwahlen und die Machtübernahme durch die SED, welche insgesamt gegen den Willen der Bevölkerung durchgeführt wurden. Die Geschichte jedoch, die die Sache so darstellt, als habe man im Westen immer nur reagiert, abgewartet und sich selber gar keine Gedanken gemacht, keine Initiative ergriffen und erst dann gehandelt, wenn die bösen Sowjets agiert haben, die trifft nicht zu. Der Westen hat sich sehr zeitig und nachweislich spätestens seit Januar 1947 Pläne gemacht, in Westdeutschland einen vom Westen geleiteten Staat zu begründen.

Schließlich wurden am 1. Juli 1948 die deutschen Ministerpräsidenten in das ehemalige Verwaltungsgebäude der I.G.-Farben nach Frankfurt vor die drei westlichen Hochkommissare bestellt; ihnen wurden die sogenannten Frankfurter Dokumente übergeben, in denen ihnen u. a. zur Auflage gemacht wurde, einen westdeutschen Staat zu gründen. Für die westdeutschen Ministerpäsidenten traf das in eine Sphäre ihrer Empfindung, in der sie zunächst überhaupt nicht ja sagen konnten. Denn sie hatten alle in ihrem Herzen das Bewußtsein: Wenn sie jetzt einen westdeutschen Staat gründen, dann bedeutet das die Spaltung Deutschlands für längere Zeit. *Reinhold Maier,* der Ministerpräsident von Württemberg-Baden, hat bewegt geschildert, wie die westdeutschen Ministerpräsidenten zunächst auf dem Rittersturz, dann im Niederwald zusammengekommen sind, um über diese Frage zu beraten. Einerseits war die Macht der Besatzungsmächte so groß und die Verlockung des Marshallplans so stark, daß man dem kaum hätte widerstehen können. Zum anderen wollte man aber auch nicht die Spaltung Deutschlands bewirken. Da sagte der Bürgermeister von Berlin, *Ernst Reuter:* «Die Spaltung Deutschlands ist schon längst Tatsache, ich erlebe sie in Berlin jeden Tag.» Mit diesem Wort verwischte man die Problematik, und Reuter schläferte so das Gefühl ein, daß die Vertiefung der Spaltung etwas Problematisches sei. Man ahnte aber doch, daß damit das System der Bipolarität in eine Form der weiteren Verfestigung hineinginge. Es war noch eine gewisse Wachheit für das Gefährliche dieses Vorgehens vorhanden. Die Ministerpräsidenten beschlossen deshalb, nur ein Staats-Provisorium zu schaffen. Sie wollten keine Verfassung ausarbeiten lassen, deshalb vermieden sie die starke Legitimation einer verfassunggebenden Nationalversammlung, die vom Volke zu wählen gewesen wäre. Nur aus den Länderparlamenten wurde ein Parlamentarischer Rat gebildet, und der sollte eben keine Verfassung, sondern nur ein kleines Notdach errichten. Das kleine Notdach bekam den Namen «Grundgesetz», ein Provisorium! Aber nichts ist so haltbar wie Provisorien. Und heute hat das Wort *Grundgesetz* für uns einen viel höheren Wert als das Wort Verfassung gewonnen. Zum Präsidenten des Parlamentarischen Rates machte man einen Herrn, der schon sehr alt war und dem man wegen seines Alters zumutete, nur noch formal den Vorsitz zu übernehmen – die eigentliche Arbeit, so meinte man, solle Carlo Schmid im Verfassungsausschuß tun –, aber dieser alte Herr, den man da auf den zentralen Sessel setzte, der war keineswegs so alt, wie er aussah, sondern er war noch ziemlich lebendig: es war *Konrad Adenauer*. Mit Konrad Adenauer hatte man denjenigen deutschen Politiker in eine zentrale Position gebracht, der diese sehr wohl zu nutzen wußte. Konrad Adenauer hatte bereits am 5. Oktober 1945 zu einem Reporter der News Chronicle gesagt: «Der von Rußland besetzte Teil Deutschlands ist für eine nicht abzuschätzende Zeit für Deutschland verloren.» Mit Konrad Adenauer wurde ein befähigter Taktiker zur Zentralfigur der deutschen Geschichte; er nutzte seine Position im Parlamentarischen Rat so wirksam aus, daß sie schließlich das Sprungbrett zum Erwerb des Amtes des Bundeskanzlers wurde. Bundeskanzler wollte er allerdings nur für zwei Jahre sein, seine Gesundheit ließe nicht mehr zu, sagte er zur Beruhigung der erstaunten Zuhörer am 21. August 1949 in Rhöndorf. Daraus wurden dann 14 Jahre.

Adenauers Politik der konsequenten West-Ost-Orientierung

Konrad Adenauer war derjenige deutsche Politiker, der ganz eindeutig und klar eine Westorientierung des neuen Staates anstrebte. Diesem Willen zur Westorientierung kamen die Verhältnisse entgegen: die westlichen Besatzungsmächte ließen keine andere Möglichkeit offen, überdies erschien der Westen selber den meisten Deutschen als Bereich politischer Freiheit, demokratischer Ordnung und wirtschaftlicher Prosperität. Über dem Ostblock lagen nicht nur die Schatten von Not und Elend; vor allem kannte der totalitäre Stalinismus keinerlei politische Freiheit, Gegner des bolschewistischen

Systems verschwanden auf Jahre oder auf immer im «Archipel Gulag», in den fluchwürdigen Zwangs- und Arbeitslagern. GPU oder NKWD überwachten jede freiheitliche Regung, die sich in der Bevölkerung zeigte. In Polen und in der Tschechoslowakei wurde 1946/48 die Herrschaft der Kommunisten mit Gewalt gesichert. In der sowjetischen Besatzungszone wurde 1953 der Arbeiteraufstand, in Ungarn 1956 der Volksaufstand mit brutaler Waffengewalt niedergeschlagen. – Auch in den folgenden Jahrzehnten zeigte sich im Osten – in der Tschechoslowakei 1968, in Polen 1970 und 1981 –, daß das Sowjetsystem seine Haltung nicht prinzipiell geändert hatte. In diesen Tatsachen lag eine Legitimation für die Westorientierung Adenauers und seiner Nachfolger. Adenauer hatte 1950 klare Ziele vor Augen. Erstes Ziel: Aussöhnung mit Frankreich. Man sieht, das ist ein Ziel, das man nur bejahen kann – Aussöhnung mit Frankreich. Der Weg zu dieser Aussöhnung wurde durch wirtschaftliche Maßnahmen vorbereitet. Zunächst wurde die Montan-Union gegründet, sie war die erste Form dessen, woraus dann später EWG und EG erwuchsen. Also zuerst eine europäische Gemeinschaft für Kohle und Stahl. Man handelte schnell, 1950 wurde sie beschlossen und 1952 installiert. Als zweites erstrebte Adenauer eine europäische Verteidigungsgemeinschaft, d. h. eine integrierte europäische Armee aus Deutschen, Franzosen, Holländern, Belgiern, Italienern, die dann gemeinsam auf immer die Wacht an Elbe und Werra halten sollten.

In diesem Augenblick hat Rußland noch einmal versucht, die Entwicklung zu stoppen. Im März 1952 und dann in den folgenden Monaten bietet Rußland offizielle Verhandlungen über Wiedervereinigung, sogar über freie Wahlen an, doch Adenauer hat damals jegliche Verhandlung mit dem Osten mit der Begründung abgelehnt, daß man sich als unzuverlässiger Partner darstellen würde, wenn man in diesem Augenblick, wo man im Prozeß der Westintegration begriffen sei, zurückzucken, wenn man in diesem Augenblick auch nur nach Osten blicken würde. Man sei dann aber verloren, wenn der Osten sein Angebot zurückzieht. Das ist ein logisches Argument; die Folgerung war: «Über dieses Angebot wird nicht diskutiert.» In dieser Argumentation verbirgt sich aber der Wille zur reinen Westorientierung Deutschlands, der Entschluß, die Spaltung Deutschlands und die Spaltung der Welt in Kauf zu nehmen. Überdies hatte Adenauer auch formal recht, denn das Angebot war nicht an ihn, sondern an die drei Westmächte gerichtet. Und so verfolgte er weiter den Kurs der Westintegration.

Das Scheitern der EVG (Europäische Verteidigungsgemeinschaft) führte aber schließlich dazu, daß Deutschland in die NATO eintrat und ganz und gar zu einem Teil des Westens wurde. Besonders die USA begannen nun kräftig in Deutschland zu investieren, die Investitionen versprachen eine gute Rendite. Die Wirtschaftler lernten in den USA neue Management-Techniken, die akademische Elite, Studenten wie Professoren verbrachten Studienjahre in den USA, und die Politiker flogen regelmäßig nach Washington, um die Kooperation mit den Mächtigen zu fördern. Ein Holländer hat einmal beschrieben, wie sich das innerlich im Laufe der Zeit auswirkt. Er hat gesagt: Wenn man in den dreißiger Jahren oder in den zwanziger Jahren bei Bentheim oder bei Elten die deutsche Grenze überschritt, hatte man das Gefühl, man verläßt Westeuropa und kommt in ein anderes Gebiet. Man kommt in das Gebiet eines seelisch anderen Klimas, eines anderen Denkens. Wenn man heute, so schrieb er 1979, von Rotterdam nach Kassel fährt, dann bleibt man in Westeuropa, es bleibt das gleiche geistige Klima, man hat die gleichen Gedanken[62]. Ich füge hinzu: Das Neonlicht ist dasselbe wie im ganzen Westen: man ist ganz und gar in West-Europa. Das ist sozusagen eine atmosphärische Tatsache geworden. Denn umgekehrt wird mancher, der dann die heutige Ostgrenze der Bundesrepublik nach Osten überschreitet und in die DDR kommt, auch ein bestimmtes Gefühl haben; wenn er nur etwas seelisch wach ist, bemerkt er, daß er wieder in einen ganz anderen Bereich eintritt. Es ist, als ob die Luft dort etwas anders würde. Es ist, als ob das, was elementarisch dort geistig lebt, von ganz anderer Art als im Westen sei. Man mag das merkwürdig finden, aber wer genau beobachtet, spürt, daß es geistgeographisch verschiedene Weltregionen gibt, die sich heute in Deutschland begegnen.

189

Was so zunächst einmal aus der inneren Anschauung beschrieben wurde, könnte man auch anders beschreiben. Wir könnten genau aufzeigen, wie in Westdeutschland nach 1950 das amerikanische und westliche Denken voll Einzug hält. In der Literatur werden jetzt Hemingway, Henry Miller oder James Joyce Vorbilder. In der Soziologie beginnen jetzt die in Amerika erprobten Methoden Platz zu greifen: Statistik, Meinungsforschung, Systemtheorie und die Mikroanalysen, die gesellschaftliche Teilbereiche untersuchen, also das, was man Bindestrich-Soziologie nennt – Familien-Soziologie, Kirchen-Soziologie, Sexual-Soziologie, Industrie-Soziologie, Jugend-Soziologie u. ä. Dieses Denken hebt insgesamt darauf ab, Zahlen und Daten zu ermitteln, Strukturen zu beschreiben. Damit wird die verstehende Soziologie, die in Deutschland ausgebildet wurde, die Verständnis für das entwickeln wollte, was in Menschengruppen geistig lebt, praktisch verdrängt. Es gab in den zwanziger Jahren den Ansatz zu einer nicht statistischen, einer nicht fliegenbeinzählenden, einer nicht mikroanalytischen, nicht zahlenmäßig arbeitenden Denkweise. Das ist jedoch weitgehend vergessen worden. Selbst in Kreisen, die es besser wissen sollten, ist es üblich geworden, ein Argument mit Statistiken und Zahlen usw. zu begründen. Zahlen können ja bekanntlicherweise nicht lügen, sie sind nur immer in bezug auf die Wirklichkeit zu betrachten, und da hapert es dann. Man könnte weiter beschreiben, wie tiefgehend die politische Kultur in Deutschland vom Westen geformt wurde. An dieser Stelle soll aber nicht weiter darauf eingegangen werden.

Auf der anderen Seite entsprach diese geistige Eroberung Deutschlands durch den Westen einem Überhandnehmen des wirtschaftlichen Elementes in der gesamten Bundesrepublik. Wir sprechen vom Wirtschaftswunder. Ich möchte nicht dahin verstanden werden, daß ich das Wirtschaftswunder pauschal verurteilte, denn das wäre irgendwo verlogen. Wir sind dankbar, wenn wir heute mit dem Auto zu einer Besprechung oder einem Vortrag fahren können; wir danken das dem wirtschaftlichen Wiederaufbau. Daß wir unsere Gebäude und Häuser haben, wäre auch ohne diesen freien wirtschaftlichen Aufschwung nicht möglich gewesen; das soll jetzt keineswegs einseitig verurteilt werden. Das Verhängnis ist vielmehr, daß das gesamte Bewußtsein der Menschen fast nur vom Wirtschaftlichen absorbiert worden ist. Und da liegt das Problem, dem geistig die Tatsache entspricht, die ich eben in bezug auf die Transformation der deutschen Soziologie angedeutet habe.[63]

Unruhe und Wende zu neuen Fragen und Hoffnungen

Unter diesen Umständen ist das Deutschlandproblem, die Frage nach der Mitte, ist überhaupt das Bewußtsein dessen, daß hier etwas problematisch sein kann, eingeschlafen. Man blickte voll Stolz auf die wirtschaftliche Wiederaufbauleistung, man war davon überzeugt, nun einen stabilen und demokratischen Staat zu haben und ein anerkanntes Mitglied der Gemeinschaft westlicher Völker zu sein. Das war etwa der Zustand des Jahres 1963 in Deutschland. Und da begann dann sich eine erste Unzufriedenheit zu regen. Der Theologe *Georg Picht* veröffentlichte in der Zeitschrift *«Christ und Welt»* eine Serie über die deutsche Bildungskatastrophe. Recht hatte er. Ich habe mir das Buch noch einmal angeschaut, es wimmelt von Zahlenprognosen, es ist ganz auf Lehrerbedarf, Schülerzahlen, Abiturienten-Relationen, Vergleich mit westeuropäischen Ländern, also auf Prozentzahlen u. ä. ausgerichtet. Picht führt damals aus, wenn sich in Deutschland die Abiturientenzahlen nicht wesentlich erhöhten, könne man mit den Japanern wirtschaftlich nicht mehr Schritt halten. Und so erscheint dann sehr bald im Rednerdienst der CDU folgende Formulierung: «Bildung ist mitentscheidend für wirtschaftliche und gesellschaftliche Zukunft – Bildung ist ein Produktionsfaktor», und Horst Ehmke, Professor in Freiburg, schreibt damals: «Bildung ist wichtig für die Steigerung des Sozialprodukts». Ich erwähne das, damit man sieht, unter welchen Aspekten man an das Problem der Bildungsreform einmal herangegangen ist. Angst vor der japanischen Konkurrenz, vor den flinken Japanern, die so gut Computer bauen können, mußte als Grund für die Bildungsreform herhalten; ökonomische Motive spielten eine große Rolle. Und in der

Tat hat dieser Ruf nach mehr Bildung quantitativ große Erfolge gezeitigt. Denn die Ausgaben für Bildungspolitik wurden z. B. allein zwischen den Jahren 1970 und 1975 in der Bundesrepublik verdoppelt, der Anteil am Bruttosozialprodukt stieg von 2,9 Prozent auf 7 Prozent, es ist also eine massive Steigerung des Geldaufwandes zu beobachten, nicht nur in absoluten Zahlen, sondern auch prozentual. Allerdings muß man sich fragen, ob die geistige Qualität einer Bildungsreform an der Menge der Geldausgaben abzulesen ist und ob die ökonomische Begründung der Reform nicht fatale Folgen hatte.

Das war die erste Problematik, die auftauchte. Dann schlug in den Jahren 1966 bis 1968 die politische Stimmung in Deutschland um. Die Bilder des Vietnam-Krieges, die nun täglich abends über die noch schwarzweißen Fernsehschirme zu sehen waren, ließen den Zweifel aufkommen, ob denn die Schutzmacht westlicher Freiheit wirklich diejenige sei, die man sich gewünscht hat. Damit begann jene große Unruhe, die Frage nach einer neuen sozialen Gestaltung: die Studentenrevolte und was damit verbunden war. Blickt man darauf heute zurück, so bemerkt man, daß nicht nur in Mitteleuropa, sondern auch in Helsinki, auch in den USA, auch in Paris und in der Tschechoslowakei eine Jugendbewegung aufbrach mit der Frage «Wie kommen wir nicht nur zu einer ökonomischen Neuordnung, nicht allein zu einer Sozialprodukt steigernden, sondern zu einer menschenwürdigen Sozialgestaltung?» In diesem Augenblick standen zur Beantwortung der tief erlebten Fragen der Studenten keine andere Theorien zur Verfügung als die von Marx, Mao und Marcuse, von Bloch, Adorno und Horkheimer. Damit wurde dieser junge aufbrechende Wille durch den dialektischen Materialismus wieder in die einseitige Orientierung auf das Ökonomische fixiert, gelähmt und in die Irre geführt. Offensichtlich hatte man das Leben Marx' nicht genügend studiert: Marx, der selbst am Ende seines Lebens gesagt hat: «Ich ersaufe in der ökonomischen Scheiße . . .», hatte damit, ohne es zu wollen, dokumentiert, daß das soziale Problem kein ökonomisches ist, und daß man die Fragen, um die es geht, nicht von einem ökonomischen Ansatz her lösen kann.

In dieser Zeit, da sich das Verhältnis zu den USA lockerte, da auch die USA selbst nicht mehr die Politik des kalten Krieges fortsetzten, begann das, was man hierzulande Entspannungspolitik nennt. Ich möchte und kann hier nicht die Entspannungspolitik in ihren geistigen Wurzeln, etwa im Zusammenhang der Konvergenztheorie, wie sie von Egon Bahr 1963 in Tutzing entwickelt wurde, darstellen. Ich möchte auf einen ganz anderen Aspekt hinweisen, nämlich auf den Tatbestand, daß damals die Ostpolitik in der deutschen Bevölkerung eine ganz tiefe Saite berührte und Hoffnungen zum Klingen brachte. In dieser Hoffnung brach die Frage auf «Gibt es eine Aussöhnung mit dem Osten? Können wir uns mit dem russischen Wesen verständigen?» Das, was recht äußerlich als Ostpolitik betrieben wurde, war von einer tieferen Seelenschicht getragen. Eine Art Beweis für das Vorhandensein dieser Hoffnung sehe ich in einem bekannten Vorgang: Im Frühjahr 1972 entging der politisch angeschlagene Willy Brandt nur knapp dem Sturz durch ein Mißtrauensvotum. Im Herbst 1972 setzte er alles auf seine Ostpolitik, auf die Verständigung mit dem Osten, und auf der Welle einer Zustimmung zu dieser Ostpolitik errang er seinen Wahlsieg vom November 1972. Das hängt damit zusammen, daß man sich in der Bevölkerung gar nicht darüber im klaren war, was z. B. im Moskauer Vertrag geschrieben stand.

Es war am 1. August 1970, als *Walter Scheel,* der damalige deutsche Außenminister, in Moskau über die Fragen des Moskauer Vertrages verhandelte, der ja ein Gewaltverzichtsvertrag ist. Da sagte *Gromyko* zu ihm wörtlich: «Es ist doch klar, daß es keinen Friedensvertrag geben wird. In aller Aufrichtigkeit und aller Entschlossenheit möchte ich Ihnen sagen, daß für uns jede Erwähnung des Friedensvertrages ausgeschlossen ist.» Man hat dies damals natürlich nicht publiziert. Aber hätte man den Moskauer Vertrag etwas genauer gelesen, so hätte man dort in Artikel 3, im letzten Absatz, folgendes gefunden: «Die (die hohen vertragschließenden Parteien) betrachten heute und künftig die Grenzen aller Staaten in Europa als unverletzlich, wie sie am Tage der Unterzeichnung dieses Vertrages verlaufen, einschließlich der Oder-Neiße-Linie, die die

Westgrenze der Volksrepublik Polen ist, und der Grenze zwischen der Bundesrepublik Deutschland und der Deutschen Demokratischen Republik.» – Ich weiß nicht, ob sofort auffällt, daß es eine Anomalie ist, daß ein Staat mit einem anderen Staat einen Vertrag schließt über Grenzen, an welche die beiden Staaten nicht angrenzen. Grenzverträge werden normalerweise nur zwischen Staaten geschlossen, die Anrainer sind. Aber die Bundesrepublik Deutschland schließt mit der Sowjetunion einen Vertrag über die Grenze zwischen Polen und der DDR! Das bedeutet in Wirklichkeit nichts anderes, als daß die Bundesrepublik den Hegemonialanspruch der Sowjetunion im Osten anerkennt. Das ist also ein wesentlicher Inhalt des Vertrages. Man kann also hier in den Jahren 1970, 1971, 1972 im Untergrund eine tiefe und alte Sehnsucht in Deutschland erspüren, sich mit dem Osten auszusöhnen, und oben auf dem dünnen diplomatischen Parkett werden äußerst merkwürdige Verträge abgeschlossen, die eigentlich mit dem, was in den Völkern lebt, nichts zu tun haben.

Die Situation dieser Jahre wird noch deutlicher, wenn man hinzufügt, daß solche Wünsche und Hoffnungen sich nicht nur auf die Verständigung mit dem Osten richteten, sondern auch auf die Lösung der sozialen Frage. Halbbewußt sucht man sozial, politisch und geistig neue Orientierungen, weil man die Leere des bisherigen Daseins empfindet. So beginnt in den Jahren 1970, 1971, 1972 jene Reformeuphorie in Deutschland, die von der Hoffnung lebt, endlich zu einer menschenwürdigen Gesellschaft zu kommen. Man erkennt aber nicht, daß es darum gehen müßte, die Menschen zu eigener Tätigkeit zu befreien, Raum zu schaffen für soziales Wollen und Selbstgestaltung, d. h. für die Befreiung der einzelnen Bürger, die selber Initiativen übernehmen wollen: Kindergärten oder Bildungsstätten schaffen wollen; für Bürger, die initiativ werden in bezug auf assoziative, kooperative Gestaltung – sondern man sah das Heil darin, daß der Staat, unser Vater, für alles vorsorgt. Der Staat und seine Einrichtungen wurden immer mehr zu einer Anstalt, die die Ansprüche und Forderungen von Verbänden und Einzelnen zu befriedigen hat. Das führte unabdingbar zu einer Vermehrung des staatlichen Personals, zur Steigerung der Ausgaben und zu einer Intensivierung der staatlichen Aufsicht. Das war die Folge eines Sozialismus, der einen Sozialstaat schuf, welcher ein Bett für den Egoismus der Einzelnen und der Gruppen war und nicht ein Ort für aktives soziales Handeln aller Bürger. Da gab es unter den Leuten, die das planten, einen Mann, der von vornherein sehr deutlich dieser Tendenz widersprach, einfach, weil sie nicht einmal zu bezahlen ist, weil ein Sozialstaat, der zum Versorgungs-, Betreuungs- und Aufsichtsstaat wird, sich selbst ruinieren muß – das war der damalige Wirtschaftsminister *Alex Möller,* der «Genosse Generaldirektor», und er reichte seinen Rücktritt ein, als er sah, daß sein Wort nicht gehört wurde.

Es gibt ein schlechtes Buch, in dem nach Art eines überlangen Spiegel-Artikels die Affären, der Klatsch und die Intrigen der damaligen Zeit geschildert werden: Arnulf Barings «Machtwechsel»[64]. Das Buch geht kaum auf entscheidende Entwicklungen jener Zeit ein – etwa auf die Vereinheitlichung des deutschen Nachrichtenwesens, auf die Irrtümer der Bildungsreform, auf die Ausbreitung des Drogenkonsums, auf die Veränderungen der moralischen Einstellungen. Aber man kann durch die Schilderung Barings einen Blick in die Abgründe tun, die sich öffnen, wenn man auf die Führungsqualitäten der Leute blickt, die damals in Regierung und Opposition die Entscheidungen trafen. Der charakterisierten illusionären Politik, die auf Show-Effekte ausgerichtet war, und die es vermied, die wirklichen, schon damals erkennbaren Probleme anzugehen, entspricht eine politisch-moralische Haltung, die dann durch die Guillaume-Affäre sichtbar, aber nicht begriffen wurde und aus der auch keine ernsten Konsequenzen gezogen wurden. Viel gewichtiger als die Panne mit dem DDR-Spion, deren Bekanntwerden im Nebeneffekt für wenige Tage ein System kollektiver Verantwortungslosigkeit erhellte, war die zynische Bedenkenlosigkeit, mit der die Bundesregierung der ÖTV, dem damaligen Lohnführer der Gewerkschaften, eine Lohnsteigerung von über 11 % gewährte, die nur durch Staatsverschuldung finanziert werden konnte und die für die gesamte Wirtschaft falsche Orientierungsdaten setzte.

Nach dem Versagen von Willy Brandt wurde Helmut Schmidt Bundeskanzler. Schmidt hatte sich als Hamburger Innensenator bei der wirksamen Bewältigung einer Sturmflutkatastrophe einen Namen gemacht. Er fühlte sich als Wirtschafts- und Finanzfachmann, er hatte das Verteidigungsministerium mit Erfolg geleitet. Als Klavier- und Orgelspieler, als Liebhaber Barlachs gab er sich das Air eines kulturbeflissenen Menschen. Aber die Tatsache, daß Schmidt mit einer kenntnisreichen Biologin und Botanikerin verheiratet ist, hatte keinen Einfluß auf die Weichenstellungen einer in jenen Jahren vielleicht noch möglichen erfolgreichen Umwelt-Politik. Schmidt fühlte sich nicht der Umwelt und wohl auch kaum einer vernünftigen Kulturpolitik verpflichtet, sondern der Wirtschaft. So setzte er – namentlich nach der Ölkrise – auf einen forcierten Ausbau der Kernenergie, seine Bemühungen galten der Förderung des wirtschaftlichen Wachstums. Hier zeigte sich, daß Schmidt ein Mann ohne wirkliche Konzepte war. Er verwendete die alten Rezepte von Keynes: nach der Methode des Deficit-Spending gab man Geld aus, das man nicht hatte, um «die Wirtschaft» anzukurbeln und den Gewerkschaften Spielraum für Lohnerhöhungen zu geben. In den acht Jahren, in denen der Kanzler Schmidt für den Bundeshaushalt verantwortlich war, wuchs die Staatsverschuldung um 233 Milliarden Mark, in den vorhergehenden 25 Jahren der Geschichte der Bundesrepublik war man auf 18 Milliarden gekommen. Trotz dieser jährlichen Verschuldung von fast 30 Milliarden Mark stieg die Arbeitslosigkeit gegen Ende der Kanzlerschaft Schmidts auf fast zwei Millionen Menschen an.

Gewiß ist an dieser Stelle einzuräumen, daß Schmidt in einem Augenblick die Verantwortung für den Staat übernahm, als sich die weltwirtschaftlichen Rahmenbedingungen ganz allgemein sehr verschlechtert hatten. Deshalb kann man auch nicht sagen, daß Schmidt an den Fehlentwicklungen von Wirtschaft und Staatshaushalt «schuld» sei. Seine Freunde werden eventuell sogar meinen, er habe Schlimmeres verhütet. Man kann aber auch zu einer anderen

Auffassung kommen, denn allzu offensichtlich diente die Staatsverschuldung in vielen Fällen dem Erhalt bestehender überlebter wirtschaftlicher Strukturen einerseits, und andererseits diente sie den Gewerkschaften, denen sie die Fortsetzung einer Lohnpolitik gestattete, die für einige Zeit zwar die Löhne erhöhte, aber auf Dauer Arbeitsplätze gefährdete. – Daß Schmidt kein Mann wirklich zukunftsweisender Ideen war, wird auch in seiner Außenpolitik deutlich. Weder die West- noch die Ostpolitik empfing durch ihn nennenswerte Impulse. Gewiß mühte sich Schmidt auf den zu seiner Zeit in Mode gekommenen regelmäßigen Gipfeltreffen um «vernünftige» Lösungen, aber wie man in den Memoiren der an diesem Treffen beteiligten Politiker lesen kann, trat Schmidt auch ungeschickt als Weltschulmeister auf. In Sachen der Rüstung verfiel er auf die ältesten Verfahren. So sollte man nicht vergessen, daß es Helmut Schmidt war, der am 28. Oktober 1977 in einer Rede vor dem International Institute for Strategic Studies (London) die Nachrüstung für Mittelstreckenraketen forderte[65] und schließlich den NATO-Doppelbeschluß herbeiführte. Schmidt befürchtete, daß die USA ihr Interesse an Europa verlieren, sich für ihre eigene Verteidigung auf Langstreckenraketen verlassen und schließlich ihre Truppen aus Europa abziehen könnten. Entschuldigend kann man hier wiederum vorbringen, daß Schmidt für diese Politik Gründe hatte, weil die sowjetische Militärkaste durch die Aufstellung der SS-20-Raketen und durch den Einmarsch in Afghanistan beständig neue Befürchtungen weckte. Man wird einer solchen Entschuldigung aber entgegenhalten müssen, daß durch die Steigerung des Wettrüstens prinzipiell in den USA wie in der Sowjetunion nicht nur ein Irrweg, sondern ein höchst gefährlicher Weg beschritten wird, wodurch die Auswirkungen einer Weltkatastrophe immer unabsehbarer werden. Verglichen mit seinem Nachfolger erscheint Schmidt auf den ersten Blick als ein seriöser Politiker, von kantischem Pflichtgefühl getragen, der sich nicht scheute, sowohl den eigenen Parteigenossen als auch ausländischen Staatsmännern unbequeme Wahrheiten zu sagen. Doch gerade seine Seriosität darf über seine Beschränktheit nicht hinwegtäuschen.

Damit diese kurze Zusammenfassung nicht als eine parteipolitische Äußerung mißverstanden wird, ist zum Beispiel zum Problem
der Staatsverschuldung hinzuzufügen, daß keineswegs allein der
«Bund» die Politik des Schuldenmachens verfolgte, nein, auch in
Ländern, die von CDU-Regierungen geführt wurden, ging man
denselben Weg. Überhaupt hat Schmidt keine SPD-typische Politik
verfolgt, was am Verhalten der heutigen Bundesregierung in Sachen
Nachrüstung durchaus beobachtet werden kann. Es geht hier nicht
um eine parteipolitische Bewertung der Entwicklung. Vielmehr soll
der Blick darauf gelenkt werden, daß die *allgemeine* Ideenlosigkeit
schon seit Jahren einen Zustand herbeigeführt hat, der zunächst in
den Städten bemerkt wurde, als man begann, von der Unregierbarkeit der Städte zu sprechen. Die Gemeinden in ihren verschiedenen
Funktionen als Vorsorge- und Fürsorgeeinrichtungen, als Unternehmer und Arbeitgeber, als Bürokratien mit wachsenden Verwaltungs-
zuständigkeiten und Kontrollaufgaben können schon seit Jahren ihre
Aufgaben nur mit großen Behinderungen erfüllen. Eingekeilt zwischen die Ansprüche der verschiedensten Interessentengruppen
haben die Städte fast jeglichen Entscheidungsspielraum verloren.
Heute sind die Staaten selbst praktisch unregierbar geworden. Das
ist symptomatisch schon am Zustand der Staatsfinanzen abzulesen.
Die staatlichen Mittel sind auf Jahre hinaus durch hohe Personal-
kosten, durch Verwaltungsaufwand, durch gesetzlich geregelte Subventionen und durch den Zinsendienst für die Staatsverschuldung
festgelegt. Selbst wenn man Geld hätte – zum Glück hat man es
nicht! – könnte man es nicht in der gewohnten Weise zur Ankurbe-
lung der Wirtschaft für den Bau von Straßen, Autobahnen, Krankenhäusern, Schulen, Sportanlagen, Verwaltungspalästen usw. aus-
geben: der Bedarf ist gesättigt, man kann schon jetzt den Unterhalt
und Betrieb der bestehenden Einrichtungen nicht mehr finanzieren.
Noch deutlicher wird die Verfahrenheit der Sache in der EG, denn
hier ist ja der Irrsinn Methode geworden: Für teures Geld kauft man
die Überproduktion der verschiedenen Landwirtschaften und
schließt den gemeinsamen Markt gegen billige Auslandsgüter ab;
nur die Landwirte können billiges Futtergetreide – praktisch zoll-

frei – aus aller Welt einführen, auf daß sie mit ihrer Überproduktion fortfahren können. Mit solchen und ähnlichen Streichen betreibt man die Einübung ins Absurde. – Man könnte nun weiter andeuten, wie auch die industriellen Produktionsweisen auf mindestens ein Jahrzehnt hinaus auf bestimmte Formen fixiert sind, wie die Wirtschaftsmechanismen auf bestimmte Verfahren festgelegt sind. Namentlich ist aber der geistige Horizont eingeengt. Manche Politiker würden am liebsten zu den Verhältnissen der Adenauer-Zeit zurückkehren, andere orientieren sich noch immer an den noch älteren Rezepten von Marx oder Bernstein.

Diese Situation ist heute besonders gefährlich, weil ganz offensichtlich in unseren Tagen die Krisen kumulieren: das Weltfinanzsystem geht schweren Erschütterungen entgegen, weil eine große Anzahl von Ländern wie Brasilien, Argentinien, Mexiko, Polen, Rumänien und zahlreiche Entwicklungsländer hoffnungslos überschuldet sind und ihre Kredite nicht zurückzahlen können. Die Kreditgeber hatten im Interesse des eigenen Exports Projekte finanziert, mit denen die Kreditnehmer nichts Vernünftiges anfangen konnten. Das Ergebnis war schon im vergangenen Jahr erkennbar: die gesamte internationale Kreditgewährung sank von 1981 zu 1982 von 165 Milliarden Dollar auf 90 Milliarden. Das kann zu einem Zusammenbruch des Welthandels führen. Zweitens gibt es eine durch verschiedene Faktoren bedingte ökonomische Krise in Europa, die sich in der Zunahme der Arbeitslosigkeit ebenso wie in der wachsenden Zahl der Konkurse zeigt. Drittens verschärft sich die Umweltkrise dramatisch: sie zeigt sich in globalen Klimaveränderungen, im Waldsterben und an vielen anderen Ereignissen. Letztlich ist auf eine Zunahme der internationalen Spannungen zu verweisen: im Großen verschärft sich der Gegensatz von West und Ost im Zeichen des Wettrüstens, in einer mittleren Dimension nehmen die Konflikte in der Welt zu: gefährliche Brandherde, die schnell zu globalen Erschütterungen führen können; stellvertretend seien Nicaragua, Chile, Polen und der Nahe Osten genannt.

Unter diesen Umständen wird die Immobilität, die Handlungsunfähigkeit besonders empfunden. In der Bevölkerung zeigen sich die unterschiedlichsten Reaktionen: von einem breiten Spektrum der Protestbewegungen bis zur Apathie, vom Rowdytum bis zur Rauschgiftsucht. Ein Grundsymptom, das in allem bemerkt werden kann, ist der radikale Mangel an Vertrauen auf allen Seiten. Auf der Seite der Herrschenden wird das Mißtrauen in den Tendenzen zum Überwachungsstaat aktiv, die Beherrschten antworten mit einem ebenso radikalen Mißtrauen. Man hat das Vertrauen in den guten Willen der Herrschenden verloren, die von Abrüstung und Frieden reden und dennoch aufrüsten. Auch die Herrschenden untereinander sind von abgrundtiefem Mißtrauen erfüllt, und jeder weiß genügend Gründe für die Perfidie des Gegners anzuführen. Dieses aktive Mißtrauen multipliziert die Gefahren, läßt Vereinbarungen unwahrscheinlich werden und steigert Immobilität und Unregierbarkeit.

Rückblick und Ausblick

Als im Jahre 1949 die Bundesrepublik auf Betreiben und unter Aufsicht der westlichen Besatzungsmächte gegründet wurde, dürfte es – so wie die Menschen damals waren – kaum eine Alternative zur west-orientierten Außenpolitik Adenauers gegeben haben. Adenauer war damals der Mann der Stunde, weil er seit 1945 auf eine eindeutige West-Orientierung gesetzt hatte und keinerlei Ambitionen hegte, irgendeine positive und aktive Ostpolitik zu treiben. Adenauer hatte aber nicht nur ein grundlegendes Konzept für seine Politik, die an die Situation angepaßt war, er hatte auch großzügige Ideen für ein vereinigtes Europa, die allgemeine Zustimmung fanden. Sogar in der Sozialpolitik fand man damals mit dem Lastenausgleich zu – zwar nicht unproblematischen – aber doch neuen Maßnahmen. Insgesamt freilich beherrschte damals der wirtschaftliche Wiederaufbau das allgemeine Bewußtsein und endete in einem praktischen Materialismus. Um das Jahr 1970 herum wurde vielen Menschen deutlich, daß eine Neu-Orientierung fällig war. Man spürte mehr oder weniger dumpf, daß Deutschland, in der Mitte

Europas gelegen, nicht in den Positionen des Kalten Krieges verharren dürfte, daß es andere Aufgaben habe, daß es mindestens zu einem friedlichen Verhältnis mit dem Osten und zu einer gerechteren Sozialordnung finden müsse. In den außenpolitischen Bestrebungen kam man aber in jenen Jahren über Gewaltverzichtsverträge und stimmungsmäßige Verbesserungen nicht hinaus. Tragisch ist, daß die inneren Reformen durch die marxistisch-materialistische Orientierung auf einen Irrweg führten. Man war davon ausgegangen, mehr Demokratie wagen zu wollen und endete bei mehr Staat, mehr Bürokratie und umfassenden Reglementierungen.

Im Zeichen der ersten Ölkrise und der wachsenden Arbeitslosigkeit trat seit Mitte der 70er Jahre eine allgemeine Desillusionierung ein. Die Probleme vermehrten sich schnell und wurden sehr komplex. Es ging jetzt nicht um leicht zu lösende Fragen, wie 1949, als man die Chance hatte, neu anzufangen, sondern man hatte es mit höchst gefährlichen, sehr verwickelten Fragen zu tun. Lösungen sind nur durch neue Konzepte und zukunftweisende Ideen möglich. Höchst gefährlich aber ist es, wenn man auf allen Gebieten einfach nur weiterwurstelt und sich nicht einmal aufraffen kann, das im primitiven Sinne Nötigste zu tun. Das ist leider heute der Fall. Man weiß zum Beispiel – um nichts Spektakuläres zu sagen – daß es wirtschaftlich sinnvoll und vom Gesichtspunkt der Steuerlast vernünftig wäre, Subventionen abzubauen, man weiß ganz genau, daß es widersinnig ist, die landwirtschaftliche «Veredelungsindustrie» durch neue Subventionen weiter anzukurbeln – aber man tut es! Man weiß, was auf dem Felde der Umweltpolitik dringend zu tun ist – aber man unterläßt es! Den Politikern fehlt das Format, auch nur kleine Probleme anzupacken. Man betreibt anstatt dessen eine Theaterpolitik, die vor den Kulissen alter Schlösser «Gipfel»-Treffen veranstaltet. Derartige Scheintätigkeiten und Selbstdarstellungen sind das Gegenteil des Erforderlichen. Man stellt sich offensichtlich in den Kreisen der Gipfelpolitiker nicht einmal die Frage, was heute notwendig ist, viel weniger denkt man über grundlegende Lösungen nach.

In den großen gesellschaftlichen Zusammenhängen ist eine

Lösung der gekennzeichneten Fragen nur durch eine Entflechtung der sozialen Systeme im Sinne der Dreigliederung des sozialen Organismus möglich. Denn im politischen und wirtschaftlichen Bereich verhindert die Dreigliederung die Entstehung von Konflikten, die aus der Verquickung staatlich-politischer Macht und wirtschaftlicher Interessen entstehen. Diese Verquickung hat zum Beispiel als Imperialismus in den letzten hundert Jahren unendliches Unheil über die Menschheit gebracht. Diese Verquickung als zentralstaatlicher Sozialismus untergräbt Initiative, Verantwortung und wirtschaftliche Rationalität. Allein, es geht nicht nur um die sachgemäße Gliederung der Systeme Staat und Wirtschaft. Entscheidend ist das Vorhandensein eines wirklichen Geisteslebens. Mit dem Worte «freies Geistesleben» wird nicht in altfränkischer Weise nur die Rede- und Pressefreiheit, die Freiheit für Kirche und Theater oder Kino gefordert, es geht auch nicht im herkömmlichen Sinn um das Professoren-Privileg der Lehrfreiheit: das sind die liberalen Vorstellungen des 19. Jahrhunderts, deren weitgehende Verwirklichung – etwa in der Weimarer Republik – kein Unheil verhütet hat.

Mit dem Worte *freies Geistesleben* ist auf jene innere Produktivkraft des Menschen gedeutet, mit der er geistig schöpferisch und praktisch arbeitend im sozialen Leben wirkt. Ein Geistesleben, das die innere Produktivität der Menschen freisetzen soll, muß dem Einzelnen Verantwortung für sein Handeln und Einblick in alle ihn betreffenden Zusammenhänge geben. Dann wird Selbstverwaltung und Selbstbestimmung möglich. Dieses Geistesleben wird heute fast überall erstickt und abgewürgt. Erstickt wird es aber auch überall dort, wo der lebendige Zusammenhang des Menschen mit dem geistigen Leben der Natur und des Kosmos durch die Fixierung auf Abstraktionen, Schemen und Modellvorstellungen verdrängt wird: in Schulen und Hochschulen, in der popularisierten Wissenschaft und durch die Medien. Abgewürgt wird das geistige Leben überall dort, wo der Mensch den Zugang zu sich selbst verliert, indem er sich nur noch als Triebwesen, das von Instinktmechanismen gesteuert wird, begreift, wo er als datenverarbeitendes System vorgestellt wird.

Es scheint mir das entscheidende Bestreben eines anthroposophisch orientierten Geisteslebens zu sein, überall den Zusammenhang des Menschen mit dem Kosmos, mit der lebendigen Natur, neu zu eröffnen und dem Menschen die Tiefe seines eigenen Wesens neu zugänglich zu machen. Dem dienen die Arbeiten in der biologisch-dynamisch verfahrenden Landwirtschaft, in der erweiterten Heilkunst, in den Waldorf- und Rudolf-Steiner-Schulen, und es zeigt sich, daß in solcher Arbeit an gemeinsamen Zielen auch das Vertrauen von Mensch zu Mensch wieder wachsen kann, weil hier in der Selbstverwaltung auf die geistige Produktivität der Einzelnen gebaut wird. Der dreifache Wall, der die Menschen heute isoliert – der Wall des Mißtrauens, der die Einzelnen in die Einsamkeit des Egoismus verweist, der Wall, der den Einzelnen von der Tiefe seines Wesens abschnürt, und der Wall der materialisierten Vorstellungen, der den Zugang zum Kosmos verstellt – sie alle werden durchbrochen. So wurden aus einer befreiten Menschlichkeit zunächst zwar nur kleine Gemeinschaften gebildet, im Laufe der Zeit können jedoch neue Zentren sozialen Lebens entstehen, aus denen ein befreites Geistesleben für die Neuordnung der allgemeinen Gesellschaft wirksam werden kann.

Eine künftige Geschichte der Bundesrepublik Deutschland wird – so steht zu hoffen – einst in diesen anthroposophischen Unternehmungen, die in verwirrter Zeit in aller Stille aufwuchsen, die Orte erblicken, in denen die Aufgabe einer Mitte Europas – bescheiden zwar, aber konkret – ergriffen wurde.

Aufgang und Untergang der Kulturen

Zur geistigen Lage der Menschen in der Gegenwart

Die zwei Kulturen

Deutlich stehen sich in unserer Gegenwart zwei Kulturen gegenüber. Die eine prägt das Aussehen unserer Städte, Fabriken, Verkehrswege: die technische Kultur. Sie beruht auf der experimentellen Naturwissenschaft und geht von den einfachsten Methoden des Messens, Zählens und Wiegens aus, sie orientiert sich an Sinnesdaten und ist ungemein erfolgreich. In moralischer Hinsicht gibt sie sich indifferent, aber die Menschen, die sich mit ihr beschäftigen, entwickeln bestimmte moralische Tugenden, sind sachlich orientiert; die Wissenschaftler und Techniker können sich in aller Regel gut und leicht verständigen, ihre Debatten werden kooperativ geführt, und im Laufe der Zeit findet man Lösungen, erreicht man Ergebnisse; strittige Fragen können durch Beobachtung, Experiment und Berechnung gelöst werden. So gibt es über die ganze Welt hin Verständigung, Konsens und Kooperation unter den Voraussetzungen dieser Kultur. So entstehen die internationalen Gemeinschaften der Mathematiker, Physiker etc., die die Leistungen ihrer Mitglieder schätzen und anerkennen und die insgesamt an gemeinsamen Aufgaben arbeiten.

Der technischen Kultur steht die Kultur der menschlichen Innerlichkeit gegenüber. Bis in unser Jahrhundert hinein trat sie als die humanistische, traditionelle Kultur bestimmter geistiger Werte und Inhalte auf. Sie gab den Menschen innere Orientierungen, Halt im Glauben, Trost in der Not, da sie auf eine geistige und göttliche Welt vertraute. Sie lebte aus den Inhalten der Antike, aus der Bibel, von den Werken großer Geister: Augustinus, Dante, Shakespeare, Goethe; sie lebte in Worten und Zitaten. Die Gruppen, die sich mit ihr beschäftigen, Literaten, Philologen, Historiker, Soziologen, Philosophen, Theologen und andere sind in ständige Meinungs- und

Weltanschauungskämpfe verwickelt, sie leben in verschiedenen nationalen, religiösen und ideologischen Traditionen und Schulen. Ihre Debatten finden kein Ende, Streitfragen werden nur selten gültig entschieden, Auffassungen und Tendenzen wechseln wie Moden; was gestern faszinierte, ist heute veraltet.

Das Verhältnis der beiden Kulturen ist dadurch gekennzeichnet, daß sie unverbunden nebeneinander stehen. Man kann Techniker oder Naturwissenschaftler sein und Bedeutendstes auf dem Felde der exakten Wissenschaften leisten, ohne Dante, Goethe oder Shakespeare, ohne die Bibel zu kennen. Umgekehrt kann man ein hochgebildeter Philologe oder Historiker sein, ohne wirklich zu verstehen, wie das Auto funktioniert, das man fährt, ohne von Computern oder Spektralanalyse etwas zu verstehen. Dieser Gegensatz der beiden Kulturen ist besonders dem englischen Schriftsteller Charles Percy Snow aufgefallen, der diesen Gegensatz zum Thema eines hochinteressanten Werkes: «The Two Cultures and the Scientific Revolution» (1959) gemacht hat.

Die Problematik dieses Gegensatzes beschäftigte Rudolf Steiner zeitlebens. Bereits in der «Philosophie der Freiheit» (1893) klingt das Thema an[66], das 1901 verfaßte Buch «Die Mystik im Aufgange des neuzeitlichen Geisteslebens» behandelt ausdrücklich das Verhältnis von innerer, mystischer Erfahrung und neuer Naturerkenntnis. In der «Geheimwissenschaft im Umriß» (1909) findet sich eine Schilderung der Herkunft jenes Zwiespalts, der unsere Gegenwart charakterisiert, und zusammenfassend stehen die Worte: «Zwei Welten entwickelten sich gewissermaßen in der Menschenbrust. Die eine ist dem sinnlich-physischen Dasein zugekehrt, die andere ist empfänglich für die Offenbarungen des Geistigen, um dieses mit Gefühl und Empfindung, doch ohne Anschauung zu durchdringen.» Im heutigen Zustand der Kultur findet man ein Abbild dieser inneren Situation: die äußere technische Welt ist voll entwickelt, für Geistiges gibt es zwar Gefühl und Empfindung, es fehlt aber an konkreter Anschauung. Die Kultur der Gegenwart soll im folgenden als Ausdruck dieser seelischen Entwicklung und Situation betrachtet werden.

Seit der Zeit Rudolf Steiners hat sich nämlich sowohl die technische Kultur als auch die innere Kultur in einschneidender Weise verändert. Blicken wir zunächst auf die Kultur der Innerlichkeit: die klassische humanistische Bildung, die Kenntnis der Bibel, der Antike, aber auch die Kenntnis Goethes, Schillers und anderer klassischer Geistesgrößen ist seit Jahrzehnten – und besonders im letzten Jahrzehnt – auf dem Rückzug. An diese Stelle traten neue Tendenzen. Im Zeichen der Ideen des Glücksstrebens und der Emanzipation, der Selbstverwirklichung und Selbsterfahrung begannen die Psychologien ihren Siegeszug, allen voran Sigmund Freud und seine Form der Psychoanalyse, aber auch Jung, Perls, Fromm und viele andere Psychologen erregten nicht nur die Aufmerksamkeit von Millionen: ihre Lehren wurden zur psychologischen Praxis, Psychoanalyse und Psychotherapie wurden zur inneren Lebensform, zu Weisen der Selbsterkenntnis und des Selbstverständnisses. Zwar leben auch noch Gestalten wie Ödipus, Narziss oder Moses in den Vorstellungen der Psychologien weiter – aber das hat mit humanistischer Bildungstradition wenig gemein. Andere Menschengruppen finden Glück, Erlösung und Emanzipation nicht in den Psychologien, sondern in den so zahlreichen Wegen der Vertiefung durch Yoga, Meditation, Zen-Buddhismus, Sufismus und wie die Praktiken alle heißen, die zum Glück, zur Selbsterfahrung oder zum Vergessen führen. In diesen Praktiken lebt der Rest alter orientalischer Weisheit, leben indische, persische und japanische Traditionen weiter, auch wenn ihr Sinn in dem neuen Zusammenhang: europäische Seelenfragen zu lösen, sich gänzlich gewandelt haben dürfte.

In ähnlicher Weise hat sich die technische Zivilisation tiefgreifend gewandelt. Noch im Anfang unseres Jahrhunderts beschränkte sich die Technik weitgehend auf die Techniken der Fortbewegung und auf neue Produktionstechniken. Heute sind es die Informationstechniken, ist es die elektronische Datenverarbeitung, die ganz neue, bisher dem Menschen vorbehaltene Aufgaben ergreift; daneben die Chemie, die nicht nur neue Stoffe herstellt, sondern durch die Pharmazie, namentlich durch Psychopharmaka das menschliche Seelenleben beeinflussen kann. Schließlich gibt es Arbeitstechniken

(Taylorismus, Refa), die tief in das menschliche Leben eingreifen und zur Vorhut umfassender Sozialtechnologien werden. In den neuen Techniken dominiert die Idee der Steuerung. Man steuert Bewußtseinsinhalte, Arbeitsvorgänge, Seelenprozesse. Aber auch in all diesen Techniken steht die einfache alte Idee der Maschine im Hintergrund. Die Auffassung der kontrollierbaren und kontrollierenden Maschine wurde auch auf den Staatsapparat übertragen; Datenerfassung, Wirtschaftssteuerung, staatliche Planung und Steuerung der Bildungsprozesse wie des Gesundheitswesens sind in West und Ost gleichermaßen ein Ideal staatlichen Wirkens geworden.

Man fragt sich angesichts dieser Tendenzen, wie das insgesamt weitergehen wird. Eines ist zunächst deutlich wahrzunehmen: die innere Dynamik der gegenwärtigen Kultur der Innerlichkeit steigert sich, die Glückserwartungen und Ansprüche, der Wunsch nach Emanzipation, nach Niederlegung aller hergebrachten Schranken, Regeln und Gesetze nimmt zu. Die alten gesellschaftlichen Rollen und Selbstverständlichkeiten werden nicht länger akzeptiert, es entsteht im Zeichen von Utopien ein Kultus der Emanzipation. In den Künsten gibt es kaum ein Tabu, das noch zu brechen wäre. Auf der anderen Seite sind die Tendenzen zur Ausdehnung technischer Macht und Herrschaft mit dem Ziel einer umfassenden Programmierung der Menschheit unübersehbar. Die Widersprüchlichkeit dieser beiden Tendenzen hat bereits im vergangenen Jahrzehnt zu zahlreichen offenen und versteckten Konflikten geführt. Viele Menschen sind nicht bereit, die Zunahme von Kontrolle und Macht stillschweigend zu ertragen; so entstehen symbolische Kämpfe, die beispielsweise um die Atomkraftwerke geführt wurden, und jene Demonstrationen, die gegen die ständige Erweiterung der Technik, seien es Flugplätze oder Autobahnen, protestieren. Immer wieder dasselbe Bild: die Staatsmacht, der Polizeiapparat wird mit allen technischen Mitteln aufgeboten, um die Expansion der Technik zu schützen. Dieser hochgerüsteten Phalanx stehen tief beunruhigte, empörte, wütende, verzweifelte Menschenmassen gegenüber, und der Protestschrei ertönt aus tausend Kehlen. Dieses Bild, das sich bereits tausendfach wiederholt hat, kann jeden fühlenden Beobachter, auf welcher Seite er auch stehen mag, zuallertiefst beunruhigen. Neben den offenen Kämpfen gibt es die stille Verzweiflung, die Verweigerung, das Aussteigen: die Arbeitslust schwindet, Kriminalität und Rauschgiftsucht nehmen rapide zu, oder auch: Landkommunen werden gegründet, man sucht in Nepal oder Marokko eine von der technischen Zivilisation unberührte Welt[67].

Die Zukunftsaussichten der technischen Kultur sind aber nicht nur durch Rebellion und Verweigerung bedroht, sondern oft durch die Dummheit, mit der sie gehandhabt wird. Man steht vor dem Phänomen, daß es eine hochentwickelte technische Intelligenz gibt, die Weltraumsonden so steuern und ausstatten kann, daß sie farbige Bilder von den Saturnringen und Monden liefert, – Leistungen, die man nur bewundern kann. Sobald sich aber diese Intelligenz den praktischen irdischen und sozialen Verhältnissen nähert, versagt sie in der bejammernswertesten Weise. Man bedenke z. B. den ganzen Komplex der chemischen Industrie, deren Produktion und Produkte nicht immer gefahrlos sind: Gifte werden verwendet, ohne daß man sich in genügendem Maße Gedanken über die Folgen oder die Beseitigung der Gifte macht. Erst wenn das Grundwasser in erheblichem Maße verunreinigt ist, wenn schwerste Gefahren drohen, beginnt man sich um die Probleme zu kümmern. Im Umgang mit Bodenschätzen oder in der Frage der Verunreinigung der Luft zeigen sich ähnliche Kurzsichtigkeiten. Die moralische Intelligenz, der notwendige Blick für das Ganze, die Rücksichtnahme auf zukünftige Generationen, die mit der Technik notwendigerweise verbunden sein muß, fehlt – und ohne eine entsprechende moralische Intelligenz und ohne einen verantwortlichen Willen gräbt sich die technische Kultur ihr eigenes Grab. In Wirklichkeit ist die technische Kultur auf eine Kultur verantwortlicher Innerlichkeit angewiesen. Wenn man sich heute über die vielbefahrenen Autobahnen in den dichten Fahrzeugkolonnen vorwärtsbewegt, kommt einem manchmal unwillkürlich die Frage: Wie wird das hier wohl in zwei oder drei Jahrzehnten aussehen? Da steigt dann ein Bild auf: die Fahrbahnen sind leer, Autos sieht man nicht. Der Wind hat Sand und Erde auf Beton oder Asphalt geweht, da und dort beginnt es zu grünen. In der Ferne zwei

Menschen und ein Hund, sie ziehen einen Leiterwagen. Oder man stockt im Gedränge eines Kaufhauses, und ein Bild steigt auf: die Betonklötze sind leer, fahles Licht fällt durch einige Schlitze ins Innere. Die Rolltreppen stehen still und rosten, in der Ecke liegt noch ein wenig Asche, hier haben Menschen die letzten Verkaufstische verbrannt, um noch ein wenig Wärme und Licht zu haben.

Blickt man aber auf die Tendenzen, die in der gegenwärtigen Kultur der Innerlichkeiten an vielen – nicht an allen – Stellen sichtbar werden, blickt man namentlich auf manche heute populären Formen von Emanzipation, Glückstreben, Selbstverwirklichung und Bewußtseinserweiterung, so kann man leider nicht umhin zu bemerken, daß in vielen Fällen Emanzipation als schiere Bindungslosigkeit, als Anomie verstanden wird, man sieht, daß Glück als Entspannung, als Freiheit, als Genuß gesehen wird; man sieht ferner, daß so und so oft Selbstverwirklichung nicht nur als Flucht aus sozialen Rollen, sondern auch als Flucht aus sozialen Pflichten auftritt. In vielen Fällen ist ferner bei der Pflege der Innerlichkeit, beim Streben nach Bewußtseinserweiterung – mit oder ohne Drogen – ein bedenklicher Realitätsverlust zu beobachten. Man ist nicht geneigt, Aufgaben zu übernehmen, Verbindlichkeiten einzugehen, Formen zu wahren. Dies alles trifft für einige hochdisziplinierte Schulungen, denen sich manche bis zur Selbstaufgabe unterwerfen, nicht zu, es trifft auch nicht für jene Gruppen zu, die sich ökologisch oder sozial engagieren, aber es bezeichnet doch weitverbreitete Auffassungen, die von der Vorstellung ausgehen, es müsse ein Paradies geschaffen werden, in dem Menschen in glücklicher Natürlichkeit existieren, in dem man völlig entspannt und ohne Frustration leben könne. Daß es eine derartige Natürlichkeit nirgends gibt, daß totale Entspannung auf die Dauer nichts anderes als totale Erschlaffung wird, daß Menschen keine schlichten Naturwesen sind, wird kaum begriffen. Da man das nicht begreift und seine Erwartungen aufrecht erhält, leidet man furchtbar unter den Verhältnissen, und mancher meint: je mehr man leide, desto sensibler, desto menschlicher sei man. Das Bewußtsein des Leidens ist schließlich ein Leiden am eigenen Bewußtsein, das man aufgeben möchte. Bislang aber existiert man mit der subtilen Innerlichkeit auf dem Boden des technischen Komforts – selbst wenn er primitiv ist.

Gerade dort, wo man sich dieser Pflege der Innerlichkeit hingibt, wo man sich den äußeren Zwängen und den Leistungsanforderungen entzieht, sorgt man zunächst in aller Regel dafür, daß andere Menschen noch mehr arbeiten müssen, daß noch mehr Energie verbraucht wird, daß äußere, staatliche Reglementierungen und Kontrollen noch mehr zunehmen. Je mehr man Formen und Rollen verachtet, schlichte Pflichten wie die Pünktlichkeit oder Ordnung geringschätzt, die Formen der Kommunikation entstellt, desto schwieriger macht man das Leben zunächst für andere Menschen, schließlich aber auch für sich selbst. Die Gefahr, die durch die Isolierung und Abgehobenheit der subjektiven Kultur der Innerlichkeit droht, ist letztlich der Zerfall dessen, was man auf Deutsch anspruchsvoll *Vernunft,* auf Englisch etwas einfacher *Common Sense* nennt. Man verliert den Blick für Wirklichkeit und Möglichkeit, man verliert die Maßstäbe für das Urteilen, die sich nur durch den Realitätskontakt in Arbeit und Leistung ausbilden. Der Common Sense ist kein Naturprodukt, das im inneren Bewußtsein von selbst entsteht. Der Common Sense wird im Handeln und im sozialen Kontakt durch Lernen und Erfahrung gebildet, wenn der innere Wille des Menschen zur Vernunft in einer Umwelt erwacht und in einer Sozialwelt entwickelt wird. Freilich – und damit kommen wir wieder auf die andere Seite des Problems – der Common Sense, die Vernunft wird nur dann gebildet, wenn man auch den Eindruck haben kann, es gehe in der Welt einigermaßen vernünftig zu. Nur wenn man erlebt, daß man durch Fleiß und Vernunft, durch Argumentation und Handeln auch etwas erreichen kann, nur wenn die äußere Vernunft der inneren Vernunft begegnet, stabilisiert sich Vernunft. Was besonders die Jugend heute rebellisch macht oder sie traurig resignieren läßt, was junge Menschen zum Alkoholismus oder zum Gebrauch von Drogen treibt, ist die Erfahrung der öffentlich handelnden Unvernunft, ist das Erlebnis: man kann doch nichts machen, das in der Arbeitslosigkeit gipfelt.

Die innere Welt kann sich nur an der äußeren richtig ausbilden, sonst verliert sie den Boden unter den Füßen und wird zu einer endlos mit sich selbst beschäftigten Subjektivität. Die technische Welt ihrerseits ist auf die innere Welt, auf Urteilskraft, Vernunft und Moralität angewiesen. Ohne diese menschliche Steuerung wird sie zu einem selbstlaufenden Mechanismus, der Natur und Mensch zerstört.

Die Durchdringung von außen und innen

Eine heilsame Zukunftsentwicklung kann es nur dort geben, wo die Isolierung der Innerlichkeit der Seele ebenso überwunden wird wie die Mechanisierung der Äußerlichkeit, die nach unmenschlichen Gesetzen selbsttätig weiterläuft. Das ist eine Aufforderung an das menschliche Bewußtsein, sich auf sich selbst zu besinnen, sich als Mensch richtig zu verstehen. Betrachtet der Mensch sich selbst, so kann er bemerken, daß in seiner eigenen Konstitution das sogenannte Innere und das scheinbar Äußere verbunden sind. Wir alle leben in unseren Gedanken, die wir als etwas Inneres erleben. Die Gedanken aber greifen wir mit der Sprache, fassen sie in Sätze und Wörter, und obwohl wir uns ganz klar darüber sind, daß Gedanken etwas anderes sind als Wörter und Sätze (sie können in viele andere Sprachen übersetzt werden und so vielerlei äußere Erscheinung gewinnen), so sind doch die Wörter und Sätze angemessene Schalen, Gefäße, in denen der Gedanke lebt. Schon das ist eine bemerkenswerte Tatsache. Bedenkt man dann aber weiter, daß wir unsere Gedanken mit den physischen Sprachwerkzeugen hervorbringen, daß Kehlkopf, Gaumen, Zähne und Lippen so gestaltet sind, daß wir sprechen können; ja, bedenkt man, daß dieser ganze Sprechapparat wiederum hineinorganisiert ist in die Gesetze der Luft, so sieht man, daß das scheinbar Äußere und das Innerliche auf das genaueste aufeinander bezogen sind. Dem menschlichen Stimmapparat antwortet in einer Hinsicht das menschliche Ohr – und wieder sind Ohrmuschel, Gehörgang, Trommelfell, Hammer, Amboß und Steigbügel und schließlich die Schnecke so organisiert, daß sie der Vermittlung des Tones dienen. Die äußere Gehörorganisation bildet die äußere Schale, die sich ganz an das Erleben des Tones anpaßt. In entsprechender Art kann man die ganze menschliche Organisation beschreiben.

Besonders lehrreich ist in dieser Hinsicht die Organisation der menschlichen Freiheit. Freiheit empfindet der Mensch, der sich auf sich selbst besinnt als innerstes Ziel und als Auftrag seines Wesens. Aber auch diese Freiheit hat ihre leibliche Schale, ihr anatomisches Abbild[68]: zum Beispiel bedarf die Freiheit der Distanz, des ruhigen und besonnenen Betrachtens. Dieses ruhige Betrachten, diesen Überblick verdanken wir nicht allein den in beweglicher Ruhe im Kopf geborgenen Augen, sondern auch der aufrechten Haltung, die uns ein wenig über den Dingen stehen läßt. Nun wären aber bloße Distanz und ruhige Betrachtung allein keine Freiheit. Vielmehr wollen wir aus ruhiger Überlegung heraus *handeln*. Dieses freie Handeln verdanken wir anatomisch gesehen in erster Linie der Tatsache, daß unsere Hände freigesetzt sind und nicht zum Gehen benötigt werden, daß unsere Hände höchst beweglich und sensibel sind und daß sie im Blickfeld des Auges liegen. Aus der Ruhe der Betrachtung kann der Mensch die tätige Hand leiten und belehren. Diesem Tatbestand von distanzierter Betrachtung, ruhigem Denken und tätigem Handeln, lernendem Tun entspricht dann auch im Inneren des Kopfes der Aufbau des Gehirns.

Damit wird zunächst eines deutlich: Die übliche Vorstellung von seelischer Innerlichkeit und mechanischer Außenwelt ist äußerst ungenau. Nicht nur im Menschen ist ein durchgehender, vollständiger Zusammenhang zu beobachten. Der Blick in die Tierwelt zeigt ganz ähnliches: Jedes tierische Wesen ist nicht nur in eine Lebenswelt genau eingepaßt, sondern es ist auch die Lebensweise ebenso wie der Körperbau Ausdruck eines bestimmten seelischen Verhaltens, bestimmter seelischer Kräfte. Ja, die Erde selbst ist bis hin zu ihrer Ordnung im Kosmos – man denke an die Neigung der Erdachse im Verhältnis zur Ekliptik, die unsere Jahreszeiten entstehen läßt –, sinnvoll organisiert.

Schalenbildung

Diese sinnvolle Organisation ist immer so veranlagt, daß das Physische, das Technische, das Anatomische *Schale und Hülle eines Wesens*, eines Wesenhaften ist, welches in der Schale, in der Hülle seinen Ausdruck findet. Geht man aber noch genauer auf das Wesen dieser Schale ein, so kann man etwas weiteres bemerken. Die Sprachorgane und Sprechwerkzeuge dienen keineswegs allein zum Sprechen. Lippen, Zähne, Zunge und Gaumen dienen auch zum Essen; die Luft, die wir einatmen, dient nicht nur der Aspiration des Sprachvorgangs, sondern auch der Erneuerung und Erfrischung des Blutes durch den Austausch von Sauerstoff und Kohlendioxyd in der Lunge. Mit dem Ohr, der Schnecke und den Bogengängen ist das Gleichgewichtsorgan verknüpft. So ist nicht nur die menschliche Organisation in höchster Art ökonomisch organisiert, dieses Prinzip der Ökonomie findet man in der ganzen Natur, etwa im Zusammenwirken von Tieren und Pflanzen in einer Landschaft. Hier zeigt sich der Gegensatz zur Technik. Man bedenke nur einmal das Verkehrswesen: z. B. laufen im Oberrheintal drei verschiedene Verkehrssysteme nebeneinander parallel: die Wasserstraße des Rheins (reguliert!), die Bahn Frankfurt–Basel, die Autostraßen, namentlich die Autobahn A 5, die Bundesstraßen B 3 und B 36, vom Flugverkehr und den kleineren Systemen ganz abgesehen. Oder man vergegenwärtige sich die parallellaufenden Informations-Systeme, die unser Land überziehen: Zeitung, Telefon, Fernschreiber, Rundfunk und Fernsehen und dazu noch die Post. Wo die Natur das Prinzip der ökonomischen Schalenbildung verfolgt, sind in der Technik zwar auch Ansätze dieser schalenbildenden Dienste zu erkennen – das Telefon dient als Schale der Tonübermittlung –, aber der dominierende Gestus ist der Gestus des eindimensionalen Zugriffs, der für jedes menschliche Bedürfnis mehrere aufwendige Systeme schafft, anstatt – wie die Natur – für mehrere Bedürfnisse sich ein und desselben Systems zu bedienen. Das wird an vielen Stellen deutlich. Die maschinengerechte, an den Traktor und die quantitative Produktion angepaßte Landwirtschaft muß langsam gewachsene ökologische Einheiten zerstören; kleine Felder werden zu großen zusammengelegt, Bachläufe begradigt, Hecken und Bäume abgeholzt. Das Gleichgewicht der Natur wird gestört, und nun müssen nicht nur mineralische Dünger, sondern auch Insektizide, Fungizide – und zur Vereinfachung der Arbeit Herbizide eingesetzt werden. Hier bildet das technische Vorgehen keine Schale für sinnvolle Lebensvorgänge, es dient allein dem raschen Zugriff und der quantitativen Produktion und wird auf die Dauer immer unökonomischer. Ähnliches wird in sozialen Verhältnissen noch deutlicher. So wird in der Schichtarbeit – die in manchen Zusammenhängen (Krankenhaus) notwendig sein mag – kaum Rücksicht auf die Leistungskurve des Menschen genommen, dessen Leistungsfähigkeit um 22 Uhr rapide abfällt, und zwischen zwei und vier Uhr morgens einen Tiefpunkt erreicht. So wird auch in der heutigen (Regel-)Schule weder auf das Lebensalter und dessen besondere Lernmöglichkeiten noch auf die physiologischen Bedingungen des Lernens Rücksicht genommen. Man stellt Produktions-, Leistungs-, Lern- oder Bildungsziele auf, und dem haben sich Natur und Mensch zu fügen. Das kommt auf die Dauer teuer zu stehen.

Eine technische Kultur, die auf die ganze Wirklichkeit, auf die Lebensrhythmen und Naturzusammenhänge ebenso Rücksicht nimmt wie auf das seelische Wesen des Menschen, auf Geist und Freiheit, könnte so verfahren, daß sie das Prinzip der Schalen- und Hüllenbildung, daß sie das Prinzip der Ökonomie und Zusammenhänge in Natur und Mensch studiert. Eine derartige Technik, die besonders in sozialen Zusammenhängen eine allerwichtigste Zeitforderung ist, würde zwar nicht mehr den raschen, machtvollen Durchgriff auf Beliebiges ermöglichen und so der Herrschaft dienen, – aber sie würde auch nicht mehr sich selbst vernichten, indem sie ihre Grundlagen in Mensch und Natur zerstört. Es ist zum Beispiel in der Gesamtökonomie sinnlos, Arbeitsvorgänge zu rationalisieren, wenn damit per saldo die Arbeitslosigkeit vermehrt wird. Durch derartige Rationalisierungen werden erstens Menschen unglücklich gemacht, zweitens wird das ökonomische Problem nur verschoben: die Menschen, die aus einem Betrieb herausrationalisiert wurden, müssen von der gesamten Volkswirtschaft unterhalten werden. Wäre es da nicht sinnvoller, die Volkswirtschaft so zu denken, daß sie Schale für den Arbeitswillen der Menschen ist? Wo solches versucht wird, scheint es mir für die Zukunft Überlebenschancen zu geben.

Eine derartige Änderung setzt aber eine Änderung des Denkens voraus. Unser heute allgemein verbreitetes zweck-rationales Denken orientiert sich an eindeutigen Zwecken. Rationalität im herkömmlichen Sinn will herausfinden, wie ein Zweck schnell und einfach realisiert werden kann. Dieses Denken fragt nur nebenbei nach Weltgesetzmäßigkeiten. Es interessiert dieses Denken in erster Linie, wie es die Welt in den Dienst der eigenen Zwecke und Absichten stellen kann. Das ist der Sinn technischer Experimente und technischer Forschung. Das hier beschriebene Verfahren der Schalenbildung setzt ein anderes Denken voraus. Das neue Denken muß sich in den Dienst der geistigen und seelischen Gesetzmäßigkeiten stellen, es muß versuchen, die geistigen Gesetze zu erfassen, die den Naturprozessen und den Sozialvorgängen zugrunde liegen. Erst ein Denken, das auf diese Weise die subjektive Orientierung überwindet, kann eine derartige neue Technik schaffen.

Das Prinzip der Schalenbildung macht nicht allein sichtbar, daß das Äußere Ausdruck und Hülle des Inneren ist. Man kann es auch umgekehrt sehen: alles Äußere hat Bedeutung für das Innere, und solange man zum Beispiel die Funktion eines Organs oder eines Organsystems noch nicht im Hinblick auf das Innere verstanden hat, solange ist es nur eine bloße Tatsache, ein stummes Faktum, das auf Erlösung durch Erkenntnis wartet. Hier in diesem Aufsatz wurde die äußere geschichtliche Entwicklung der beiden Kulturen und der Tatbestand der beiden Kulturen als ein Ausdruck der derzeitigen inneren Entwicklungssituation des Menschen und der Menschheit beschrieben. Die gegenwärtig sichtbaren Tendenzen zu einer Innerlichkeit, die das Äußere vergißt und nur mit sich selbst beschäftigt ist, die den Boden unter den Füßen verliert und sich in ein Reich der Glückseligkeit flüchten möchte, ist ein Symptom für eine pathologische Entwicklung. Diesem Symptom steht das andere Symptom gegenüber: der Wille zur technischen Machtausübung, zur Beherrschung der Erde im Dienste zu eng gefaßter Interessen, im Dienste einer sich selbst nicht verstehenden Rationalität – wiederum ein pathologischer Vorgang. Beide Symptome zusammengeschaut sagen etwas darüber aus, wie Denken, Wollen und Fühlen auseinanderstreben, ja auseinanderklaffen. Beide Symptome machen damit aber auch die Aufgabe der Menschen, die sich selbst verstehen und ihre Identität nicht verlieren wollen, eindringlich klar.

Selbstwerdung

So wie der Blick in die gegenwärtige Kultur etwas über die ganze Menschheit aussagt, so kann der Blick auf das eigene Schicksal jedes einzelnen Menschen auch etwas über ihn selbst, über seine innere Lage und seine Aufgaben aussagen. Im Erfolg oder Mißerfolg seiner Handlungen, in den weiteren Folgen seines Tuns kann man ein Abbild des eigenen Willens sehen. So gibt es Menschen, die um sich Unordnung und Schwierigkeiten verbreiten, die Widerstand aufrufen. Ihnen gegenüber zeigt sich die «Tücke des Objekts»: Werkzeuge gehen kaputt, Materialien sind nicht zu finden. Vielleicht paart sich diese Problematik mit großer Genialität, mit immerwährenden Einfällen, die aber unter Umständen nur die Stufe geistvoller Reden erreichen und nie zu einem Werk werden. Hier entsteht vor dem Auge des Betreffenden die Aufgabe, diese Unzulänglichkeiten zu überwinden: Ideen und Handlung zusammenzuführen. Aber wie leicht sieht man sich selbst nur von innen. Man bemerkt seine – vielleicht vorhandene – «geistige Überlegenheit», man weiß in vielen Fällen kluge Kritik zu üben und faßt das, was einem von außen kommend begegnet, nur als Frustration, als Feindlichkeit der bösen Welt auf und meint, man müsse sich resignierend zurückziehen, man werde nicht verstanden. – Was so im Groben offensichtlich ist, nimmt aber oft viel subtilere Formen an. Es kann so aussehen, als ob man in äußerer Hinsicht seine Pflichten erledige. Aber im Inneren lebt mangelndes Interesse an Welt und Menschen, Gedankenlosigkeit gegenüber dem, was man selbst erlebt, es fehlt bei aller äußeren Tätigkeit das Engagement; oder in einem anderen Fall begegnet man der Umwelt stets mit leichter Ironie, in deren Hintergrund Zynismus lauert, das Gefühl ist kalt, sprunghaft, um dann plötzlich heiß aufzuflammen: All dieses, wie auch die Gedanken, die man denkt, begegnen uns irgendwann wieder von außen, so wie sich auch die innere Lage der Menschheit in der äußeren Kultur spiegelt.

Ja, man muß noch einen Schritt weiter gehen und sich sagen: Wir alle sind durch Erziehung und Umwelt im Laufe unseres Lebens durch ein individuelles Schicksal gebildet, wir verdanken bestimmte Fähigkeiten einem Menschen, dem wir begegnet sind, einer Landschaft, in der wir aufgewachsen sind. Die Lust an häuslicher Arbeit verdankt man vielleicht der Mutter, das Interesse an Dichtung einem Deutschlehrer, das völlig fehlende Verhältnis zu Pflanzen dem Biologieunterricht. Im späteren Leben haben Ämter und Aufgaben uns veranlaßt, Fähigkeiten zu entwickeln, die in anderen Lebensstellungen nie zur Entfaltung gekommen wären. Und so kann auch das, was uns heute von außen begegnet, mehr als nur eine Äußerlichkeit sein. Das Äußere ist eine Antwort auf unser Dasein, ein Spiegel, der uns vorgehalten wird; vielleicht ist es eine Chance, etwas Neues zu lernen und aufzunehmen. Indem wir das scheinbar Äußere aufnehmen und verarbeiten, indem wir Aufgaben ergreifen, die die Welt uns stellt, werden wir selbst. Es gibt Berufe, in denen das in besonderem Maße klar erkennbar ist. Der Lehrer findet im Verhalten einer Klasse nicht allein die Spiegelung eines Wesens, seines Verhaltens, seines Engagements, seiner Gedanken und seiner Vorbereitung, er findet auch immer die Aufforderung, sich selbst zu verändern, seine Einstellungen zu verwandeln, seine Gedanken zu verlebendigen. In anderen Berufen ist die Situation nicht immer so evident, aber in jeder Menschenbeziehung kann man bemerken, daß Fragen, Hoffnungen und Erwartungen an uns herangetragen werden, daß Aufgaben darauf warten, ergriffen zu werden. Und überall, so man diesen Erwartungen mit gutem Gewissen entgegenkommen kann, wo man Aufgaben ergreifen und lösen kann, weitet und stärkt sich das eigene Innere. Das Ich bildet sich an und in der Welt.

So kann die Schwäche der heutigen Kultur der Innerlichkeit, die endlose Selbstbeschäftigung des Subjekts mit sich selbst überwunden werden. Gewiß gibt es innere Fragen, die man bereits in ruhiger Selbsterkenntnis oder in einem Gespräch zu klären versuchen kann. Doch größere Klarheit und wirkliche Stärkung findet man auf die Dauer nicht durch die Beschäftigung mit den eigenen Leiden – das steigert nur die «Sensibilität» genannte Wehleidigkeit. Die Wirklichkeit von Freiheit und menschenwürdigen oder menschenmöglichen Zuständen ist immer auch ein technisches Problem, das durch eine entsprechende *moralische Technik* zu lösen ist. So wie man den äußeren, physischen Sprachwerkzeugen gar nicht ansieht, daß sie der menschlichen Verständigung dienen, so werden durch äußere Einrichtungen, durch Ordnung, durch Umgangsformen, durch Gewaltenteilung oder durch die Dreigliederung des sozialen Organismus, durch praktische Organisationsformen die Grundlagen für Freiheit und Menschenwürde gelegt. Was im Licht der heutigen Kultur der Innerlichkeit nur als Frustration, als Zwang erscheint, birgt in sich Aufgaben, deren äußere Bewältigung der Innerlichkeit den notwendigen Raum schafft.

Keime einer neuen Kultur

Die Anthroposophie dient einer neuen Kultur, die in Landwirtschaft, Medizin, Pharmazie, Pädagogik und im allgemeinen sozialen Wirken Techniken entwickelt, die Schale und Hülle sein wollen für Menschlichkeit, für seelisches und ökologisches Leben. Die Anthroposophie leistet diese Pflege des Lebendigen, der Seele aufgrund einer «wahren Erkenntnis der geistigen Welt»: Die Einsicht in die geistigen Gesetzmäßigkeiten von Mensch, Natur und Kosmos befähigt Anthroposophie zu praktisch-technischem Handeln; es werden Schulformen, neue Heilmittel, Kliniken, neue landwirtschaftliche Anbaumethoden geschaffen, die insgesamt die Aufgabe haben, Schalen des Menschlichen zu sein. Das alles ist ein Zeichen der Fruchtbarkeit der Anthroposophie. – Aus der Anthroposophie begründen sich aber auch Menschengemeinschaften, deren innerstes Wesen die Initiative ist. Initiativ sein heißt etwas beginnen, einen Anfang machen mit der Lösung von Problemen. Wer in diesem Sinne den Anfang des Willens in sich findet, beginnt mit anderen etwas zu unternehmen und versucht sich in den Dienst einer Aufgabe zu stellen, versucht so zu forschen, daß er Erkenntnisse gewinnt, aus denen Ansätze zu jener neuen schalenbildenden Technik möglich sind. In der Arbeit an diesen Aufgaben bilden sich aber auch Formen des menschlichen Zusammenlebens, der Verständigung, der Hilfe und des Austausches, die das Klima für eine befreite Innerlichkeit schaffen. Blickt man auf das vergangene Jahrzehnt in diesem Sinne zurück, so kann man bemerken, daß in vielfacher Weise aus dem Werk Rudolf Steiners praktische Arbeit im Dienste einer neuen Kultur begonnen worden ist. Blicken wir nur einmal auf die Aktivitäten in der Bundesrepublik.

1969 war das Jahr, in dem die erste Waldorfschule auf ihr 50jähriges Bestehen zurückblicken konnte. Trotz der Verbotszeit unter der Hitler-Diktatur und trotz der ungeheuren Schwierigkeiten in der Restaurationsepoche von 1950 bis 1969 waren 29 Waldorfschulen nach 1945 wieder- oder neuentstanden. In den Jahren von 1970 bis 1984 entstanden weitere 55 Waldorfschulen. An 55 Orten fanden sich Eltern, Schüler und Lehrer zu neuen Gemeinschaften zusammen und schufen freie Formen der Verständigung und Zusammenarbeit, um für die Erziehung der Kinder eine Hülle zu schaffen. Ähnliches kann man von der Kindergartenbewegung und von der heilpädagogischen Bewegung sagen. Ein zweites Element dieser Ausdehnung ist die Ausbildung von Lehrern, Erziehern und Heilpädagogen. So gab es für die Waldorfschulen 1970 nur ein Lehrerseminar in Stuttgart, an dem etwa 40 Lehrer im Jahr ausgebildet wurden; heute gibt es in der Bundesrepublik drei derartige Ausbildungsstätten, die im Jahr mehr als 240 Lehrer für die Schulen im In- und Ausland für den Beruf des Waldorflehrers vorbereiten. Schließlich darf man auch behaupten, daß auf dem Gebiet der pädagogischen Forschung gearbeitet wird, wovon eine Reihe wichtiger Publikationen Zeugnis ablegen. Die Entwicklung auf dem Felde der Heilpädagogik und der Kindergartenbewegung zeigen dasselbe Bild der vermehrten Ausbildung und der Vertiefung der Arbeit.

Blickt man auf die anthroposophisch orientierte Medizin, so erinnert man sich, daß im November 1969 die Klinik in Herdecke eröffnet wurde, ihr folgten 1975 die Filderklinik bei Stuttgart und die Klinik in Öschelbronn. Diese neuen Sozialgestalten im Heilwesen fanden in der Öffentlichkeit die größte Beachtung, und wieder zeigte sich, daß aus der Anthroposophie menschengemäße Sozialformen erwachsen. Im Kampf um das Heilmittelgesetz aber hatte sich die anthroposophische Medizin auch im politischen Kampf zu bewähren. Letztlich beruhte die Möglichkeit, dieser neuen Medizin Anerkennung zu verschaffen, auch auf der seit Jahrzehnten in der Praxis geleisteten Forschung, die sich darum bemüht, die Intentionen zur Erweiterung der Heilkunst, die von Rudolf Steiner und Ita Wegman ausgegangen waren, gründlich und tief zu verstehen und praktisch zu erproben.

Ein drittes hier zu erwähnendes Arbeitsfeld ist die Landwirtschaft. Der Impuls zu einem natur- und menschengemäßen Landbau ergreift heute immer mehr junge Menschen; die Ausbildungsbetriebe, die biologisch-dynamisch arbeiten, müssen den größten Teil der Bewerber um einen Ausbildungsplatz abweisen. Dennoch geht auch diese Arbeit voran, junge Menschen gründen neue landwirtschaftliche Betriebe, Bauern stellen ihre Höfe um. Ihr Tun begegnet der allergrößten Nachfrage von seiten der Verbraucher, und die assoziativen Vereinigungen von Produzenten, Verteilern und Verbrauchern organisierten sich in den letzten Jahren neu. Wiederum ist das tragende Element im Hintergrund die Forschung, die an vielen Orten geleistet wird. Insgesamt steht man wieder vor neuen Sozialformen und neuen geistigen Techniken der Arbeit an der Erde.

Man könnte in diesem Sinne noch manche Initiative erwähnen, die im letzten Jahrzehnt erstand. Ich denke dabei unter anderem an die vielen neuen *Eurythmieschulen,* an die *Alanus-Hochschule in Alfter,* an die *Studienseminare für Anthroposophie,* an die *bankähnlichen Einrichtungen* in Bochum. An all diesen Gründungen kann man ablesen, welche Chancen Anthroposophie im vergangenen Jahrzehnt hatte, Keime zu setzen für eine neue Kultur, die inmitten jener beiden anderen Kulturen entstehen will. Die anthroposophische Kultur erscheint heute noch als sehr anfänglich, aber sie arbeitet an der Aufgabe, eine menschengemäße Technik zu schaffen, und sie führt im sozialen Leben, in der Kunst und im Ergreifen des Schicksals die Innerlichkeit des Menschen aus der Isolierung des Selbst in die Weite der Welt.

Diese anthroposophische Kultur ist nicht nur keimhaft, sondern im Verhältnis zu den alten Kulturen noch sehr wenig umfangreich. Man muß sich immer wieder klarmachen, daß von den 8,3 Millionen Schülern in der Bundesrepublik nur 40 000 Schüler Waldorfschulen besuchen – knappe fünf Promille! Daß von den etwa 3500 Krankenhäusern in der Bundesrepublik gerade ganze fünf um eine anthroposophisch orientierte Medizin sich mühen! Anthroposophische Initiativen sind nur kleine Samenkörner in einer Kultur, die prinzipiell anders orientiert ist. So wird man sich vorstellen können, daß die kommenden fünfzehn Jahre mit ihren unausbleiblichen Krisen, wirtschaftlichen und politischen Erschütterungen eine Zeit der Prüfungen werden.

Auf allen Gebieten wird die Notwendigkeit anthroposophischer Praxis immer deutlicher: Die ökologischen Probleme stellen eine Herausforderung für die Ideen der biologisch-dynamischen Wirtschaftsweise dar; die Zivilisationsschäden verlangen eine Verstärkung und Vertiefung der Waldorfschulpädagogik; der Apparate-Medizin und der Chemotherapie muß immer deutlicher eine Heilkunst entgegengestellt werden, die auf intuitiver Menschenerkenntnis beruht und die Heilkräfte im Menschen in gesunder Weise aufruft. Im sozialen Leben müssen gegen das Mißtrauen und die Angst Gemeinschaften des Vertrauens und der Kooperation entstehen.

Es wächst aber zur Zeit nicht nur die Notwendigkeit anthroposophischer Praxis, sondern auch eine wiedererwachende Gegnerschaft gegen die Anthroposophie. Es erscheinen allerlei Broschüren, in denen die alten Dummheiten, die man in den 20er Jahren gegen

Rudolf Steiner vorgebracht hatte, erneut aufgewärmt werden. Zugleich werden neue Gründungen durch staatliche Reglementierungen erschwert. Vor allem aber besteht die Gefahr, daß die anthroposophischen Initiativen selber nicht mit der nötigen inneren Konsequenz durchgeführt werden. Es drohen auf der einen Seite sektierische Eigenbrötelei, auf der anderen die Anpassung an Zeitmoden; überdies wird oft übersehen, daß die anthroposophischen Initiativen Modellcharakter haben müssen, wenn sie wirksam werden sollen, und daß es nicht genügt, mit zu schwachen Kräften nur etwas mittelmäßig Gutes zu leisten. So bietet man Angriffstellen für allzeit geschäftige Gegner.

Es kommt heute darauf an, daß die verbleibende Zeit aktiv genutzt wird. Selbstverständlich ist, daß das Bestehende und Neubegründete innerlich und äußerlich konsolidiert wird. Schon weniger selbstverständlich ist, daß in einem verstärkten Maße alle anthroposophischen Initiativen voneinander Kenntnis haben und miteinander zusammenarbeiten müssen, wenn man die Wirkung des Ganzen innerlich verstärken will. Die Freiheit der Einzelinitiative verdient nur dann den Titel der Freiheit, wenn sie sich in das Ganze bewußt hereinstellt und wenn allseitige Verständigung gesucht wird. Die Kultur der Innerlichkeit muß den Subjektivismus überwinden und zur Kooperation finden. Die größte und weitestreichende Bedeutung für die Zukunft haben immer die Ideenkeime, also die geistige Forschung. Bis heute lebt die Anthroposophie zwar nicht nur, aber doch in großem Maße von den Keimen, die im ersten Drittel unseres Jahrhunderts gelegt wurden. Die Keime, die insgesamt auf Rudolf Steiner und seine ersten Mitarbeiter zurückgehen, sind dadurch lebenskräftig geworden, daß Rudolf Steiner die Forschungen seiner Mitarbeiter immer aufs Neue angespornt hat. Im Rahmen des «Kommenden Tages» wurden durch die wirtschaftlichen Unternehmungen Gelder für diese Forschung bereitgestellt, und Rudolf Steiner berief produktive Forscher in die Laboratorien und Institute. Praktisch geht das gesamte anthroposophische Heilmittelwesen auf die damals gegebenen Anregungen zurück. Heute kommt sehr viel darauf an, daß wieder ein Sinn für die Bedeutung anthroposophischer Forschung erwache. Man kann auf die Dauer gesehen nicht nur einmal Erkanntes anwenden, es muß auch Forschung immer neu betrieben werden, sei es, um die bisherigen Ideen besser und tiefer zu verstehen, sei es, um neue Ideen und Erkenntnisse zu finden und Techniken der Anwendung zu erproben. Schale für die Pflege der Ideen könnten zunächst kleine Menschengruppen sein, die die Forschungen durch intensive Arbeit zur Reife entwickeln.

Insgesamt braucht die innere Arbeit Menschen, die sich begegnen, die voneinander wissen und ihre Ergebnisse austauschen. Neben den zahlreichen öffentlichen Darstellungen der Anthroposophie durch Tagungen, Vorträge und Publikationen bedarf es also der Zusammenarbeit der produktiven Geister, eines Netzes von Freundschaften, das sich über die Erde hinzieht. Schließlich braucht jeder Same den tragenden und nährenden Grund. Hier könnte man sich auch vorstellen, daß möglichst viele anthroposophische Initiativen sich mit dem landwirtschaftlichen Impuls verbinden, zum einen, weil es für Schulen aus pädagogischen, und für Kliniken aus medizinischen Gründen wichtig ist, mit der Arbeit an der Erde und der Produktion einer gesunden Nahrung zusammenzuarbeiten –, aber auch deshalb, damit die Basis der Arbeit durch die Arbeit am Boden gestärkt werde. So könnten abseits der heute herrschenden Kulturen vielleicht Stätten entstehen, die die physische Grundlage für die sich immer erneuernden Initiativen bilden können. Die Wurzeln, aus der sich Anthroposophie erneuert, ist die Erkenntnisarbeit, die zu einem Verstehen des Geistigen in Mensch und Welt führt; aber der Baum, der aus dieser Wurzel wächst, will mit seinen Gipfeln die Erde berühren.

Anmerkungen

1 Rudolf Steiner: Über Fichtes Wissenschaftslehre. Fragment eines Manuskriptes. In: Beiträge zur Rudolf Steiner Gesamtausgabe, Nr. 30, S. 31.

2 «Deutsche Größe», Fragment. In: Friedrich Schiller, Sämtliche Werke, Bd. 1, München [6]1980, S. 477.

3 Bei den Kapiteln 1 und 7 handelt es sich um Originalbeiträge, das 5. Kapitel wurde der Wochenschrift «Das Goetheanum» entnommen. Die übrigen Beiträge sind überarbeitete Aufsätze aus der Zeitschrift «Die Drei» aus den Jahren 1979 bis 1984.

4 Erhellendes zu diesem Thema findet sich an vielen Stellen im Vortragswerk Rudolf Steiners. Ausführlich behandelt Rudolf Steiner das Thema im Frühjahr 1921, besonders in den Pfingstvorträgen 15. und 16. Mai 1921 und am 23. und 24. Mai, Bibl. Nr. 325; ferner 9., 15., 16., 17., 24. April 1921, Bibl. Nr. 204; 24. und 31. Juli 1915 in «Der Baum des Lebens und der Baum der Erkenntnis», Dornach 1936 (noch nicht in der Gesamtausgabe); 18. Dezember 1916, Bibl. Nr. 173, 27. März, 3., 17., 19. und 24. April 1917, in Bibl. Nr. 175; 12. Januar 1919, in Bibl. Nr. 188; 23. Juli 1922, in Bibl. Nr. 214 und dann vor allem noch 16., 17. und 18. März 1923 in Bibl. Nr. 222.

5 Vgl. Rudolf Steiner, Die Naturwissenschaft und die weltgeschichtliche Entwicklung der Menschheit seit dem Altertum, Dornach 1969, S. 65 (Bibl. Nr. 325).

6 Vgl. Rudolf Steiner, Anthroposophie als Kosmosophie, Zweiter Teil, Dornach 1981, S. 159–175 (Bibl. Nr. 208).

7 Vgl. Rudolf Steiner, Die Polarität von Dauer und Entwicklung im Menschenleben, Dornach 1968, Vortrag vom 12. Oktober 1918 (Bibl. Nr. 184).

8 Vgl. Rudolf Steiner, Die Impulsierung des weltgeschichtlichen Geschehens durch geistige Mächte, Dornach 1976, S. 81 f. und S. 47 (Bibl. Nr. 222).

9 Rudolf Steiner, Perspektiven der Menschheitsentwicklung, Vortrag vom 17. 4. 1921 (Bibl. Nr. 204).

10 Rudolf Steiner, Anthroposophische Gemeinschaftsbildung, Dornach 1983, S. 76 (Bibl. Nr. 257).

11 Rudolf Steiner, Brief an die Mitglieder vom 10. August 1924 (Bibl. Nr. 260).

12 Rudolf Steiner, Anthroposophische Gemeinschaftsbildung, Dornach 1983, Seite 13 (Bibl. Nr. 257).

13 Vgl. Rudolf Steiner, Bausteine zu einer Erkenntnis des Mysteriums von Golgatha, Vortrag vom 24. April 1917 (Bibl. Nr. 175).

14 Vgl. Rudolf Steiner, Perspektiven der Menschheitsentwicklung, Vortrag vom 3. Juni 1921 (Bibl. Nr. 204).

15 Rudolf Steiner, Die Impulsierung des weltgeschichtlichen Geschehens durch geistige Mächte (Bibl. Nr. 222).

16 Apologie 22 b.

17 Apologie 20 d.

18 Augustinus, Bekenntnisse, übersetzt von Joseph Bernhart, Frankfurt 1955, S. 193.

19 Dionysios Areopagita, Mystische Theologie, übers. von Walther Tritsch, München 1956, S. 33, oder: De divinis nominibus, Migne, PG, III, 592 D.

20 ebenda, 997 B.

21 Scotus Eriugena, De divisione naturae, Migne, PL 122, 594 A.

22 Goethes naturwissenschaftliche Schriften, herausgegeben von Rudolf Steiner, Band V, Dornach 1975, S. 563 (Bibl. Nr. 1e).

23 Friedrich Schiller, Über die ästhetische Erziehung des Menschen, 14. Brief.

24 Novalis, Schriften 2. Band. Darmstadt 1965, S. 583.

25 Rudolf Steiner, Briefe II, Dornach 1953, Seite 177 (Bibl. Nr. 39).

26 Rudolf Steiner, Methodische Grundlagen der Anthroposophie, Dornach 1961, Seite 541 (Bibl. Nr. 30).

27 Rudolf Steiner, Goethes Weltanschauung (1896), Dornach [5]1963, S. 67 (Bibl. Nr. 6).

28 Wie Erfahrungen intensiviert werden können, beschreibt Rudolf Steiner in: Wie erlangt man Erkenntnisse der höheren Welten? (Bibl. Nr. 10, zahlreiche Auflagen). Dabei ist wichtig, daß der Mensch bewußt sein Verhalten ändert, daß er sich wandelt, weil die Wandlungen neue Erfahrungen bringen, es ist weniger wichtig, daß man bestimmte ideale Verhaltensweisen besitzt oder zu besitzen meint.

29 Rudolf Steiner, Goethes Weltanschauung, [5]1963, Seite 91 (Bibl. Nr. 6).

30 Rudolf Steiner, Methodische Grundlagen der Anthroposophie, 1961, Seite 511 (Bibl. Nr. 30).

31 Hermann Friedmann, Sinnvolle Odyssee, München 1950, Seite 173 ff.

32 Rudolf Steiner, Theosophen, in: Gesammelte Aufsätze zur Literatur, Dornach 1971, S. 194 f. (Bibl. Nr. 32).

33 P. H. Lindsay / D. A. Norman, Einführung in die Psychologie. Berlin, Heidelberg, New York 1981.

34 Vgl. hierzu: Elisabeth Ströker, Einführung in die Wissenschaftstheorie, München 1973, S. 14 f. Hier sei nur kurz darauf hingewiesen, daß sich auch eine andere Naturwissenschaft und eine andere Technik des Experimentierens denken und anwenden läßt, nämlich diejenige, die Goethe u. a. in seiner Farbenlehre verwandte. Hier dient das Experiment nur dem Versuch, durch schrittweise Experimente die Gesamtheit der Erscheinungen und damit die Bedingungen des Erscheinens sichtbar werden zu lassen.

35 «Das Ansehen der deutschen Philosophie einst und jetzt», jetzt in: Rudolf Steiner, Methodische Grundlagen der Anthroposophie, Dornach 1961, S. 241 f. (Bibl. Nr. 30).

36 Goethes naturwissenschaftliche Schriften, Band II. Einleitung (von R. Steiner) S. XXXIII (s. Anm. 22).

37 Bei Rudolf Steiner findet sich dies hier Zusammengefaßte ausführlich dargestellt in: Grundlinien einer Erkenntnistheorie der Goetheschen Weltanschauung (1886, Bibl. Nr. 2) im Kapitel 18, «Psychologisches Erkennen».

38 Otto Willmann, Geschichte des Idealismus, II. Band, 1896, S. 111. Steiner erwähnt das Werk bereits 1899 in der «Neujahrsbetrachtung eines Ketzers» im «Magazin für Litteratur». Er dürfte es also spätestens 1898 zur Kenntnis genommen haben.

39 Der 11. Kanon des Konzilsbeschlusses von Konstantinopel, in der die entscheidende dogmatische Lehre definiert wird, lautet: «Daß jeder zu exkommunizieren sei, der in gottloser und törichter Weise behauptet, der Mensch habe zwei Seelen. – Das Alte und das Neue Testament lehren, daß der Mensch nur eine vernunftbegabte und geistige Seele hat; dieselbe Lehre bestätigen alle gotterfüllten Lehrer und Kirchenväter. Gleichwohl sind manche Leute, die sich mit Einfällen der Bösen abgeben, zu solcher Gottlosigkeit gelangt, daß sie frech behaupten, der Mensch habe zwei Seelen; sie versuchen sogar, die eigene Irrlehre mittels widersinniger Argumente einer Weisheit, die zur Torheit geworden ist, zu erhärten.» – Daß durch diese Definition die Trichotomie verworfen wird, begreift man nur, wenn man in der positiven Aufstellung, der Mensch habe *eine* «anima rationalem et intellectualem» das Entscheidende sieht. Diese Entscheidung definiert *positiv*, wie man den Menschen zu denken hat.

40   Es folgt hier eine chronologische Zusammenstellung der Erwähnung des Konzils von Konstantinopel. Sie ist gewiß nicht vollständig, aber anhand dieser Zusammenstellung kann jeder Leser die facettenreichen Hinweise Steiners selbst verfolgen.

Ort	Datum	abgekürzter Titel des Bandes der Gesamtausgabe	Bibl. Nummer	Seite
Berlin	16. 3. 04	Spirituelle Seelenlehre	52	140
Berlin	24. 10. 07	Erkenntnis der Seele und des Geistes	56	65
Berlin	2. 10. 10	Psychosophie (indirekte Erwähnung)	115	146
Berlin	12. 12. 11	Pneumatosophie	115	218
Berlin	27. 3. 17	Bausteine zu einer Erkenntnis (ausführlich!)	175	166
Stuttgart	15. 5. 17	Die geistigen Hintergründe des I. Weltkriegs	174 b	254
München	20. 5. 17	Mitteleuropa zwischen Ost und West	174 a	179
Dornach	5. 10. 17	Kunstgeschichte (indirekte Erwähnung)	292	252
Dornach	15. 10. 17	Kunstgeschichte (indirekte Erwähnung)	292	274
Berlin	5. 2. 18	Erdensterben	181	66
Berlin	20. 4. 18	Das Ewige in der Menschenseele	67	357
Berlin	30. 7. 18	Erdensterben	181	388
Zürich	16. 10. 18	Der Tod als Lebenswandlung	182	173/4
Dornach	27. 10. 18	Geschichtliche Symptomatologie	185	143
Dornach	2. 11. 18	Geschichtliche Symptomatologie (indirekt)	185	184
Stuttgart	23. 8. 19	Allgemeine Menschenkunde	293	46
Stuttgart	1. 9. 19	Allgemeine Menschenkunde	293	156
Dornach	5. 10. 19	Soziales Verständnis	191	57/58
Dornach	21. 11. 19	Die Sendung Michaels	194	19
Stuttgart	1. 1. 20	Weltsylvester	195	77
Dornach	23. 10. 20	Die neue Geistigkeit	200	53
Dornach	30. 10. 20	Die neue Geistigkeit	200	106
Stuttgart	14. 2. 21	Wie wirkt man für den Impuls der Dreigliederung	–	72
Haag	27. 2. 21	Die Verantwortung des Menschen	203	233
Dornach	27. 3. 21	Die Verantwortung des Menschen	203	281
Dornach	9. 4. 21	Perspektiven der Menschheitsentwicklung	204	57
Dornach	24. 4. 21	Perspektiven der Menschheitsentwicklung	204	150
Dornach	1. 10. 22	Grundimpulse des . . . (indirekt) Esoterische Betrachtungen karmischer Zusammenhänge	216	131
Dornach	8. 8. 24	Band III	237	174/175
Torquay	14. 8. 24	Band VI	240	112
London	27. 8. 24	Band VI	240	185–189
Dornach	10. 9. 24	Band IV	238	47
Dornach	12. 9. 24	Band IV	238	58

41 Vgl. Beiträge zur Rudolf-Steiner-Gesamtausgabe, Nr. 45, S. 20f.

42 Geschichtliche Symptomatologie, Dornach 1962, S. 93 f. (Bibl. Nr. 185).

43 So in einer Rede am 3. August 1870.

44 Vgl. Christoph Lindenberg, Die Technik des Bösen, Stuttgart [2]1979.

45 Die Kernpunkte der Sozialen Frage, 1976, S. 149 f. (Bibl. Nr. 23).

46 Vorbemerkungen zu «Die Schuld am Kriege», in: Rudolf Steiner, Über die Dreigliederung des sozialen Organismus, S. 381 (Bibl. Nr. 24).

47 Kernpunkte, S. 149.

48 Quellen zur Entstehung des 1. Weltkrieges. (Ausgewählte Quellen zur deutschen Geschichte der Neuzeit, Freiherr-von-Stein-Ausgabe, Bd. 27), Darmstadt 1978, S. 111.

49 Quellen . . ., S. 242f.

50 Imanuel Geiss, Juli 1914. München 1965, S. 47.

51 Kernpunkte, S. 150.

52 Vorbemerkungen (s. Anm. 46), S. 382f.

53 Zitiert in: Andreas Hillgruber, Deutschlands Rolle in der Vorgeschichte der beiden Weltkriege, Göttingen 1979, S. 55.

53a Weitere Literatur zum Thema Julikrise und Weltkriegsausbruch:

Zugängliche Quellensammlungen:

Quellen zur Entstehung des Ersten Weltkriegs, Internationale Dokumente 1901–1914. Herausgegeben von Erwin Hölzle, Darmstadt 1978.

Juli 1914 – Die europäische Krise und der Ausbruch des Ersten Weltkriegs. Herausgegeben von Imanuel Geiss, München 1965.

Sammelwerke:

Erster Weltkrieg – Ursachen – Entstehung – Kriegsziele. Herausgegeben von Wolfgang Schieder, NWB-Geschichte, Köln 1969. Darin:
– Igor W. Bestuschew, Die russische Außenpolitik von Februar bis Juni 1914.
– Herbert Butterfield, Sir Edward Grey und die Julikrise 1914. Dieser Aufsatz, der Grey sehr kritisch betrachtet, ist ungemein lesenswert.
Kriegsausbruch 1914, Herausgeber Walter Laqueur und George L. Mosse. München 1970.

Weitere Darstellungen:

Fritz Fischer, Der Krieg der Illusionen, Düsseldorf 1969.

Hans Herzfeld, Der Erste Weltkrieg, dtv-Weltgeschichte des 20. Jahrhunderts, München 1968.

Andreas Hillgruber, Deutschlands Rolle in der Vorgeschichte der beiden Weltkriege, Göttingen 1979.

Helmuth von Moltke, Erinnerungen, Briefe, Dokumente 1877–1916, Stuttgart 1922.

Helmuth Plessner, Die verspätete Nation, suhrkamp taschenbuch wissenschaft 66, Frankfurt 1974 (1. Auflage bereits 1935).

Gerhard Ritter, Staatskunst und Kriegshandwerk, Bde. II–IV, München 1960–68.

Gerhard Ritter, Der Schlieffenplan, München 1956.

Rudolf Steiner, Die Kernpunkte der sozialen Frage, Stuttgart [1]1919; Dornach 1974 (Bibl. Nr. 23).

Rudolf Steiner, Aufsätze über die Dreigliederung, S. 386–427; Dornach [2]1982 (Bibl. Nr. 24).

Rudolf Steiner, Die geistigen Hintergründe des Ersten Weltkriegs, S. 354–381; Dornach 1974 (Bibl. Nr. 174 b).

54 Zu deutsch: «Über die sieben Engel, das sind die Intelligenzen oder Geister, die nach Gott die Kreise bewegen». – Zu dieser Tradition eine interessante Zusammenstellung bei Will Erich Peuckert, Pansophie, 3. Auflage Berlin 1976, S. 149.

55 Rudolf Steiner, Im Anbruch des Michael-Zeitalters, 17. 8. 1924, in «Anthroposophische Leitsätze» (Bibl. Nr. 26).

56 Rudolf Steiner, Die Anthroposophie und das menschliche Gemüt, Vortrag vom 27. September 1923 in Wien (Bibl. Nr. 223).

57 Rudolf Steiner, Der Sturz der Geister der Finsternis, Vortrag vom 14. Oktober 1917 (Bibl. Nr. 177).

58 Vgl. Rudolf Steiner, Soziales Verständnis aus geisteswissenschaftlicher Erkenntnis. Dornach 1972, S. 15 (Bibl. Nr. 191).

59 Vgl. Rudolf Steiner, Kernpunkte (s. Anm. 45), 4. Kapitel.

60 Vgl. Werner Conze, Jakob Kaiser, Politiker zwischen Ost und West, Stuttgart 1969.

61 Vgl. John Gimbel, Amerikanische Besatzungspolitik in Deutschland 1945–49. Frankfurt 1971, S. 165 f.

62 Vgl. Jerome L. Heldring, «Niederländischer Beobachter» in: Im Urteil des Auslands. Dreißig Jahre Bundesrepublik, München 1979, S. 157 f.

63 Ein Vertreter der verstehenden Soziologie ist Helmut Plessner, dessen Gesammelte Werke kürzlich erschienen sind.

64 Arnulf Baring, Machtwechsel – Die Ära Brandt-Scheel, Stuttgart 1982.

65 Vgl. Gebhard Schweigler, Von Kissinger zu Carter, München 1982, S. 429.

66 Im zweiten Kapitel (Bibl. Nr. 4).

67 Ein typisches Beispiel von «Aussteigen» veröffentlichte «Die Zeit» (Nr. 49 vom 28. 11. 1980): eine Redakteurin reduziert Arbeit und Konsum und zieht von der Großstadt aufs Land.

68 Hierzu: K. Goerttler, Die morphologische Sonderstellung des Menschen im Reich der Lebensformen auf der Erde, in: Neue Anthropologie, Band 2, Biologische Anthropologie, Zweiter Teil, Stuttgart 1972.

69 Anmerkung: In diesem Versuch gehe ich auf eine Reihe von Fragen nicht ein, um diese Studie nicht übermäßig zu befrachten. So nehme ich keine Stellung zu der von manchen diskutierten Frage, ob man von einem 33⅓jährigen Intervall oder von einem 33jährigen Intervall oder von einem 32⅓jährigen Intervall sprechen soll. Auch lasse ich die Frage außer acht, ob ein Zusammenhang zwischen den von Rudolf Steiner (3. 12. 1916 und 14. 12. 1919) erwähnten nachtodlichen Entwicklungsperioden von 30 oder 33 Jahren und der 33jährigen historischen Umlaufzeit besteht. Jedenfalls scheint mir die nachtodliche Entwicklungsperiode, von der Steiner am 3. 12. 1916 spricht, anderen Ursprungs zu sein als der 33jährige historische Umlauf.

CHRISTOPH LINDENBERG
Geschichte lehren

Thematische Anregungen zum Lehrplan. Menschenkunde und Erziehung Band 43.
210 Seiten, kartoniert.

«Es ist an der Zeit, eine breite Leserschaft auf dieses Buch hinzuweisen . . . wir meinen, daß es in die Hände all derer gehört, die sich um ein tieferes Verständnis der Gegenwart bemühen, also um die von Rudolf Steiner geforderte Zeitgenossenschaft . . . Lindenberg leitet sein Buch mit der Feststellung ein: ‹Wir begegnen jeden Tag der Zukunft . . . in Gestalt unserer Kinder.› Die anschließende Frage nach den Problemen, mit denen sich diese heranwachsenden Menschen um die Jahrtausendwende werden beschäftigen müssen, gibt dem ganzen Buch von vornherein eine fruchtbare Spannung, wird das Interesse doch zunächst auf die Zukunft gerichtet, anstatt, wie man bei dem Thema erwarten könnte, auf die Vergangenheit. Eine solche Fragestellung verlangt eine möglichst exakte und engagierte Untersuchung der Gegenwartsprobleme, und der Autor unterzieht sich dieser Aufgabe an vielen Stellen des Buches mit der ihm eigenen persönlichen Betroffenheit. Wer sich in erster Linie für diese Anregungen zur eigenen Urteilsbildung interessiert, wird aber nicht umhin können, große Teile des Buches zu lesen; denn Lindenberg macht darin auch insofern mit der diesem Buch zugrunde liegenden Zeitvorstellung ernst, als er versucht, die Gegenwart der Vergangenheit und der Zukunft immer wieder hervortreten zu lassen.»

Michael Grübler in «die Drei».

Aus dem Inhalt: Geschichte für morgen. Zur Idee einer geschichtlichen Symptomatologie. Geschichte als Seelenentwicklung. Geschichtsverständnis und Altersstufen.

CHRISTOPH LINDENBERG
Die Technik des Bösen

Zur Vorgeschichte und Geschichte des Nationalsozialismus.
108 Seiten, kartoniert.

«. . . Jeder Beteiligte hat an der Vorbereitung des Ungeheuerlichen mitgewirkt, während er frei zu handeln glaubte und in seinem Selbstverständnis etwas anderes anstrebte und ‹das Beste wollte›. Absichten, Vorstellungen und Gesinnungen zählen nicht, sondern die Wirkung: ‹An ihren Früchten sollt ihr sie erkennen›. Selbst die Gegner des Bösen dienen ihm wie Marionetten, wenn es an der politischen Aufklärung fehlt, am Durchschauen der Technik des Bösen, an der politischen Kultur der Vernunft und Verantwortung. Lindenbergs Schrift . . . ist eine wertvolle Orientierungshilfe, weil sie uns nach all den monokausalen Erklärungsversuchen und der Konzentration auf die Person Hitlers an die Komplexität der historischen Wirklichkeit erinnert.»

(Martin Kriele in: «Die Zeit» vom 7. 2. 79)

Aus dem Inhalt: Gründe und Hintergründe – das Phänomen Hitler. Geschichtsdeutung und Krisenpolitik. Strategien des Untergangs. Weltwende – Zeitwende. Zentrum und Peripherie.

VERLAG FREIES GEISTESLEBEN

Anthroposophie in Thementaschenbüchern

1 **Wege der Übung**
12 Vorträge von Rudolf Steiner. Herausgegeben von Stefan Leber.
2. Auflage, 254 Seiten.

2 **Sprechen und Sprache**
7 Vorträge von Rudolf Steiner. Herausgegeben von Christoph
Lindenberg. 2. Auflage, 170 Seiten.

3 **Zur Sinneslehre**
8 Vorträge von Rudolf Steiner. Herausgegeben von Christoph
Lindenberg. 2. Auflage, 155 Seiten.

4 **Vom Lebenslauf des Menschen**
12 Vorträge von Rudolf Steiner. Herausgegeben von Erhard Fucke.
2. Auflage, 256 Seiten.

5 **Erde und Naturreiche**
10 Vorträge von Rudolf Steiner. Herausgegeben von Hans Heinze.
2. Auflage, 224 Seiten.

6 **Naturgrundlagen der Ernährung**
9 Vorträge von Rudolf Steiner. Herausgegeben von Kurt Th. Willmann. 171 Seiten.

7 **Ernährung und Bewußtsein**
8 Vorträge von Rudolf Steiner. Herausgegeben von Kurt Th. Willmann. 190 Seiten.

8 **Geschichtserkenntnis**
Zur Symptomatologie der Geschichte. 6 Vorträge von Rudolf Steiner.
Herausgegeben von Christoph Lindenberg. 169 Seiten.

9 **Wiederverkörperung**
Zur Idee von Reinkarnation und Karma. 10 Vorträge von Rudolf
Steiner. Herausgegeben von Clara Kreutzer. 214 Seiten.

10 **Krankheit und Gesundheit**
8 Vorträge von Rudolf Steiner. Herausgegeben von Otto Wolff.
192 Seiten.

11 **Spirituelle Psychologie**
11 Vorträge von Rudolf Steiner. Herausgegeben von
Markus Treichler. 310 Seiten.

VERLAG FREIES GEISTESLEBEN